KB198432

부자들의 서재

전 세계 상위 1% 부자들의 인사이트 30

리치파카(강연주) 지음

부자들의 서재

"부자들의 생각을 꿰뚫어라.
부자가 되는 방법은 모두 그들이 쓴 책에 있다!"

프롤로그

개천에서 어마어마한 용이 날 때까지

"엄마, 나 부자가 될 거야. 내가 부자 돼서 엄마 용돈도 많이 주고, 여행도 자주 시켜 줄게!"

"연주야, 고맙긴 한데, **요즘은 개천에서 용 안 난대.**

부자 되고 싶다고 다 되면 이 세상에 부자가 안 될 사람이 어디 있겠어?"

어느 날 나와 어머니가 나눈 대화다. 물론 어머니 입장도 이해된다. 자식이 잘되면 좋겠지만, 평생을 가난하게 살아온 우리 집에서 크게 성공한 사람이 나올 확률은 매우 낮기 때문이다. 뒤이어 몇 차례 이야기하겠지만, 나는 그다지 순탄하게 자라지 않았다. 우리 가족은 내가 중학생 때까지 재래식 화장실이 있는 낡은 집에 살았고,

늘 빚이 따라다녔으며, 온 집안에 빨간 딱지가 붙은 적도 있다. 어머니는 아버지의 빚을 갚기 위해 모텔 청소, 공장 일, 만두가게 아르바이트, 페인트칠 등 안 해 본 일이 없다. 그리고 수십 년이 지난 지금도 청소 일을 하고 계신다. 어머니는 내게 기대감이 없는 게 아니라, 어쩌면 그게 삶의 당연한 이치라고 생각하는 것일지도 모른다.

하지만 내 생각은 다르다. **나의 성공 확률은 조금 낮을 뿐 아예 0이 아니다. 부자가 될 확률은 곱하기 10, 곱하기 100을 하며 키워 가면 된다.** 이를 위해 나는 부자들, 성공한 사람들과 대화를 하기로 택했다. 아직 부를 이뤄 보지 않은 사람에게 조언을 듣기보다 이미 이룬 사람에게 조언을 듣는 것이 정답에 가까울 거라고 생각했기 때문이다.

세계적으로 부유한 사람, 성공한 사람들을 찾기 시작했다. 감사하게도 그들은 이미 나와 같은 사람들에게 조언을 해 줄 준비를 마치고 있었다. 나뿐만 아니라 세상에 널리 전할 준비가 되어 있었다. 그들은 공통적으로 자신의 경험과 지식을 바탕으로 책을 써놓았다.

나는 그들의 책을 닥치는 대로 읽기 시작했다. 책을 더 읽기 위해 새벽 6시에 일어났다. **아니, 그것도 부족했다. 새벽 4시 반에 일어나기 시작했다.** 새벽 4시 반부터 간단한 생활 루틴을 끝내고 바로 책을 읽었다. 자투리 시간에도 책을 읽었고, 이동 시간에도 오디오북으로 그들의 음성을 들었다. 매년 100권 이상을 독파하며 세계적으로 인정받은 자기계발, 경제경영 도서를 모조리 집어삼켰다.

그리고 마침내 깨달음을 얻었다. **인생은 내가 믿고 생각하는**

대로 흘러간다는 것이다. 책을 통해 이미 부와 명예를 이룬 사람들의 조언을 듣고, 그들이 주는 교훈을 적용하고 실행했더니 삶이 변하기 시작했다. 부자가 되겠다는 나의 꿈처럼 수입은 지속적으로 늘고 있고, 생각과 사고는 날로 커지고 있다. 내면에 잠들어 있던 거인이 일어나듯, 나도 몰랐던 잠재력이 표출되고 있다. 더불어 삶을 더 소중히 대하게 되고, 자신감, 열정, 행복 등 모든 면에서 매일 나아지는 중이다.

나는 이 책을 통해 그동안 얻은 깨달음을 전할 생각이다. 뿐만 아니라 내가 6년간 실행한 자기계발 경험과 시행착오를 응축하여 독자들이 어려운 길로 돌아가지 않게 안내할 것이다. 그리고 나의 짧은 경험과 식견을 보완하기 위해 책을 통해 만났던 수백 명의 현자, 부자들의 교훈을 빌릴 것이다.

나는 성장과 부를 꿈꾸는 사람들에게 지름길을 안내하고자 내가 읽었던 책을 엄선하여 100권을 뽑았다. 그리고 다음 기준에 부합되는 책들을 추리고 또 추렸다. 상위 1퍼센트의 성공한 사람들이 입을 모아 추천하는 책, 국내뿐만 아니라 세계적으로도 인정받은 책, 최소 5년 이상 스테디셀러로 자리매김한 책, 내가 직접 읽고 소화한 책 중 가족, 소중한 지인에게 소개하고 싶은 책. 그렇게 최종 30권을 추렸고, 선별되지 않은 훌륭한 책들의 교훈 역시 함께 담아냈다.

독자들이 더 쉽게 이해하고 오래 기억할 수 있도록 책의 내용을 신중히 고민하며 순서를 배치했다. 나는 이 책이 단순히 내용을 소개하는 평범한 책에 그치길 원하지 않는다. 책을 읽고 난 후에는 독자들에게 무언가 남기거나 영감이 떠오르기 바란다. 행동까지 도출하는 책을 만들고 싶기 때문이다. 그래서 나의 경험과 시행착오를 거짓 없이 담아 독자들의 행동 방향을 제시했다.

나는 부자들의 책을 통해 삶이 완전히 바뀌었고, 이는 지금도 현재 진행형이다. 이 책을 읽는 독자들이 나의 여정을 함께 했으면 한다. 모든 비밀을 혼자 알고 성공하는 것보다 가치관이 비슷한 사람들과 과정을 공유하며 성장하는 것이 훨씬 의미 있기 때문이다. 나와 이 길을 함께하는 모든 독자가 원하는 대로 삶을 이끌어 가고, 갖고 싶은 것들을 모두 손에 거머쥐기를 간절히 바란다. 부디 내 간절한 마음이 당신에게 닿기를 바라며, 이 책의 마지막 페이지를 넘기는 당신을 기대하겠다.

책장을 덮은 이후 당신은 자기계발을 통해 나다운 삶, 목표가 있는 뜨거운 삶을 살아갈 것이며, 부에도 한 걸음 더 다가갈 것이다. 당신의 그러한 변화는 주변의 누군가에게 또다시 영향을 끼칠 것이다. 100세 시대를 살아가는 세상, 이 책을 집어 든 순간이 당신 인생의 터닝 포인트가 되기를 바라며.

2025년 시작점에서

리치파카 강연주

책 활용을 위한 7가지 제언

'어떻게 하면 독자들의 삶에서 실질적인 변화를 이끌어 낼 수 있을까?' 고민하다가 '책을 활용하는 방법을 안내해야겠다.'라는 결론에 다다랐다. 다음의 7가지를 참고하여 이 책을 읽는다면 더욱 유익한 독서가 될 것이다.

1. 이 책은 교훈을 주기 위한 목적도 있지만, 누군가의 삶이 진정으로 변했으면 하는 바람으로 썼다. **책을 읽는 동안 '내 삶에 무엇을 적용하고, 어떻게 실행할까?' 고민하며 읽어 보자.**
2. 각 장의 후반부에 '워크북'을 만들어 놓았다. **글씨를 예쁘게 쓰지 않아도 되고, 완벽한 답변이 나오지 않아도 좋으니 솔직한 자신의 생각을 적어 보자.** 이때 '나중에 적어야지.' 하고 미루지

말자. '나중에'는 오지 않는다.

3. **와닿은 구절에는 밑줄을 긋고 그때 떠오른 생각을 기록으로 남겨 보자.** 사람들은 종종 기발한 아이디어를 떠올리고도 그것을 기록해 놓지 않아 활용하지 못한다.
4. **분기에 한 번씩 이 책을 다시 꺼내 전에 밑줄 그었던 부분과 기록을 살펴보자.** 다시 볼 때 해당 부분 위주로 읽는다면 오랜 시간이 걸리지 않을 뿐더러, 변화된 상황에 맞게 글이 새롭게 다가올 것이다.
5. **특히나 와닿았던 챕터가 있다면 해당 챕터에서 소개하는 도서를 구매해서 읽어 보자.** 이 책에 최대한 핵심 교훈을 담으려고 노력했지만, 전체를 담을 수 없는 것은 사실이다. 해당 도서까지 읽는다면 더욱 깊은 공부가 될 것이다.
6. **이 책을 읽고 적용할 점을 도출한 뒤, 그것을 실행했을 때 자신에게 작은 보상을 해 주어라.** 그 보상으로 인한 기쁨은 또 다른 실행을 낳을 것이며, 당신에게 다음 돌다리가 되어 줄 것이다.
7. **끝으로 당신이 처음 독서에 입문한 사람이거나 집중력이 낮다고 생각된다면 이 책을 한 번에 읽으려고 애쓰지 말고 하루에 딱 한 챕터씩만 읽어라.** 한 달이 지나면 이 책을 완독했을 것이다. 완독의 기쁨도 크겠지만, 무엇보다 매일 해냈다는 성취감과 글을 읽는 독해력까지 덩달아 얻을 수 있을 것이다.

그럼, 시작한다.

차례

PART 2

부의 힘

PART 3

생각의 힘

PART 4

습관의 힘

PART 5

실행의 힘

PART

1

목표의 힘

그저 열심히만 살아간다면 성공과 만족을 이룰 수 있을까? 현실은 그렇지 않다. 목적도 목표도 없이 그저 막연히 '열심히'만 달리다 보면 어느 순간 지치게 된다. '대체 내가 왜 이렇게 살았지?' 되물으며 무력감에 빠진다. 이 무력감이 시작되는 원인은 간단하다. 방향에 대해서는 한 번도 생각해 보지 않고 그저 달리기만 했기 때문이다.

목표란 방향을 제시해 주는 나침반과 같다. 목적지 없이 항해하면 아무리 잘 정비된 배라도 결국 표류할 수밖에 없다. 우리 삶도 마찬가지다. 목표가 없는 삶은 방향도 동력도 잃기 쉬우며, 열심히 살아도 성취감 없이 공허해질 수 있다.

반면 목표가 생기면 자연스레 어느 방향으로 가야 할지 알게 되고, 무엇보다 매일 가슴 뛰는 삶을 살 수 있다. 마치 장난감에 몰입하는 아이처럼 목표에 꽂혀 무언가에 몰두하는 자신을 발견하게 될 것이다. 당신의 눈에는 생기가 돌 것이며, 몸에는 활력이 생길 것이다. 해야 할 일들이 많아져 바쁘고 힘들지언정 지치지 않을 것이다.

이번 장에서는 목표와 관련한 교훈을 전하는 6권의 책을 소개한다. 이 책들은 당신이 목표를 설정해야 하는 근본적인 '목적'부터, 목표를 설정하는 방법, 유의사항, 목표를 이루기 위해 해야 할 것들까지 제시해 줄 것이다. 이번 장을 읽으며 삶의 목적을 찾아보고, 목적으로부터 도출된 인생 목표를 설정해 보자.

1 Why를 가장 먼저 생각하라

《스타트 위드 와이》, 사이먼 시넥

하는 일이 잘 풀리고 삶의 초점이 명확해진 데는 확실한 계기가 있다. 모든 것은 'Why'로부터 시작한다는 사실을 깨닫게 된 이후 부터다. 이유(Why)가 명확하지 않았던 때에는 무엇을 하든 항상 물음표에 봉착했다. '내가 이걸 왜 하고 있더라?', '왜 이렇게까지 열심히 해야 하지?' 하는 물음 말이다. 하지만 이유를 먼저 생각하는 습관을 들이자 물음표는 더 이상 나타나지 않게 되었다. 그뿐만 아니라 고민의 빈도도 현저히 줄어들고 선택의 시간도 빨라졌다. 근본적인 목적이 생기니 그 이외의 것들은 사소해지거나 간단해졌다. 《스타트 위드 와이》가 주는 가장 큰 메시지가 바로 이것이다. **'Why'를 먼저 생각함으로써 명확한 비전과 기준을 갖는 것.** 이는 비단 개인의 삶뿐만 아니라 일, 더 나아가 기업의 비전에도 적용할 수 있다.

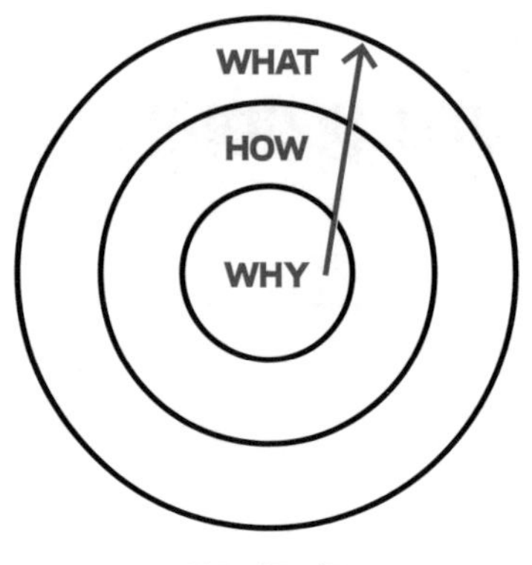

골든 서클 이론

골든 서클은 '왜(Why)', '어떻게(How)', '무엇(What)'을 나타내는 3가지 원을 말하는데 여기서 중요한 것은 바로 순서다. 일반적으로 생각의 순서는 밖에서부터 안으로 향한다. '무엇을 할 것인가?'에서 시작하여 '어떻게 할 것인가?'에 도달한다. 그리고 '왜 이것을 하는가?'에 봉착한다. 반면 사이먼 시넥(Simon Sinek)이 제안하는 성공하는 생각법은 반대로 안에서 밖을 향해 나아간다. 가장 먼저 '왜'라는 근본적인 이유와 신념을 떠올린다. 이후 '왜'에서 정한 목적에 맞게 '어떻게' 할 것인지 행동원칙을 정한다. 이것은 우리 행동의 기준이자 척도가 된다. 끝으로 정해진 행동원칙에 따라 목표를 이루는 가장 효과적인 방법, 즉 '무엇'을 생각한다. 이처럼 골든 서클의 3개의 원을 떠올리며 안에서부터 밖으로 나오는 생각법을 가져야 흔들리지 않고 큰 성공을 거둘 수 있다. 목적과 이유 없이 표류하지 않으려면 우선 'Why'를 떠올려야 한다.

전설이 된 사람과 기업

《스타트 위드 와이》는 개인뿐만 아니라 기업의 혁신과 리더십에 대해서 깊이 탐구한 책이다. 이 책에는 성공한 리더, 기업이 어떠한 방식으로 '왜(Why)' 중심적 사고를 했는지에 대한 다양한 사례가 등장한다.

현대인들이 인공지능과 유전공학에 많은 관심을 갖듯, 19세기 사람의 관심은 하늘을 나는 '비행기'에 쏠려 있었다. 이때 가장 많은 스포트라이트를 받은 사람은 새뮤얼 피어폰트 랭글리(Samuel Pierpont Langley)였다. 그는 미국의 천문학자, 물리학자, 발명가로 유명세를 떨쳤을 뿐만 아니라, 철강왕 앤드류 카네기(Andrew Carnegie), 전화기 발명으로 유명한 알렉산더 그레이엄 벨(Alexander Graham Bell) 등 당대 전설적인 인물들과도 어깨를 나란히 했다.

많은 관심을 받지는 못했지만, 같은 시대에 비행기에 관심을 갖고 개발하던 이들 중에는 라이트 형제로 알려진 오빌 라이트(Orville Wright)와 윌버 라이트(Wilbur Wright)도 있었다. 그들은 랭글리와는 달리 인맥은커녕 후원자도 없었다. 하지만 그들에게는 랭글리에게 없는 것이 있었다. 바로 비행기 발명에 대한 'Why'다. 랭글리는 개인의 명예에 초점을 두고 자신의 이득을 위해 비행기를 개발했다. 욕심이 있었을 뿐 대의나 명분이 없었던 것이다. 반면 라이트 형제에게는 명확한 'Why'가 있었다. 하늘을 나는 법을 알아내면 세상이 더 나은 방향으로 바뀔 것이라는 명분 말이다. 랭글리는 '무엇(What)'

을 '어떻게(How)' 할지에 집중했다. 골든 서클의 바깥 원에서 출발한 것이다. 반면 라이트 형제는 골든 서클의 안쪽인 '왜(Why)'로부터 시작했다. 그들은 세상을 더 나은 쪽으로 변화시키겠다는 신념으로 도전하고 또 도전했다.

마침내 기적이 일어났다. 1903년 12월 17일, 라이트 형제는 미국 동부 노스캐롤라이나주 키티호크에서 '플라이어 1호'로 최초의 동력 비행에 성공했다. 그날의 첫 비행은 오빌 라이트가 조종해 약 12초 동안 120피트를 비행했고, 같은 날 두 번째 비행에서는 윌버 라이트가 약 59초 동안 852피트를 비행했다. 이는 인류 역사상 처음으로 하늘을 나는 꿈을 실현한 역사적인 순간이자 라이트 형제의 'Why'가 현실로 바뀐 순간이기도 하다.

'Why'의 중요성은 개인뿐만 아니라 기업에도 적용된다. 이를 가장 잘 적용한 기업 중 하나가 바로 애플이다. 스티브 잡스(Steve Jobs)는 애플을 설립하면서부터 단순히 컴퓨터를 판매하는 것에 목적을 두지 않았다. 그는 '사람들의 삶을 혁신하고, 더 나은 세상을 만드는 것'에 초점을 맞췄다. 이것이 바로 애플의 비전이자 존재의 이유, 즉 'Why'인 것이다. 이러한 그의 'Why'는 직원들에게도 공유되었다. 이를 통해 직원들은 자신의 일이 단순한 업무가 아니라, 더 나은 세상을 만드는 과정이라고 느꼈다. 직원들은 항상 '우리는 이 제품을 **왜** 만드는가?'에 초점을 맞췄고, 이는 창의성 증대, 생산성 향상이라는 결과를 낳았다.

아이폰을 개발할 때 잡스는 단순히 기능이 좋은 제품을 만드는 것이 아니라, 사람들이 더 편리하고 창의적으로 소통할 수 있는 도구를 만들고자 했다. 그는 '사람들의 삶을 변화시키고, 기술을 통해 더 나은 세상을 만든다.'라는 명확한 이유를 가지고 있었다.

아이패드를 개발할 때에도 마찬가지였다. 제품 개발 과정에서 잡스는 팀원들에게 "이 제품이 **왜** 중요한가?"라는 질문을 계속해서 던졌다. 팀원들은 단순히 제품의 기술을 넘어 사용자들에게 어떤 가치를 제공할 수 있을지 고민하게 되었다. 그 결과 아이패드라는 또 하나의 혁신이 세상에 태어났고, 출시와 동시에 큰 성공을 거두며 태블릿 시장의 패러다임을 바꾸어 놓았다.

애플의 모든 제품과 서비스는 이처럼 명확한 'Why'를 기반으로 개발 및 출시되고 있다. 2011년 잡스가 세상을 떠난 이후에도 애플의 'Why'는 변하지 않고 있으며, 이를 통해 지속적으로 혁신을 이끌어 내고 있다.

라이트 형제와 애플의 사례를 보면 'Why'가 얼마나 중요한지 다시 한번 깨닫게 된다. 개인이든 기업이든 '왜'가 명확할 때, 우리는 더욱 강력한 동기와 목적을 가지고 행동하면서 창의적인 아이디어를 떠올릴 수 있다. 이는 목표를 이루는 동력이 되어 큰 뜻을 펼치는 데 기여한다. 골든 서클을 되새기며, 무엇을 하든 'Why'를 최우선으로 떠올리는 사고법을 길러 보자.

'Why'를 놓치면

2023년 초, 막 전역한 내게 한 출판사 대표님으로부터 메일이 왔다. 책을 계약하자는 내용이었다. 책을 써 본 적도 없고 이루어 놓은 것도 없는 나에게 출간 제안이 오다니. 그저 신기할 따름이었다. 2023년 2월, 대표님 및 편집자와 미팅을 했다. 궁금했다. 투고를 해도 안 받아 줄 판에 어떠한 이유로 나에게 출간을 제안했던 것일까?

"대표님 외람된 질문이지만, 왜 저에게 출간 제안을 하셨나요?"
"리치파카 님의 SNS를 꾸준히 보고 있었어요. 매일 새벽에 기상하고 독서하며 꾸준하게 미래를 그리고 성실하게 실행하는 모습을 보니, '책을 맡겨도 잘하실 수 있겠다.'라는 생각이 들었어요."

내게서 꾸준함과 성실함이 보였다는 말에 기분이 좋았다. 바로 계약서 초안을 두고 조율을 시작했다. 대표님이 물었다.

"마감 기한을 언제로 할까요?"
"보통 얼마나 걸리나요?"
"각기 다르긴 한데, 대개 6개월에서 1년 정도를 두고 쓰세요."

나는 호기롭게 대답했다.

"그럼 저는 4개월로 할래요!"

꾸준함은 자신 있었기에 매일 글을 쓰면 4개월만에 책을 완성시킬 수 있을 것 같았다. 하지만 경험이 많은 대표님의 만류로 6개월으로 기한을 정했다.

예정대로라면 2023년 8월에 원고 작성을 마쳤어야 했다. 하지만 이 글을 쓰고 있는 지금은 그 시점에서 한참 지난 2024년 말이다. 4개월 만에 원고를 다 쓰겠다는 나의 호기로움은 그야말로 객기였다. 나는 미루고 또 미루기를 반복했다. 당장 급한 일을 처리한다는 핑계로 글쓰기를 계속 미루었다. 그러던 2024년 7월, 머릿속에 번개가 쾅 내리쳤다.

'어라? 나는 왜 골든 서클 생각법을 적용하지 않지? 왜 'Why'를 생각하지도 않고 책을 쓰고 있지?'

머리를 세게 맞은 듯한 느낌이었다. 그렇다. 나에게는 'Why'가 없었다. 베스트셀러 작가가 되고 싶다는 개인적인 소망, 책을 써 내면 작가라는 멋진 타이틀이 생긴다는 기대가 끝이었다. 골든 서클과는 정반대의 행동이었다. 나는 베스트셀러, 작가라는 결과물 'What'만 바라보고 있었다. 잠시 반성의 시간을 갖고 생각을 원점으로 되돌렸다. 내가 책을 왜 써야 하는지, 어떠한 이유와 목적에서 그래야 하는지 다시 생각해 보았다. 답은 생각보다 빨리 떠올랐다.

"그래! 내가 진짜 하고 싶은 일은 자기계발을 통해 더 나은 삶을 살고 싶어 하는 이들에게 영감과 깨우침을 주는 거잖아!"

순간 사람들의 모습이 머리에 스쳤다. 이 책을 읽고 부정적인 마인드에서 부를 끌어들이는 마인드로 바뀌는 사람, 이 책에서 긍정적인 영향을 얻어 주변에 선한 영향력을 끼치는 사람……. 자기계발을 원하는 사람들에게 꼭 필요한 책을 제시하고 싶다는 생각에 마음이 뜨거워졌다. 그렇게 안 써지던 글이 술술 써지기 시작했다. 훗날 이 글이 책이 되어 독자가 울림을 느끼고, 삶이 변화되는 상상을 하게 되었다. 책을 쓰는 'Why'를 찾은 것이다.

만약 이 책이 2025년 출간된다면 나의 'Why'가 통했다는 뜻이다. 집필은 미뤄졌지만, 지금이라도 'Why'를 깨우칠 수 있음에 감사함을 느낀다. 그리고 이번 기회를 통해 인생에 커다란 교훈을 얻었다. 앞으로도 살아가며 많은 일을 마주하게 될 텐데 마주선 시점마다 스스로에게 물을 것이다. '너의 'Why'는 무엇이니?' 하고.

당신의 'Why'는 무엇인가?

무엇이든 쉽게 그만두는 사람이 있다. 그 사람은 다음번에도 호기롭게 또 도전하지만, 금세 그만둔다. 시작은 그럴싸하지만, 계속 '이게 맞나?' 하며 스스로 의심하고 난관에 봉착한다. 이것이 바로 'Why'

가 없는 사람들의 특징이다. 나만의 'Why'를 기반으로 하는 근본적인 믿음과 명확한 신념이 없으면 지루한 싸움을 견뎌 내기 힘들다.

망치를 든 철학자 프리드리히 니체(Friedrich Wilhelm Nietzsche)는 자신의 '왜?'라는 의문에 명확한 답을 제시할 수 있다면 모든 것이 간단해진다고 말했다. 뿐만 아니라 'Why'가 명확해지면 어떻게 해야 하는지에 대해서도 알 수 있고, 누군가를 따라하지 않아도 자신의 길이 명확히 보인다고 했다. 이 'Why'란 삶의 모든 영역에 적용된다. **'Why'가 없는 사람들은 거의 과정에서 풍파를 만나게 될 것이고, 'Why'가 명확한 사람들은 비교적 순조롭게 나아갈 것이다.**

지금 하고 있는 일을 잠시 멈추고 자신을 되돌아 보라. 나는 왜 이 일을 하고 있는가? 나는 왜 살아가는가? 나는 왜 사업을 시작하려 하는가? 나는 왜 책을 쓰려 하는가? 왜, 왜, 왜……. 왜를 떠올리는 동안 잠시 멈추어 있는 것 같겠지만, 그 시간을 보낸 이후 오히려 목적지로 향하는 지름길을 만나게 될 것이므로 불안해하지 않아도 된다. 'Why'를 찾는 것은 곧 행복과 성공으로 나아가는 첫 단추다.

자신의 'Why'를 찾는 것은 단순히 삶의 방향을 설정하는 것이 아니라, 그 방향을 끝까지 유지할 힘을 얻는 과정이다. 'Why'는 우리 내면 깊숙한 곳에서 우러나오는 동기부여의 원천이자, 인생의 나침반이다. 이 나침반이 없다면 쉽게 길을 잃고, 처음의 열정과 의지를 잃어버리기 십상이다. 그런 이들에게 'Why'는 매 순간을 의미 있게 만드는 원동력이다.

니체가 강조한 것처럼, '왜?'에 대한 답을 찾으면 이후의 모든 것은 자연스럽게 해결된다. 더 이상 고민과 의심에 에너지를 낭비할 필요도 없다. 자신의 길을 확신하며, 그 길을 굳건히 걸어갈 수 있는 자신감을 얻게 된다. 이제 당신도 'Why'를 찾는 여정을 시작해 보라. 때로는 어렵고 고통스럽겠지만, 그 과정에서 얻는 깨달음은 무엇과도 바꿀 수 없는 가치 있는 산물일 것이다. 여행을 떠나기 전에 목적지를 먼저 정하듯, 당신의 시작에 늘 'Why'가 우선하기를 바란다.

"'Why'가 명확하면 모든 것이 간단해진다.
삶이든 일이든, 반드시 'Why'를 가장 먼저 생각하라."

2 삶의 의미를 찾아라

《죽음의 수용소에서》, 빅터 프랭클

살아가는 이유, 목적에 대해 생각해 본 적이 있는가? 조금은 진부하고 철학적인 이야기처럼 들릴지 몰라도 살아가며 한 번쯤은 삶의 의미에 대해 생각해 보아야 한다. 나도 《죽음의 수용소에서》를 읽기 전에는 삶의 의미 같은 건 나이 지긋한 노인이나 생각할 만한 주제라고 여겼다. 하지만 이 책을 읽고 나서 내 삶의 의미와 내가 살아가는 목적에 대해 떠올렸더니, 살아가는 이유가 더욱 명확해지고 삶의 원동력이 생겨났다. 내가 왜, 무엇 때문에 살아가는지 깨닫자 인생이 더욱 충만해졌다.

내 삶에서 가장 중요한 건 나 자신이기에 '나'에 대해 깊이 고민해야 한다. 주체적인 삶을 살고 싶다면 삶의 의미를 절대 잊어선 안 된다.

《죽음의 수용소에서》는 삶의 의미에 대한 질문을 가장 훌륭하게 던지는 책이다. 이 책에는 저자 빅터 프랭클(Viktor Emil Frankl)이 나치 강제 수용소에서 겪은 참혹한 현장이 묘사된다. 1942년 나치에 의해 이른바 '인간 실험실'이었던 강제 수용소를 네 곳이나 옮겨 다니며 겪은 저자의 경험이 생생하게 녹아 있다. 구타와 학대, 강제 노역은 물론 참혹한 식사와 수면 환경, 병마와 싸우는 모습까지 극도로 비인간적이고 잔혹한 수용소의 삶이 적나라하게 드러나 있다.

빅터 프랭클은 이러한 극한의 상황을 견디며 수용소에서 살아남은 사람들과 죽은 사람들의 차이는 무엇인지, 인간이 어떻게 이러한 고통과 최악의 환경 속에서 살아남을 수 있는지 설명한다. 그는 죽음을 맞이한 사람과 살아남은 사람을 보며 '삶의 의미와 의지'가 생존에 얼마나 큰 영향을 끼치는지 발견한다. 왜 살아야 하는지를 생각할 수 있는 사람, 삶의 의지가 있는 사람은 도저히 살아남을 수 없는 최악의 상황에서도 살아남았기 때문이다. 빅터 프랭클의 이러한 경험과 발견은 삶의 의미에 관한 중요성을 다시 생각해 보게 한다. 우리 역시 일상 속에서 잊고 있던 삶의 의미를 다시금 돌아보며 삶의 목적에 대해 생각해 보는 시간을 갖는 건 어떨까?

삶의 목적의 중요성

당신은 사는 이유를 생각해 본 적 있는가? 빅터 프랭클은 삶의 의미와 목적을 지니고, 왜 살아야 하는지 아는 사람은 어떠한 환경에서도 견딜 수 있다고 말했다. 반대로 의지를 잃거나 미래에 대한 믿음을 잃으면 죽음을 불러일으키기도 한다.

프랭클이 수용소에 있을 때의 일이다. 노예와 같은 생활을 하던 프랭클에게 그 구역을 관리하던 고참 관리인이 말을 걸어왔다. 관리인은 자신이 꾸었던 꿈 이야기를 해 주었다.

꿈속에서 어떤 목소리가 관리인에게 소원을 말하라고 했다. 관리인은 우리가 언제 수용소에서 해방될 수 있는지, 언제 이 고통이 끝나는지 알고 싶다고 말했다. 꿈속의 목소리는 "3월 30일."이라고 답했다. 그는 그 목소리가 현실이 될 것이라 확신하며 기대에 차 있었다. 하지만 예언한 날짜가 가까워져도 전쟁은 끝날 기미가 보이지 않았다. 3월 29일, 관리인은 아프기 시작했다. 고열에 시달리던 관리인은 3월 30일 헛소리를 하다가 의식을 잃었고, 3월 31일 세상을 떠났다. 사망의 의학적 요인은 발진티푸스였지만, 죽음을 초래한 결정적 요인은 삶의 의지 상실에 따른 면역력 저하였다. 이처럼 인간의 정신상태와 육체의 면역력은 밀접한 관계가 있다. 수용소의 고통 속에서 관리인의 꿈속 예언은 '희망'이었다. 그 희망이 사라지자 그는 절망에 빠져 죽게 된 것이다. 이처럼 미래에 대한 믿음의 상실은 죽음을 부르기도 한다.

반대로 미래에 대한 믿음은 생존의 이유를 만들기도 한다. 빅터 프랭클이 겪은 극한의 상황은 생존이 불가능할 정도였다. 기온이 영하로 내려가는 상황에서도 누더기처럼 얇은 옷만 걸치고 얼어붙은

땅을 파는 등의 노역을 해야 했고, 이유 없는 폭행 등 육체적 고통을 받기도 했다. 뿐만 아니라 수감자들은 식사로 작은 빵조각, 묽디묽은 스프를 제공받는 게 전부였다. 그야말로 참혹한 환경이었다.

그럼에도 그가 살아남을 수 있었던 이유는 꿈이 있었기 때문이다. 사랑하는 아내와 재회할 것이라는 꿈 말이다. 프랭클은 마음속에서 끊임없이 아내와 대화하며 그녀와의 재회를 상상했다. 또 다른 희망은 자신의 심리학적 이론과 연구를 세상에 알리겠다는 꿈이었다. 그는 수용소에서의 경험을 바탕으로 로고테라피(그리스어로 '의미'를 뜻하는 로고스(logos)에서 유래한 '의미를 통한 치유'를 목표로 하는 치료이론)를 완성하고, 이를 통해 많은 사람에게 도움을 주겠다는 비전을 가지고 있었다. 아내를 다시 볼 수 있다는 희망과 자신의 뜻을 이루겠다는 의지가 있었기에 극한의 수용소 생활을 견딜 수 있었던 것이다.

프랭클의 이러한 사례는 삶의 의미를 찾고자 하는 의지가 얼마나 중요한지 잘 보여 준다. 우리는 살아가며 종종 힘든 일, 겪고 싶지 않은 일을 마주한다. 또한 어려운 상황을 이겨 내거나 성장으로 나아갈 때에도 고난을 마주하기도 한다. 나도 인생에 좋은 일만 일어나기를 바라지만, 때로는 버티기 힘들 정도로 거센 파도가 휩쓸고 지나가 크게 휘청일 때도 있다. 그럴 때마다 좌절하지 말고 삶의 목적과 의미를 떠올려 보자. 삶의 의미는 인생이라는 여정에 있어 등대가 되어 줄 것이고, 성공으로 나아가는 데 든든한 기초체력이 되어 줄 것이다. 프랭클은 종종 니체의 말을 인용하곤 했다.

“왜 살아야 하는지 아는 사람은 그 어떤 상황도 견딜 수 있다(He who has a why to live can bear almost any how).”

프랭클이 전하고자 하는 메시지를 마음에 새기며 스스로에게 물어보자.

“내 삶의 목적과 의미는 무엇인가? 나는 왜 이 삶을 살아가고 있는가?”

그 답을 찾는 순간, 우리는 어떠한 어려움도 이겨 낼 수 있는 강력한 힘을 얻게 될 것이다. 그리고 그 힘은 단순한 생존을 넘어 진정한 삶의 의미를 찾아가는 여정으로 우리를 인도할 것이다.

삶의 의미를 통한 생존

나는 비록 정신과 의사는 아니지만, 삶의 의미를 찾아 치유하는 로고테라피 이론을 적용한 경험이 있다. 때는 중대장 생활을 할 때였다. 당시 나는 약 70명의 중대원을 통솔하고 있었는데, 이 중 군 생활뿐만 아니라 삶 자체에 고통을 느끼는 A라는 친구가 있었다. 이 친구는 훈련소에서부터 자살 시도를 한 이력이 있어 특별 관리 인원으로 지정되어 있었다. A가 처음 부대에 왔을 때 자연스럽게 맞이하여 별일 없던 것처럼 대하기는 했지만, 속으로는 혹시나 또 자살 시도를 하지는 않을까 노심초사했다. 힘없는 걸음걸이, 자신 없는 목소리, 늘 초점이 없는 눈빛……, 모든 것이 불안했다.

어느 날 집에서 시간을 보내고 있는데 부대에서 전화가 걸려 왔다. 왠지 모를 불길함이 느껴졌다.

"중대장님! A 일병이 자살 시도를 했습니다!"

수화기 너머 들려오는 소리에 마음이 철렁 내려앉았다. 나는 다급히 부대로 달려갔다. 이 20분이 꼭 2시간처럼 느껴졌다. 부대에 도착해 보니 다행히 위험한 상황은 아니었다. 가장 큰 문제는 A의 마음과 정신상태였다. A는 눈에 초첨이 없었고 삶에 의지도 없었다.

나는 정신의학자가 아니지만, 그에게 심리치료 기법인 로고테라피를 적용해 보기로 했다. A에게 삶의 의미를 일깨워 주고 싶었다. 우선 A와 이야기를 나누며 가까워지는 것부터 시작했다. 아무리 다가가려 해도 밀어내기만 했던 A인데, 접촉이 많아지고 그의 마음을 더 자주 두드리니 결국 마음의 문을 열기 시작했다.

어느날은 A가 먼저 입을 열었다. 그는 자신이 삶에 의지가 없는 이유를 솔직하게 털어놓았다. 가난했던 환경, 좋지 않았던 가정사, 아버지의 자살 등이 A의 삶의 의지를 앗아간 것이다. 그리고 그런 가정을 자신이 일으킬 수 없을 것만 같다는 낙담이 그를 더 힘들게 했다. A의 이야기를 한참 듣다 보니 그가 왜 좋지 않은 선택을 하려는지 조금은 이해가 되었다. 나는 나의 상황도 솔직히 털어놓았다. 힘들었던 과거와 그것을 이겨 내기 위해 지금 하고 있는 것들에 대해서 말이다. 그리고 나 또한 최근에 아버지를 하늘로 보내드리며 힘들었음을 털어놓았다. 그리고 말했다.

"A야, 너도 그렇고 나도 그렇고 인생에서 참 힘든 시기를 겪고 있는 것 같아. 그런데 나는 여기에서 좌절하지 않을 거야. 도리어 이겨내는 모습을 세상에 보여 주려고. 그 모습을 생각하며 하루하루를 살아가는데 참 재미있는 거 있지? 너도 그런 목표를 하나 가져보는 건 어때?"

며칠 뒤, 누군가 중대장실에 노크를 하고 들어왔다. A 일병이었다. 순간 너무나 놀랐다. A의 눈빛이 달라져 있었고, 늘 무표정하던 얼굴에 얕은 미소가 걸려 있었기 때문이다. 뿐만 아니라 늘 단답으로만 대답하던 A가 "중대장님, 그때 이야기를 나눈 뒤로 책을 읽고 있습니다. 또 추천해 주실 책이 있으십니까?" 하고 먼저 말을 걸어오는 게 아닌가.

이후로 A와 나는 책을 기반으로 긍정적이고 진취적인 이야기를 나누었다. 안타깝게도 A는 자살 시도로 인해 복무 부적합 판정을 받고 전역 명령이 내려져 끝까지 군 생활을 할 수는 없게 되었지만, 삶의 의미를 찾은 뒤 현재까지도 잘 살아가고 있다. 그 친구가 전역하는 날 나에게 따로 찾아와 했던 말은 평생 못 잊지 못할 것 같다.

"중대장님, 진심으로 감사합니다. 사는 게 정말 재미없었는데 덕분에 하나의 낙을 찾은 것 같습니다. 저도 중대장님처럼 어려운 집안을 일으키는 것을 목표로 삼고 열심히 살아 보겠습니다."

우리는 모두 저마다의 이유와 의미로 살아간다. 때로는 그 의미를 잃고 방황할 때도 있지만, 결국 다시 찾아내는 것이 중요하다. 어떠한 상황 속에서도 견뎌 낼 수 있는 삶의 의미 말이다. 그 의미를 찾아낼 때 우리는 다시 일어설 힘을 갖게 된다.

목표보다 목적이 앞서야 하는 이유

새해가 밝거나 심경의 변화가 있을 때, 우리는 흔히 '올해 1,000만 원을 모으겠다.', '부동산 투자를 통해 부자가 되겠다.'와 같은 목표를 세운다. 하지만 목표를 정함에 있어 반드시 선행해야 하는 것이 있다. 바로 내 삶의 의미에 대해 생각해 보고 삶의 목적을 떠올려 보는 것이다. 나와 빅터 프랭클, A의 사례를 통해 의미를 갖는다는 것이 얼마나 중요한 것인지 깨달았을 것이다. 목표는 성취를 위한 구체적인 단계지만, 목적은 그보다 더 중요한 '무엇을 성취할 것인가?'에 대한 질문이자, '왜 그것을 성취해야 하는가?'에 대한 답변이기 때문이다.

만약 삶의 의미인 목적 없이 목표를 세운다면 목표를 이룰지언정 공허함에 빠지게 될 수도 있다. 빅터 프랭클은《죽음의 수용소에서》에서 삶의 의미를 잃으면 목표 달성 후에도 진정한 만족을 얻기 어렵다고 말한다. 그가 강제 수용소라는 극한 상황 속에서도 아내와의 재회와 학문적 성과라는 삶의 목적을 떠올렸듯, 우리도 단계적인 목표에 앞서 더 큰 의미를 지니는 목적을 생각해야 한다. 단순히 '100억을 벌어야겠다.'가 아닌 '부를 이루어 굶주리는 사람이 없도록 세상에 이바지하겠다.'라거나 '큰 부를 이루어 나뿐만 아니라 주변 사람들의 든든한 버팀목이 되고 싶다.'라는 목적을 가져야 한다.

많은 사람이 목표를 세우지만, 그 목표를 왜 세웠는지에 대해서는 깊이 고민하지 않는다. 때로는 남들이 가는 길 뒤에 서서 남을 따라하는 목표를 세우기도 한다. 목적 없는 목표는 남이 가리키는 곳을 따라가는 것에 불과하며, 내 삶의 의미를 반영한 것이 아니기에 방향성을 상실하거나 중간에 그만두기 쉽다.

더 나다운 삶을 살고 행복해지기 위해서는 목표를 설정하기 전에 자신의 삶에서 가장 소중한 것이 무엇인지를 먼저 생각해 보아야 한다. 인생에서 정말로 중요하게 여겨야 할 가치를 찾고 그것을 위해 목표를 세울 때 목표는 단순한 성취를 넘어 삶의 지속적인 원동력이 된다. 긍정심리학의 창시자로 알려진 마틴 셀리그먼(Martin Seligman) 박사는 목적과 의미를 찾고 이를 향해 몰두할 때 사람은 더 큰 만족감과 장기적인 행복을 느낀다고 말했다. 내가 생각하는 성공과 부는 단순히 '재산의 많음'을 의미하지 않는다. 내가 삶에서 이루고 싶은 분야, 기여하고 싶은 부분, 이상적인 라이프스타일 등 삶의 의미와 목적을 명확히 하고, 그것을 하나하나 이루어 가며 그 과정을 즐기는 삶이야말로 진정한 성공이지 않을까?

목적이 선행되어야 하는 이유는 다음과 같다.

1. 목적이 없는 목표는 공허하다

목표란 도달하고자 하는 구체적인 지점이나 성취를 의미한다. 이러한 목표가 더 큰 목적과 연결되지 않으면 목표 달성 후에도 공허함을 느낄 수 있다. 빅터 프랭클은 '인간은 삶의 의미를 잃으면 목표를 달성하더라도 진정한 만족을 느낄 수 없다.'라고 설명한다. 예를 들어 그는 수용소에서 생존을 위해 견뎌 내는 동안 아내와의 재회, 심리학적 이론을 세상에 알리겠다는 깊은 목적이 있었기 때문에 극한의 고통 속에서도 희망을 유지할 수 있었다.

2. 목적은 지속적인 동기부여를 제공한다

목표는 단기적이고 구체적이지만, 목적은 장기적이고 포괄적이다. 목표를 향해 나아가다 보면 도중에 좌절하거나 지치는 순간이 온다. 이때 목적이 있는 사람은 쉽게 포기하지 않는다. 명확한 목적이 자극제가 되어 든든히 뒷받침해 주기 때문이다. 단순히 100억을 모으겠다고 생각한 사람과, 100억을 모은 뒤 어떤 가치를 실현하겠다고 생각하는 사람은 동기에 대한 온도뿐만 아니라 지속력에서도 큰 차이가 난다.

3. 목적은 방향성을 제시한다

목적은 우리 삶에 방향성을 제시한다. 목표를 세우는 사람은 많지만, 근본적으로 어떠한 이유로 목표를 세우는지 답을 내릴 수 있는 사람은 많지 않다. 남을 따라 목표를 세우는 경우가 많기 때문이다. 부자들을 보고 나도 얼마를 모아야겠다고 목표를 세우고, 성공한 사람들을 보고 나도 책을 이만큼 읽어야겠다고 목표를 세운다. 하지만 여기엔 '왜 그렇게 해야 하는지'가 빠져 있다. 그저 남을 따라 하나의 표적지를 정한 것일 뿐, 어디로 나아가야겠다는 방향성은 전혀 없다. 반면 목적이 명확하면 목표를 달성하는 과정, 그 이후의 행보에 대해서도 그림이 정확히 그려진다.

4. 목적은 삶의 행복을 가져온다

목적은 우리의 행복과 직결된다. 마틴 셀리그먼 박사는 우리는 목적과 의미를 찾는 활동에 몰두할 때 더 큰 만족감을 느끼고, 이는 장기적인 행복으로 이어진다고 말한다. 원하는 것을 이루기 위한 것뿐만 아니라 삶을 더 풍요롭고 행복하게 살기 위해서라도 우리는 목적을 먼저 생각해야 한다.

이처럼 우리는 목표 설정에 앞서 자신의 목적과 삶의 의미를 깊이 생각해 봐야 한다. 목적과 의미는 목표를 향한 여정에서 지속적인 동기부여와 방향성을 제공하며, 궁극적으로 더 만족스럽고 행복한 삶을 살도록 도와주기 때문이다. 따라서 목표를 설정하기 전에 삶의 목적을 찾는 것이야말로 진정한 성공과 행복을 위한 첫걸음이 된다는 것을 기억하자.

"삶의 의미를 생각해 보며 목적을 명확히 하라.
목표보다 목적이 앞설 때 비로소 흔들림 없이 나아갈 수 있다."

3 진정 하고 싶은 일을 찾기 위하여

《비상식적 성공 법칙》, 간다 마사노리

얼마 전 생각지도 출판사의 김은영 대표님을 만날 기회가 있었다. 책에 대한 이야기를 나눈 후, 나는 대표님께 단도직입적으로 질문을 던졌다.

"자기계발과 성장에 관심이 있는 사람들에게 단 한 권의 책만 추천할 수 있다면 무엇을 고르시겠어요?"

김 대표님은 잠시 생각에 잠기더니, 확신에 찬 눈빛으로 말했다.

"한 권만 고르라면, 간다 마사노리(神田 昌典)의 《비상식적 성공 법칙》을 추천할 겁니다. 이 책은 꿈과 성공을 향해 가는 사람들에게 새로운 이정표가 되어 줄 거예요."

《비상식적 성공 법칙》은 제목만큼이나 독특하고 강렬한 내용을 담고 있다. 간다 마사노리는 책에서 성공에 이르는 당연한 길이라고 여기는 수많은 법칙을 깨고, 정반대의 길을 제시한다. '열심히 노력하면 성공할 수 있다.', '감사하는 마음이 중요하다.', '자신이 좋아하는 일을 찾아라.'와 같은 뻔한 교훈은 없다. 예시로 그는 '좋아하는 일을 해라.'와 같은 뻔한 말 대신 '싫어하는 일을 먼저 찾아라.'라는 역발상을 제안한다. 이처럼 그가 말하는 '비상식적 성공 법칙'은 기존의 상식을 뒤엎지만, 훨씬 현실에 근거한 내용들이 많다.

이 책의 시작은 2001년, 간다 마사노리가 부를 빠르게 쌓을 수 있는 8가지 습관에 대해 강연을 한 데서 시작되었다. 당시 그는 강연의 내용이 대중의 상식과 도덕적 기준에 어긋난다고 생각해 강연 내용을 출간하는 데 망설였다고 한다. 하지만 청중의 반응은 예상 밖으로 좋았고, 사람들은 그의 파격적이고 거친 표현, 그리고 기존의 틀을 깬 성공 방식을 대단히 신선하게 받아들였다. 그 반응에 힘입어 출간된 이 책은 강연의 생생한 에너지를 그대로 담아 독자들에게 전하고 있다. 그래서인지 책은 마치 작가가 독자와 직접 대화를 나누는 듯한 직설적이고 솔직한 화법으로 가득하다. 이 책은 강연을 그대로 가져온 탓에 다소 거칠고 직설적이지만, 가장 솔직하고 실질적인 성공 법칙을 전하는 도서로 사람들에게 인식되었다. 《비상식적 성공 법칙》은 성공을 꿈꾸지만 기존의 뻔한 법칙들로는 더 이상 자극을 느끼지 못하는 사람들에게 신선한 충격을 준다.

상식을 뒤집어라

우리는 "감사하라.", "베풀어라.", "열심히 살아라." 같은 상식적인 성공 법칙들을 들어 왔다. 생각해 보면 누구나 그런 말을 들었고, 누구나 그렇게 살아가고 있는데 왜 성공하는 사람은 극히 일부일까? 간다 마사노리는 "이러한 흔해 빠진 성공 법칙을 그대로 믿으면 아무리 노력해도 성공하지 못한다."라고 말한다. 그리고 그는 기존의 성공 법칙을 뒤집어 새로운 성공 법칙을 안내한다.

저자는 '하고 싶은 일을 찾아라.'라고 말하지 않는다. 하기 싫은 일을 정확히 알고 하지 않으면 자신이 선택한 일을 더욱 열심히 할 수 있기 때문이다. 그는 '돈을 밝히지 마라.'라고 말하지 않는다. 돈을 사랑하지 않고 돈을 끌어당기거나 부를 이룬다는 것은 어불성설이기 때문이다. '선한 감정을 활용하라.'라고 말하지 않는다. '악의 감정을 활용하라.'라고 말한다. 악의 감정은 높은 에너지를 가지고 있기 때문이다. 이는 악의 화신이 되라는 뜻은 아니다. 성공에 도달할 때까지 거대한 에너지를 활용하라는 것이다. 만약 악의 감정이 있다면 이를 억지로 부정하지 말고 인정하자. 그리고 이를 인정하는 데서 그치지 말고 활용하자.

나 또한 나의 결핍을 부정하기보다 '어릴 적 어려워 봤으니 이 에너지를 연료 삼아 더 크게 도약해 봐야지.' 하고 원동력으로 활용한다. 그가 하는 말은 우리가 알고 있던 성공 법칙과는 상반되기 때문이다. 그러니 '뭔가 이상한데?'라는 생각이 들 수도 있다. 비상식적인 그의 성공 법칙 3가지를 조금 더 자세히 살펴보자.

1. 하기 싫은 일을 적어라

저자는 하고 싶은 일 대신 하기 싫은 일을 적으라고 말한다. 하기 싫은 일을 먼저 적어야 다른 사람의 시선이나 평판, 가족, 친구들의 기대와 상식에 영향을 받지 않은 진짜 하고 싶은 일을 할 수 있기 때문이다. 또한 싫어하는 일을 적는 것에서 그치지 않고, 그것을 피하는 것이 노력을 끌어올리는 방법이라고 강조한다. 하기 싫은 일을 정확히 알고 피하면 자신이 선택한 일에 더욱 노력을 기울일 수 있기 때문이다.

지금부터 당신도 하기 싫은 일들을 쭉 적어 보길 바란다. 나는 '수직적, 강압적으로 일을 지시받는 것', '무례한 사람들에게 친절히 대응해야 하는 상황' 등을 적었다. 그다음, 진짜 당신이 하고 싶은 일을 찾아 적어라. 이때 어떠한 제한도 두지 말아야 한다. 목표가 너무 커서 누군가는 말도 안 되는 일이라고 말할지라도 모든 것이 충분하다는 생각으로 적어라. 그리고 나서 하고 싶은 일을 모두 이룬 그 순간의 성취감을 상상해 보라. 하고 싶은 일을 자세히 상상하여 실제처럼 느낄수록 현실로 이루어질 가능성이 커진다.

2. 돈을 우선순위에 두어라

저자는 진정한 부자가 되기 위해서는 돈을 우선순위에 두고 필사적으로 마음을 연마해야 한다고 말한다. 이는 돈과 마음의 풍요를 동시에 얻으려고 하는 상식적 성공 법칙과는 어긋난다. 실제로 경제적 풍요를 얻으면 마음의 풍요는 한결 찾기 쉬워진다. 경험해 본 사람은 알겠지만, 경제적으로 어려우면 사람이 예민하고 까칠해지기 마련이다. 가족들끼리 다툴 확률도 높아진다. 드라마 속 가난한 집안은 돈 없이도 화목하게 묘사되는데, 그건 TV 속에서나 가능한 일이다.

부자들은 돈이 생기면 여유가 따라온다고 말하는데 나는 이 말에 200퍼센트 공감한다. 불과 2~3년 전 전 직업군인 생활을 할 때와 비교하면 나의 소득은 4~5배 높아졌다. 돈을 더 벌기 시작하니 확실히 마음의 여유가 생겼다. 아내와 식사를 할 때나 무언가를 사야 할 때 고민이 줄어들었다. 전에는 월급-생활비-잔액을 순서대로 떠올렸다면, 요즘은 '살 가치가 있는지'를 더 우선으로 생각한다. 돈에 쪼들려 걱정부터 하는 것이 아닌, 가치를 먼저 생각하는 마음의 여유가 생겼다. 수입이 늘면 확실히 마음에 안정이 생기고 여유가 찾아온다는 것을 느꼈다. 앞으로 수입이 10배, 100배 늘어난다고 해서 행복과 여유가 무조건 비례해 늘어나는 것은 아니겠지만, 돈을 사랑하고 우선순위에 두다 보면 돈을 더 벌어들일 방법을 찾게 되고, 자연스레 안정과 여유가 찾아오는 것이 사실이다.

3. 악의 에너지를 활용하라

악의 감정이란 질투, 허영심, 미워하는 마음 등을 말한다. 예를 들어 가난했던 환경, 좋지 않았던 성적 등도 악의 감정인 콤플렉스가 될 수도 있다. 저자는 악의 감정은 인간의 본성이니 부정하지 말라고 한다. 어쨌거나 악의 감정은 큰 에너지를 가지고 있다. 악은 선과 플러스(+)와 마이너스(-)로 극성이 다를 뿐, 엄청나게 강력한 에너지를 갖고 있다. 그러니 성공하고 싶다면 이를 인정하고 그 에너지를 활용하라.

내가 누구보다 열심히 살려고 하는 이유도 어쩌면 악의 감정에서 비롯된 것이다. 나는 가난한 환경에서 자라 잘사는 것에 대한 결핍이 있었다. 우리 집안은 명절 때마다 엄청나게 많은 식구가 모였다. 촌수조차 제대로 알지 못하는 사람들이 20명 이상 모여 차례를 지냈는데, 이 중에서 우리 집이 가장 가난했다. 차례를 지내고 나면 둘러앉아 덕담을 나누었는데, 우리 집 차례가 되면 즐거운 얘기가 아닌 "빚은 아직도 해결 안 되었냐.", "애들 더 크면 어쩌려고 그러냐." 등의 고민과 걱정거리만 늘어놨다. 나는 이때부터 잘사는 것에 대한 결핍과 동시에 수치심, 질투, 분노라는 악의 감정을 느꼈다.

다행히 나는 결핍이라는 악감정을 '지금은 어렵지만, 나중에 어른이 되면 잘 살아야지! 부자가 되어 집안을 일으켜야지!'라고 긍정적으로 표출했다. 악감정을 인정하고 그 에너지를 활용하라는 간다 마사노리의 말이 바로 이러한 맥락이다. 만약 어려운 경험이 없다면 친구의 자랑에 기분이 나빴던 기억, 상사의 갑질에 화가 났던 기억을 떠올려라. '잘 되어서 코를 납작하게 해 줘야지!'라고 생각한 적이 있는가? 이것이 바로 악감정을 인정하고 그 에너지를 활용한 것이다. 생각에 실행까지 더해져 결과를 만든다면 악감정을 성공적으로 활용한 것이다. 잘사는 것이 최고의 복수라는 말도 있지 않은가.

여기서 주의해야 할 것은 악의 화신이 되라는 것이 아니다. 성공에 도달할 때까지 거대한 에너지가 필요하니 악의 감정을 추진제로 이용하라는 것이다. 나를 더 끌어올려 줄 자극제 정도로만 활용하고, '증오', '원망' 등의 감정에 잡아먹히지 않도록 유의하라.

간다 마사노리의 비상식적 성공 법칙은 상식에 반하는 듯 보이지만, 그 본질은 우리의 사고방식을 새롭게 전환시키는 데 있다. 하고 싶은 일을 찾는 것에 매몰되기보다는 하기 싫은 일을 찾아낸다거나 하는 것처럼 상식을 비틀어 보는 것이다. '비상식적'이라는 단어가 주는 충격이 우리를 기존의 틀에서 벗어나게 하고, 새로운 방법을 찾게 해 줄 것이다.

하기 싫은 일을 찾아라

《비상식적 성공 법칙》에 대해 더 깊은 이야기를 나누고 싶어 이 책의 번역가이자 간다 마사노리를 오랫동안 연구해 친구가 된 서승범 작가님을 만났다. 그와 대화를 나누던 중 나는 그에게 가장 궁금했던 하나의 질문을 던졌다. 서승범 작가님이 생각할 때 간다 마사노리가 전하는 비상식적인 성공 법칙 중 가장 중요한 것은 무엇인가 하는 것이었다. 그는 긴 고민 없이 바로 '싫어하는 일 찾기'라고 답했다. 그것을 해 보면 내가 해야 하는 일에 관한 해답이 쉽게 나온다는 것이다.

그가 말한 방법은 이렇다. 하기 싫은 일을 고민하고 또 고민하며 종이에 적어 내려간다. 가능하다면 100개까지 적는다. 이후 추려 낸다. 100개 중에서 가장 싫은 10가지를 추리고, 또 그중에서 제일 싫은 3가지를 추린다. 그리고 결국 가장 싫은 것 하나만을 남긴다. '내 목에 칼이 들어와도 이것만큼은 절대 싫다.' 싶은 것 말이다.

서승범 작가는 그것을 찾는 순간 인생에 흔들리지 않는 축이 생긴다고 말했다. 어떠한 상황에 놓이더라도 흔들리지 않는 나만의 기준, 신념 말이다. 이것을 찾게 되면 무언가를 함에 있어서 판단을 내리기도 쉽고, 행동하기도 쉬워진다. 판단과 행동이 명료해지면 성공으로 나아갈 확률이 올라가고, 그것이 곧 내 몸값 상승으로 이어질 것이라고 그는 조언했다.

인터뷰 후반부에 또 하나의 질문을 했다.

"작가님은 저보다 성공, 부에 대해 더 오래 연구하셨고 앞서 나아가고 계시잖아요. 혹시 저 같은 사람들을 위해 해 주시고 싶은 조언이 있나요?"

"음, 만약 앞으로 6개월밖에 살지 못한다고 시한부 선고를 받는다면 무슨 일을 하고 싶나요?"

“네? 6개월이요?”

나는 눈이 휘둥그레져 되물었다. 그런 생각은 한 번도 해 본 적이 없기 때문이다. 서승범 작가는 한마디를 더했다.

“경제적인 대가는 하나도 없다는 가정하에 말이에요.”

당황스러운 질문이었지만, 대답은 의외로 빠르게 나왔다.

“저는 책을 쓰고 싶어요. 책을 쓰면 죽어도 제가 남겼던 글이나 생각은 다른 사람에게 전해질 거고, 그걸 통해 영감을 받거나 가치를 얻는 사람이 생길 거 아니에요? 그래서 책을 쓰고 싶어요.”

서승범 작가가 손뼉을 치며 말했다.

“바로 그겁니다! 리치파카 님이 정말 하고 싶은 건 책 쓰기네요! 성공을 원하는 분들에게 해 주고 싶은 조언은 이거예요. **데드라인을 정해 놓고 하고 싶은 일을 해라!** 사람은 궁지에 몰리면 엄청난 힘을 발휘하거든요. 6개월이라는 궁지에 나를 잠시 몰아넣는 것이죠.”

죽기 전에 가장 하고 싶은 일이 무엇인지 비로소 깨달은 나는 큰 울림을 얻은 나머지 그 자리에 잠시 굳은 채 있었다.

눈을 감고 생각해 보자. 나에게 6개월이 남아 있다면? 아무리 돈을 좋아하는 사람도 돈을 1순위로 떠올리지는 않을 것이다. 당장 죽게 생겼는데 금은보화가 무슨 소용이겠는가? 돈보다 더 가치 있는 것, 내가 세상을 떠나도 남았으면 하는 것, 내가 세상에 전하고자 하는 진짜 가치가 무엇인지 생각해 보라.

그날 나는 약 3시간의 대화를 통해 인생의 교훈을 얻었다. 싫어하는 일을 명확히 해 나만의 신념을 굳게 다지는 것, 내 인생이 6개월 남았다는 생각을 통해 내가 진정으로 원하는 것, 전하고자 하는 가치에 대해 찾아보는 것 말이다. 당신도 이 방법을 적용해 싫어하는 일과 전하고 싶은 가치를 찾기 바란다.

생생한 꿈의 힘

간다 마사노리는 자신이 3년 전 작성한 노트를 보고 놀라 의자에서 떨어질 뻔했다. 당시만 해도 실현 불가능하다고 생각했던 목표들을 모두 이루었기 때문이다.

당시 그에게 아버지가 앞으로 어떤 일을 할 거냐고 묻자, “글쎄요. 직원 한 명으로 연 매출이 20억 원 정도 나오는 사업을 하고 싶어요.”라고 했다가 크게 꾸중을 들었다. 그 말이 너무나도 허황된 것처럼 보였기 때문이다.

《비상식적 성공 법칙》을 처음 만났던 2022년, 나 역시 허황된 꿈을 꾸었다. 머릿속으로만 꿈을 꾼 게 아니라 블로그에 내 꿈과 생각을 적어 놓았다. 당시 나는 전역을 5개월 정도 앞두고 있었다. 5개월 뒤인 2022년 11월 30일이 되면 나는 전역을 할 것이고 12월부터는 월급이 나오지 않는 상황이었지만, 한 달간 500만 원을 벌어 보겠다고 글을 적었다. 부자들에게는 큰돈이 아닐 수도 있겠지만, 약 8년간 군 생활만 했던 나에게는 엄청나게 큰 액수였다. 뒤이어 "2023년에는 연 목표 수입을 얼마로 정해야 할까요? 지금으로서는 1억 원이 떠오르네요."라고 적었다.

간다 마사노리가 3년 전 작성했던 노트를 보고 놀라 의자에서 떨어질 뻔했듯, 나도 얼마 전 내 블로그 글을 다시 보고 깜짝 놀랐다. 모든 것이 이루어졌기 때문이다. 내가 생각했던 월수입, 연수입을 모두 초과 달성했다. 더 소름 돋았던 건 '하기 싫은 일', '하고 싶은 일'을 명확히 해야 한다는 책의 내용을 보고 달아놨던 글이었다.

- 하기 싫은 일: 돈 때문에 고생하거나 다투는 일
- 하고 싶은 일: 럭셔리한 세단을 타고 아내와 여유롭게 여행을 다니는 일

위 두 문장이 그대로 이루어졌다. 당시만 하더라도 월급이 넉넉하지 않아 아내와 아끼고 아끼며 생활했는데, 수입이 풍족해지자 위 문장대로 돈 때문에 고생하거나 다투는 일이 없어졌다. 또한 자동차도 바뀌었다. 당시에는 10년 된 중고 K3를 타고 다녔는데 지금은 신

형 그랜저를 타고 아내와 적게는 2주에 1번, 많게는 1주에 1번씩 여행을 다닌다. 아직 럭셔리한 세단까지는 아니지만, 아내와 행복하게 다닐 수 있게 도와주는 안락한 차를 얻었으므로 나에게는 충분히 럭셔리 카다.

나는 하기 싫은 일과 하고 싶은 일을 명확히 적는 과정을 통해 삶이 완전히 바뀌었다. 지금은 싫어하는 것이라고 적어 놓았던 것들을 피해 내가 정말 좋아하는 자기계발과 관련된 일, 사람들과 함께 하는 일을 하며 행복하게 살아가고 있다. 또한 서승범 작가와 만났을 때 6개월밖에 살지 못한다면 하고 싶은 일이라고 답했던 '책 쓰기'를 실천하고 있다. 지금 이 순간에도 도서관에서 싱글벙글 책을 쓰고 있고, 앞으로도 책 쓰기 활동을 계속할 것이다.

이 글을 읽고 있는 당신도 간다 마사노리나 나와 비슷한 경험을 꼭 해 봤으면 좋겠다. 종이든 SNS든 당신이 싫어하는 일과 좋아하는 일을 명확하게 적어 보자. 그런 뒤 이루고 싶은 것을 누군가에게 말하거나 글로 써 보자. 간다 마사노리가 노트에 적었듯, 내가 블로그에 적었듯 말이다.

타인의 경험을 바라보기만 할 때는 부러움에 그치지만, 모방하고 따라할 때는 현실이 된다. 몇 년 뒤, 그 글을 다시 봤을 때 '정말 이 모든 것이 이루어졌구나.' 하며 놀라는 순간이 반드시 올 것이다. 나와 간다 마사노리가 경험했던 그 순간을 당신도 누리게 될 것이다.

꿈을 명확하게 적고, 그것을 생생하게 상상하는 것은 단순한 희망 사항이 아니다. 그것은 삶의 방향을 결정하고, 당신의 잠재력을 끌어내는 강력한 도구다. 당신의 꿈과 목표가 현실이 되는 것을 꼭 경험해 보기를 바란다. 이 글을 읽고 있는 지금 바로 시작하라. 그 작은 시작이 당신의 미래를 완전히 바꿔 놓을 것이다.

"하기 싫은 일을 명확히 하고,
하고 싶은 일을 꿈으로 바꾸어라.
상식을 뒤집은 사고와 행동이 병행될 때
꿈은 현실이 될 것이다."

4 한 마리 토끼를 쫓아라

《원씽(The One Thing)》, 게리 켈러, 제이 파파산

우리는 살아가면서 너무나 많은 것을 한다. 열심히 살고자 하는 의도에서 시작된 자기계발 또한 그렇다. 부자가 되고 싶은 마음에, 성공하고 싶은 마음에 출근길에는 부동산 공부, 퇴근길에는 온라인 비즈니스 공부, 자기 전에는 영어 공부 등을 한다. 하나만 파고들어 성과를 내기도 힘든데 많은 것을 동시에 하며 성과가 나기를 바란다. 세계적인 투자자 워런 버핏(Warren Buffett)이 주식 투자, 부동산 투자, 사업을 모두 했다면 어떻게 되었을까? 피겨의 전설 김연아 선수가 피겨뿐만 아니라 무용, 발레, 수영까지 했다면 어떻게 되었을까? 물론 유능한 인물들이기에 성과는 냈겠지만 지금과 같이 전설로는 남기 어려웠을 것이다.

《원씽》은 이와 같은 멀티태스킹에 일침을 가하는 책이다. 이 책

은 '두 마리 토끼를 쫓으면 두 마리 다 잡지 못할 것이다.'라는 문장으로 시작하는데, 이를 통해 무언가를 이루기 위해서는 한 가지에 몰두해야 함을 강조한다. 탁월한 성과는 초점을 얼마나 좁힐 수 있느냐와 밀접하게 연관되어 있다. 저자 게리 켈러(Gary Keller)와 제이 파파산(Jay Papasan)은 이 모든 메시지를 담아 '원씽(The One Thing)'이라는 단어로 표현했다. 《원씽》에서는 큰 성공을 거둔 사람들은 한 가지 중요한 일에 집중하는 능력이 뛰어나다고 강조하며, '당신의 단 하나를 찾으라.'고 끊임없이 화두를 던진다. 다른 모든 일을 쉽게, 혹은 필요 없게 만들 그 '단 하나' 말이다. 너무 많은 것을 하고 있는 당신에게, 무언가를 해도 성과가 나지 않는 당신에게 '원씽'은 실마리를 제공해 줄 것이다.

원씽에 관한 오해

무서운 속도로 변하는 시대에 '단 하나'만을 해라? 조금은 아이러니하게 느껴진다. 왠지 뒤처질 것만 같은 조바심도 든다. 나 또한 그랬다. 그럼에도 《원씽》은 이러한 생각을 거슬러 단 한가지에 집중할 것을 제안한다. 다양한 오해가 있지만, 책을 읽다 보면 오해가 풀리고 저자의 의도를 알게 된다. 여기에 자기계발에 대한 대표적인 오해 2가지를 소개한다.

첫 번째 오해는 '모든 일이 중요하다.'라는 것이다. 모든 일이 중요하다는 생각은 정작 중요한 일을 놓치는 결과를 낳는다. 이는 우선순위 정하는 일을 방해하기 때문이다. 모든 일에는 각각 중요도가 있다. 반드시 해내야 하는 일, 해내면 좋은 일, 해내지 않아도 되는 일 등 말이다. 나는 하루를 시작할 때 오늘 해야 할 일을 우선순위의 높음과 낮음으로 구분한다. 우선순위가 높은 것들은 나의 성장이나 미래에 도움이 되거나 지금 당장 중요한 것들이고, 우선순위가 낮은 것들은 하지 않아도 내 삶에 전혀 영향을 끼치지 않거나 꼭 오늘 하지 않아도 문제가 되지 않는 일이다.

나도 사람인지라 내가 목록에 써 놓은 것을 모두 해내지 못할 때가 많다. 그럼에도 높은 우선순위에 있는 것들은 반드시 처리한다. 만약 내가 우선순위를 두지 않았다면 떠오르는 것 위주로 처리 하다가 정작 중요한 것은 못한 채 잠들고 말 것이다. 만약 당신이 우선순위대로 일을 잘 처리하지 못한다면, 그건 능력 부족이 아니라 '모든 일이 중요하다.'라는 오해 때문에 생긴 문제일 가능성이 크다. 그 오해는 우선순위를 정하지 못하게 방해하기 때문이다.

두 번째 오해는 '멀티태스킹은 곧 능력이다.'라는 것이다. 멀티태스킹이라는 말을 들으면 유능하고 효율적인 이미지가 떠오른다. 하지만 실험 결과는 이와 상반된다. 2009년 스탠포드대학교의 클리포드 나스(Clifford Nass) 교수 연구팀은 약 100명의 학생을 대상으로 멀티태스킹에 관한 실험을 했다. 주의력 테스트, 기억력 테스트, 작업 전환 능력 테스트까지 총 3가지 영역에서 실험이 이루어졌는데, 결과는 충격적이었다. 멀티태스킹이 주의력, 기억력, 작업 전환 능력 모든 면에 부정적인 영향을 미친다는 사실이 밝혀졌기 때문이다.

생각해 보면 운전 중에 통화를 하면 길을 잘못 들거나 위험에 처하는 일이 많고, 회의 중 틈틈이 메일을 확인하면 결국 회의 내용도 기억 나지 않고 메일도 다시 확인해야 하는 일이 생긴다. 결국 멀티태스킹은 능력이 아니라 그럴싸해 보이는 허상에 불과하다.

'단 하나'에 집중하는 것은 시대에 뒤떨어진 방법처럼 보일 수 있지만, 오히려 우리의 삶과 업무에서 더 큰 성과를 이루는 열쇠가 된다. 빠르게 변하는 시대일수록 우리는 중요한 것에 집중하고, 우선순위를 명확히 해 목표를 달성해야 한다. 모든 일을 해내려고 하기보다는 진정으로 나의 삶을 변화시킬 수 있는 '단 하나'에 집중하는 것이 중요하다.

무엇이 가장 중요한지, 어떤 것이 나의 성장과 성공에 가장 큰 영향을 미치는지 단 하나로 추리는 시간을 가져 보자.

당신은 너무 많은 일을 하고 있다

사람들은 "열심히 하는데 성과가 안 나요."라는 말을 종종한다. 나는 이러한 문제가 '열심히 하지 않아서'가 아니라 '너무 많은 것을 하고 있어서'라고 생각한다. 나는 '원씽'을 갖고 있지 않은 사람을 정말 많이 봤다. 내가 운영하는 독서 모임에서도 그런 사람들을 심심치 않게 발견하곤 한다.

나와 독서 모임을 함께하던 지현 씨의 이야기다. 그녀는 성공하겠다는 마음을 먹고 다양한 노력을 했다. 우선, 매일 새벽 5시에 일어나 출근 전 2시간 동안 독서와 부동산 공부를 했다. 점심 시간에는 30분 동안 경제신문을 읽으며 주식 공부를 했다. 퇴근 후에는 월급 이외에 수익 파이프라인을 구축하고 싶다는 마음에 온라인 제품 판매 사업에 대한 공부를 했다. 자신의 성장기록을 담기 위해 자기 전에는 SNS 콘텐츠도 올렸다.

하지만 그녀에게 제대로 된 성과는 없었다. 많은 공부를 하고 있지만, 뭐 하나 제대로 결과물을 만들어 내지는 못했다. 그러한 모습을 보고 있자니 대단하다는 생각도 들었지만, 앞으로도 이렇다 할 성과를 내지 못할 모습이 그려져 마음 한편이 씁쓸했다. 어느 한 분야에서 임계점을 넘길 수 없는 얕은 노력을 여러 가지 하고 있기 때문이다. 물론 열심히 사는 것 그 자체로 의미가 있고 경험이 쌓이는 일이다. 하지만 본인은 성과를 원하고 있기에 안타까운 것이다.

게리 켈러는 "우리에게 주어진 시간과 에너지는 한정되어 있다. 그것을 너무 넓게 펼치려 애쓰다 보면 노력은 종잇장처럼 얇아진다."라고 말했다. 딱 지현 씨를 보고 하는 말 같았다.

나 또한 군 생활을 하며 지현 씨처럼 자기계발, 재테크에 몰입한 적이 있다. 하지만 지현 씨와는 달리 나는 20대에 아파트 2채를 마련하는 성과를 냈고, 군인일 당시에도 SNS 팔로워 2만 명을 보유하고 있었다. 나는 이를 선택과 집중의 차이라고 본다.

지현 씨는 다양한 것을 공부했지만, 나는 하나에 올인했다. 부동산을 공부하는 2년 동안은 오로지 부동산 공부에만 매진했다. 책을 읽더라도 부동산 관련 책만 읽고, 유튜브를 시청하더라도 부동산 관련 영상만 시청했다. 당시 연인이었던 아내에게 "오빠는 왜 드라이브할 때도 아파트 이야기만 해? 부동산 이야기 말고 데이트에 집중하면 안 돼?"라고 핀잔을 들을 정도였다. 그만큼 내 초점은 '부동산' 하나에 맞춰져 있었다.

전역을 결심하고 SNS 계정을 성장시킬 때도 마찬가지였다. 부동산 공부, 투자도 모두 내려놓고 오로지 SNS에만 집중했다. 업무를 병행하며 SNS 공부를 해야 했기에 부동산 공부까지 한다면 도저히 성과를 낼 수 없을 것 같았다.

지현 씨와 나의 차이를 되짚어 보자. 능력? 이는 절대 아닐 것이다. 적어도 내가 아는 한 지현 씨는 나보다 훨씬 더 똑똑한 사람이다. 성실함? 그것도 아니다. 나의 루틴과 지현 씨의 루틴은 크게 다르지 않았고, 성장에 투입하는 인풋도 비슷했다. 다른 점은 단 하나였다. 지현 씨는 3~4가지의 분야에서 성장을 도모했고, 나는 하나에 집중했다는 것이다.

만약 이 글을 읽는 당신도 열심히 하고 있지만 성과가 영 안 난다면 하고 있는 일을 되짚어 보자. 너무 많은 것을 하고 있지는 않은지, 혹은 너무 넓은 분야를 다루고 있지는 않은지 말이다. 성과를 내기 위해서는 모든 것을 다 잘하려는 것이 아니라, 가장 중요한 한 가지에 집중해야 한다. 우리의 시간과 에너지는 한정되어 있다. 그것을 효율적으로 사용하기 위해서는 우선순위를 정하고 단 하나의 목표에 모든 에너지를 집중해야 한다. **지금 내가 하고 있는 일 중에서 가장 중요한 단 하나를 찾아내고 그것에 집중하라. 이를 통해 얇게 퍼져 있던 노력을 모아 뾰족한 송곳으로 만들어라.** 그럼 적은 힘으로도 구멍을 뚫어내는 송곳처럼 적은 노력으로 큰 성과를 이룰 수 있을 것이다. '내가 지금 너무 많은 것을 하고 있지는 않은가?'를 되돌아보며 **줄이고, 쳐내고, 버려라.**

탁월한 성과를 만드는 4단계

게리 켈러는 우리 삶의 '단 하나'를 실행에 옮기고 탁월한 성과를 만드는 데에는 **'목적의식, 우선순위, 생산성'**, 이 3가지 요소가 필요하다고 말한다. 이 3가지 요소는 서로 상당히 밀접한 관계를 가지고 있다. 목적의식이 뚜렷해야 우선순위를 명확하게 정할 수 있고, 우선순위가 명확해야 행동의 생산성이 높아지기 때문이다. 나는 여기에 하나의 요소를 추가하고 싶다. 바로 **'목표'**다. 목표는 어떤 순서에 들어가면 좋을까? 바로 목적의식과 우선순위 사이이다. 도달하고 싶은 어떠한 지점이 바로 '목표'이기에 우선순위보다는 앞서야 하고, 자신의 가치관이나 삶의 의미를 포함하여 큰 방향을 제시하는 목적보다는 뒤에 따라와야 한다.

목표는 5년 후와 같은 장기 목표가 될 수도 있고, 6개월, 1년과 같은 단기 목표가 될 수도 있다. 중요한 건 목적의식 없이 '10억 원 모으기', '월 1,000만 원 벌기'와 같은 목표를 세우거나 다른 사람의 목표를 모방해서는 안 된다는 점이다. 가령 '헌신', '희생', '봉사'가 삶의 주 목적이며 우선 가치관인 사람이 '5년 안에 100억 부자 되기'와 같은 목표를 세운다면, 그것을 향해 나아가면서도 아이러니에 빠질 테니 말이다. 따라서 목표는 반드시 목적의식에 기반해야 한다. 목적에 따른 목표가 명확하게 설정되면 목표를 이루기 위한 행동, 즉 우선순위가 자연히 도출될 것이고, 우선순위에 따라 행동하다 보면 생산성은 향상될 것이다

이 4가지 요소를 등산에 비유해 보자. 산을 오르는 A와 B가 있다. A는 목적의식이 명확하다. '산 정상에 올라 아름다운 경치를 보고, 이를 사진으로 남겨 전시회를 여는 것'이다. 이 목적의식으로부터 도출된 목표는 해발 1,500미터의 정상에 도착하는 것, 그리고 그 과정에서 50장의 사진을 찍는 것이다. 목표가 정해지면 해야 할 것의 우선순위도 정리된다. 준비할 장비, 훈련 일정, 날씨 확인 등 체크리스트를 만드는 것도 어렵지 않다. 목적과 목표는 경치 감상과 사진 촬영이기에 '빨리 도착하기', '더 높은 봉우리에 오르기'와 같은 불필요한 행동은 제외하고 꼭 해야 하는 행동만 하며 산에 오를 수 있다. 그렇게 A는 원하는 대로 정상에 오르며 촬영을 했고, 이후 전시회를 성공적으로 개최했다.

반면 B는 A가 등산 및 전시회를 성공적으로 했다는 이야기를 듣고, 부러운 마음에 자신도 일단 산에 가기로 했다. 운동을 할 건지, 경치를 즐길 건지, 사진을 찍을 건지 목적은 정하지 않았다. 당연히

어떤 코스로 어느 봉우리까지 갈 건지, 사진은 몇 장 찍을 건지 목표도 없다. 산에 오르다 보니 아차 싶었다. 체력이 좋지 않은데 짐만 무리해서 싸다 보니 가방이 너무 무거워 제대로 오를 수 없었다. 결국 등산의 묘미는 즐기지 못하고 몸만 힘든 채로 돌아왔다. 남는 것은 없고, '내가 뭘 한 거지? 왜 A를 따라한 거지?' 하는 공허함에 빠졌다.

이는 단순한 우스갯소리에 그치는 일화가 아니다. 실제로 누군가는 A처럼 목적의식으로부터 도출된 목표를 정하고, 이를 바탕으로 우선순위를 정해 생산적으로 살아가는 반면, 누군가는 B처럼 남을 따라 하기 바쁘다. 나는 지금 어떻게 살아가고 있는가? 만약 B처럼 살아가고 있다면 첫 단추로 돌아가자.

목적의식이 있는 사람은 원하는 것을 떠올리며 해야 할 것들에 대한 계획을 수월하게 세우는 반면, 목적의식이 없는 사람은 그저 방황하며 남들이 부탁한 것들을 처리하는 데 급급하다. '나는 왜 성과가 안 나지?', '나는 왜 우선순위 정립이 안 되지?'라고 하기 전에 자신의 목적의식이 명확한지 먼저 점검해 보자.

목적의식이 명확해졌다면 최종 목표를 떠올려 보라. 먼 훗날 내가 이루고 싶은 '단 하나' 말이다. 그 최종 목표를 바탕으로 5년의 목표를 세우고, '향후 5년 내에 내가 해야 할 단 하나는 무엇인가?'를 떠올려 보자. 이와 같은 원리로 1년, 한 달, 한 주, 하루의 목표를 떠올리고, '이를 위해 내가 해야 할 '단 하나'는 무엇인가?'를 생각하자.

이것이 바로 게리 켈러가 말하는 '중요한 일에 파고드는 법'이다. 이 방법대로 목적의식에 맞는 목표를 정하고, 목표를 쪼개면서 도출한 '지금 해야 할 일', 즉 우선순위를 찾아보자.

여기서 잠깐, 목표를 설정하고 우선순위를 정하는 것만으로는 충분하지 않다. 우리가 설정한 우선순위를 미루지 않고 꾸준히 실천이 동반되어야 한다. 우리는 종종 어려운 일이나 중요한 일을 피하고 상대적으로 쉬운 일부터 해결하려는 경향이 있다. 이러한 습관은 중요한 일을 미루게 만들고 성과를 저해한다. **따라서 미루려는 자아와의 싸움에서 매일 승리를 거둬야 한다. 이것이 성공의 열쇠다.** 중요한 일을 가장 먼저 처리하고, 그 과정에서 느끼는 성취감을 동력 삼아 나머지 일들도 차근차근 해결해 나가자. 그렇게 할 때, 당신은 비로소 탁월한 성과를 이루는 길에 들어서는 '원씽'을 가질 수 있을 것이다.

"목적의식으로부터 나온 나만의 목표를 찾고,
목표로부터 나온 단 하나의 우선순위를 찾아라."

---

5 더 크게, 더 원대하게

《10배의 법칙》, 그랜트 카돈

내가 종종 듣는 질문 중 하나는 "나태해질 때 어떻게 동기부여를 받나요?"이다. 그 질문에 나는 긴 대답 없이 그랜드 카돈(Grant Cardone)의 《10배의 법칙》을 읽어 보라고 권한다. 큰 포부를 갖는 데, 열정을 끌어올리는 데, 실행력을 끌어올리는 데, 이보다 강력한 동기부여를 주는 책이 없기 때문이다. 실제로 나는 마음이 싱숭생숭하거나 나태해질 때마다 이 책을 꺼내 본다.

《10배의 법칙》은 10배 더 원대한 목표와 10배 더 왕성한 활동이 우리를 성공으로 이끄는 유일한 방법이라고 말하는 '매운맛' 책이다. '그만하면 충분해.', '적당히 해.'와 같은 말을 그야말로 박살 내며, 다른 사람들보다 10배 더 많은 생각과 행동을 할 때 비로소 성공으로 가는 문이 열린다고 말한다. 목표도 아주 크게 가질 것을 강조한다. 10배 더 원대한 목표를 설정하면 이전과는 완전히 다른 생각, 계획을 세우게 되는데 이는 자연스럽게 더 많은 노력과 성과를 수반하기 때문이다. 다소 어투가 강할 수 있지만, 이렇게 강한 어조와 문체가 이 책의 매력이며 그것이 그랜트 카돈만의 색깔이다. 위로가 필요할 때도 있지만, 때로는 강한 자극과 채찍이 필요할 때도 있다. 그럴 때마다 이 책이 자극제가 되어 줄 것이다.

10배 더 큰 목표

목표는 크게 잡는 것이 좋을까? 현실적으로 잡는 것이 좋을까? 누군가는 목표를 크게 잡아야 이루는 것도 커진다고 이야기하고, 누군가는 현실적으로 적당한 목표를 세워야 실현 가능성이 커진다고 말한다. 이에 대한 나의 의견은, 처음에는 현실적으로 시작해 나중에는 아주 크게 잡으라는 것이다. 목표 설정과 계획수립을 단 한 번도 해보지 않은 사람이 100억을 모으겠다거나 월 1억을 벌겠다고 한들 감흥이 있을까? 너무 말도 안 되는 수치여서 무엇부터 해야 할지 감조차 안 올 것이다.

그러니 작은 목표를 먼저 이루어 보자. 많은 돈을 버는 것이 목표라면 우선 부수입 10만 원 벌기부터 시작하는 것이다. 그것을 달성하면 자신감을 갖고 다음 목표를 설정하자. 이때는 더 큰 목표를 잡는 것이 좋다. 이미 한 번 성공해 본 경험이 있기에 자신감도 생겼을 테고, 목표를 쪼개 실행하는 것도 연습해 봤을 테니 말이다.

그렇게 두 차례, 세 차례 경험을 통해 목표를 계속 키워라. 어느 정도 자신감이 붙었을 때에는 그랜트 카돈의 말처럼 10배 더 큰 목표, 원대한 목표를 세워라. 목표의 크기에 따라 생각과 행동이 달라지게 마련이다. 저자는 절대 현실적인 목표만을 세우지 말라고 말한다. 낮은 행동 수준만 불러일으키기 때문이다.

저자가 말하는 행동 수준에는 4가지가 있다.

❶ 아무것도 하지 않는다.

❷ 뒷걸음질 친다.

❸ 보통 수준으로 행동한다.

❹ 엄청난 수준으로 행동한다.

목표가 없거나 작은 사람들은 ❶~❸번처럼 행동을 할 것이 불 보듯 뻔하다. 나 또한 그간 행동을 되돌아봤을 때 목표는 ❹번의 행동을 원하는데, 현실에서는 ❸번으로 행동해 반성하기도 한다. 반면 성공한 사람들은 예외 없이 원대한 목표를 세우고 엄청난 수준으로 행동한다.

예를 들어 일론 머스크(Elon Musk)는 인류를 다행성 종족으로 만들겠다는 목표를 가지고 이를 위해 스페이스X를 통해 화성 이주 계획을 추진하고 있다. 제프 베이조스(Jeff Bezos)는 우주로부터 자원을 구하고 기술 인프라를 구축해 지구를 보건하기 위해 블루 오리진을 설립했다. 빌 게이츠(Bill Gates)는 전 세계 질병 퇴치와 교육 개선을 목표로 빌 앤드 멜린다 게이츠 재단을 운영 중이다. 이처럼 세계적으로 큰 성공을 이룬 사람들은 하나같이 목표가 보통 사람들의 머릿속에서 나올 수 없을 정도로 원대하다.

이처럼 원대한 목표가 있기에 '엄청난 수준'의 행동을 이끌어 내는 것이다. 처음에는 작은 목표부터 달성하는 기간이 필요하지만, 그 경험을 기반으로 계속 목표를 키워 가며 언젠가는 자신의 한계를 뛰어넘는 도전을 해 보기를 바란다. 누군가 해냈다는 것은 나도 해낼 수 있다는 것을 의미한다. 위대한 사람들도 모두 평범했던 시기가 있었다. 여러분의 가능성과 잠재력은 무한하다. 지금 당장 작은 목표부터 시작해 상상조차 하지 못했던 원대한 지점에 도달하기를 바란다.

3년 올인해서 50년을 편하게 산다

일반적인 실행력과 행동량으로는 절대로 10배 더 큰 목표를 이룰 수 없다. 목표를 이루기 위해 우리의 모든 역량과 에너지를 올인해야 한다. 올인, 내가 참 좋아하는 표현이다. 올인은 모든 칩을 베팅하는 것을 의미하는데, 우리 삶에도 이를 적용해 볼 수 있다. 포커에서 올인을 한다면 위험한 상황에 처할 수 있지만, 인생에서 목표에 올인해 보면 돈 주고도 살 수 없는 경험을 얻을 수 있다.

누구나 인생의 터닝포인트가 있을 것이다. 내게도 꿈에 올인할 수 있도록 열정을 지펴 준 터닝포인트가 있다. 바로 '부자아빠 청울림', 유대열 작가님의 '3년 올인해서 50년 부자로 사는 법'이라는 유튜브 영상을 보게 된 것이다. 유대열 작가님은 직장생활을 그만두고 부동산 투자를 통해 성공한 자수성가형 부자다. 이 영상에서 그는 한 번 사는 인생, 뜨겁게 승부를 거는 시기가 필요하다고 말한다. 실제로 그는 3년간 부동산 경매 투자에 올인했다. 그 열정이 어느 정도냐면 술, 담배, TV, 친구들, 골프 등을 끊은 것도 모자라 아내에게 가족까지 잠시 끊어야겠다고 부탁했다고 한다. 그렇게 그는 모든 것을 잠시 끊어 내고 단 1분 1초도 허투루 쓰지 않겠다고 다짐한다. 그리고 부동산 경매에 모든 것을 올인한다. 패찰한 날은 밥도 먹지 않을 정도로 말이다. 그리고 그는 실제로 3년 만에 자동 수익 1,000만 원을 달성하며 경제적 자유를 이루었다.

나는 새벽 러닝을 할 때마다 이 영상을 반복해서 들으며 이를 똑같이 적용하려고 노력한다. 1분 1초도 허투루 쓰지 않겠다는 마음으로 하루를 맞이하는 연습을 하는 것이다. 혼자만의 다짐으로는 부족해 2022년 3월 1일에는 올인해서 열심히 살아 보겠다고 블로그에 선언까지 했다. 2025년 3월 1일이 되면 이 루틴을 가진 지 3년이 된다. 내가 어떤 사람이 되어 있을지 모르겠지만, 계획대로라면 베스트셀러 작가가 되어 있을 것이고 경제적인 안정을 찾았을 것이다. 만약 그것을 이루지 못하게 될지라도 나는 내 삶에 올인하는 경험을 했기에 후회는 없을 것이다. 결과야 어떻든, 올인한 경험을 통해 나는 완전히 다른 사람이 되어 있을 것이기 때문이다.

그랜트 카돈, 부자아빠 청울림이 말하는 것처럼 살아가며 한번쯤은 10배 더 큰 목표를 가지고, 꿈을 향해 올인을 해 보자. 펄펄 끓는 용암처럼 뜨겁고 가슴 뛰는 삶을 살아 보자. 더 이상 물러설 곳이 없다는 마음가짐으로 하루에 임해 보자. 그 경험을 통해 당신은 비약적인 성장을 할 것이며 원하는 것을 모두 이룰 것이다.

내가 올인하려고 할 때마다 사용하는 표현이 있는데, 당신도 한번 해 보길 권한다. 그건 바로 "나는 열심히 살 거야!"를 조금 더 구체화하는 것이다. "세계에서 1등으로 열심히 살 거야.", "우리나라에서 제일 열심히 살 거야."라는 말은 좀처럼 와닿지 않는다. 이를 조금 더 좁혀 보자. **"우리나라 92년생 남자 중에서는 내가 가장 열심히 살 거야!", "우리 회사에서는 내가 가장 열심히 살 거야!"** 더 좁혀도 좋다. 그러면 비교할 수 있는 대상이 생기고, 내 선언은 뜬구름 잡는 소리가 아닌 손에 잡히는 말이 된다. 이처럼 손에 잡히는 표현과 함께 올인하는 자세로 살아가다 보면 어느새 몰라보게 달라진 나를 발견하게 될 것이다. 처음에는 작은 변화로 시작하겠지만, 시간이 지남에 따라 그 변화는 점점 더 커지고 결국에는 상상도 못 했던 성취를 이루게 될 것이다.

프리드리히 니체의 《차라투스트라는 이렇게 말했다》에서 말하는 낙타가 아닌 사자가 되어 있을 것이다. 타인의 기대에 맞추어 살아가는 '낙타'가 아닌, 자신의 의지에 따라 행동하고, 기존의 규범을 거부하는 '사자' 말이다.

10배의 법칙 적용하기

인간의 본성에 관한 통찰이 담긴 책《스크루테이프의 편지》에서는 삼촌 마귀가 조카 마귀에게 사람을 속이는 법을 알려 준다. "인간에게 계획을 하게 해라. 정말 좋은 계획을 하게 도와줘라. 그리고 내일부터 하게 해라. 인간에게 내일은 없다."라고 말이다. **원하는 것을 이루고 삶을 변화시키고 싶다면 더 이상 미루지 마라. 마귀에게 속는 사람이 되지 말고 지금 바로 시작하라.**

당신의 실행에 날개를 달기 위해《10배의 법칙》적용법을 알려 주겠다. 먼저 10배 더 큰 목표를 세워 보자. 이를 위해 당신이 해야 할 것이 있다. 그건 바로 '실현 가능한'이라는 형용사를 머릿속에서 지워 버리는 것이다. 만약 누군가가 '그건 말도 안 돼.'라며 길을 막는다면 장담컨대 그 사람은 도전해 보지 않은 사람일 것이다. 사회적 통념이나 주변 사람들의 조언은 잠시 치워 두고, 내가 창출할 수 있는 가치는 무한하다는 생각으로 목표를 세워 보자.

다음으로 목표를 쪼개 계획을 세워 보자. 그랜트 카돈은 '목표를 달성하기 위해 오늘 할 수 있는 행동은 무엇인가?'라고 질문을 던지라고 조언한다. 이 질문에 답하기 위해서는 계획이 있어야 한다. 이번 달에 해야 할 일 없이 오늘 해야 할 일을 도출하기란 쉽지 않다. 계획을 세워야 하는 이유는 해야 할 일을 도출하기 위함이며 그것이 실행력을 끌어올리는 방법이기 때문이다.

당신 앞에 2미터 크기의 상자가 앞에 있다고 가정해 보자. 이 상자 위에 한 번에 점프해서 오르려고 하면 좀처럼 엄두가 나지 않는다. 고민만 하다가 결국 시도조차 못할지도 모른다. 이때 필요한 것이 바로 작은 계단이다. 30센티미터짜리 상자, 60센티미터짜리 상자, 90센티미터짜리 상자……. 이렇게 작은 상자를 여러 개 놓으면 오를 곳이 보이고, 직접 발을 떼게 된다. 이 작은 상자들이 바로 계획이다. 아주대학교 교수이자 심리학 박사로 유명한 김경일 교수는 "목표를 이루기 위해서는 그것을 10단계로 쪼개는 연습을 해야 한다."라고 말했다. 10단계로 나누는 이유는 2~3단계와 같이 계획의 덩어리가 너무 크면 구체성이 떨어지고, 20~30단계와 같이 계획이 너무 세부적이면 계획을 세우는 데 너무 많은 시간을 할애해 실행할 시간이 부족해지기 때문이다. 지금까지는 생각지 못한 원대한 목표를 세우고, 이를 10단계로 나누는 것이 당신의 첫걸음이다. 그리고 잘게 쪼개진 10개의 조각을 기반으로 내일이 아닌 오늘 해야 할 일을 생각하라. 이것이 바로 10배의 법칙의 핵심 메시지이자 전부다.

이를 위해 추천하고 싶은 것은 바로 플래너를 활용하는 것이다. 플래너는 목표 설정과 계획 수립을 가능하게 하며, 이를 쪼개고 쪼개 이번 달에 할 일, 이번 주에 할 일, 오늘 할 일을 도출하도록 도와준다. 나는 하루도 빠짐없이 플래너를 쓰고 있는데, 플래너를 통해 목표를 더 잘 이루고 싶다는 열망으로 직접 플래너를 제작하기도 했다. 내가 이토록 플래너에 관심을 갖는 이유는 직접 플래너를 써 보며 많은 것을 이루었기 때문이다. 머릿속으로만 목표를 세우고 계획하면 아무리 그럴싸한 생각일지라도 금세 휘발된다. 반드시 종이에 적어야 한다. 디지털 기기를 활용한 기록도 좋지만, 종이에 써 내려가는 감각을 머리에 새기는 것은 차원이 다르다. 여러 연구에 따르면 키보드로 타이핑하는 것보다 손으로 직접 쓸 때 기억력과 학습효과에 도움이 된다고 밝혀지기도 했다.

꼭 플래너가 아니어도 좋다. 빈 종이라도 꺼내 당신의 목표와 계획을 적어라. 하루하루 계획을 세우고 점검하며 당신의 실행에 지속적으로 칭찬과 격려를 해 주어라. 10배 더 큰 목표를 세우고, 이를 10단계 계획으로 쪼개자. 그리고 왕성한 실행력으로 쪼개진 계획을 정복하자. 이를 적용하다 보면 처음엔 멀고도 어려워 보였던 목표가 꾸준한 노력과 작은 단계별 계획의 축적으로 점차 현실로 다가오는 것을 느낄 수 있을 것이다.

"살아가며 한 번쯤은 모든 것을 걸어 보자.
지금까지 하지 않았던 생각과 행동이 나를 탈바꿈시킬 것이다."

---

6 목표를 이루기 위한 선택과 집중

《80/20 법칙》, 리처드 코치

나에겐 일은 덜 바쁜데 성과는 늘어난 계기가 있었다. 그건 바로 80/20 법칙을 알게 된 이후다. 80/20 법칙은 '파레토 법칙(Pareto Principle)'이라고도 불리며, 19세기 이탈리아의 경제학자 빌프레도 파레토(Vilfredo Pareto)에 의해 제창되었다. 이는 **"80퍼센트의 결과는 20퍼센트의 원인으로부터 비롯된다."**라는 의미로, 이탈리아 인구의 약 20퍼센트가 전체 부의 80퍼센트를 소유하고 있다는 사실을 발견하면서 이 개념을 발전시켰다. 이는 부뿐만 아니라 개인적인 업무, 사업, 시간관리, 건강 등 다양한 부문에 적용된다.

이 법칙을 알고 난 후 내가 하는 모든 일이 똑같이 중요한 게 아니라는 것을 깨닫게 되었다. 덕분에 더 큰 성과로 이끄는 중요한 일과 그렇지 않은 일을 나눌 수 있게 되었고, 중요도에 따라 일을 처리할 수 있게 되었다. 저자는 많은 사람이 이를 깨닫지 못해 자신이 별로 좋아하지 않는 사람들과 많은 시간을 보내며, '먹고 살기 위해서'라는 명목으로 원하지 않는 일을 하고, 별로 즐겁지도 않은 일을 하느라 자유 시간의 대부분을 써 버린다고 말한다. 우리는 더 효율적이고 더 행복해지기 위해 인과관계에 불균형이 있음을 하루빨리 깨달아야 한다.

《80/20 법칙》은 파레토의 법칙에 기반해 위와 같은 현상이 일어나는 이유를 설명하고, 어떻게 하면 적은 노력으로 큰 성과를 만들어 내는지를 설명한다. 80퍼센트의 결과는 20퍼센트의 원인으로부터 나오고, 20퍼센트의 결과는 80퍼센트의 원인으로부터 나온다는 진리를 깨닫고, 덜 중요한 것과 더 중요한 것을 구분할 수 있을 때 비로소 우리는 효율적인 시간 활용, 건강한 인간관계, 많은 부, 성공을 이루며 세상을 더욱 똑똑하게 살아갈 수 있다.

80/20 법칙 이해하기

앞서 말했듯 80/20 법칙은 모든 일의 결과 80퍼센트가 20퍼센트의 원인에서 비롯된다는 개념이다. 이 법칙은 부, 시간관리, 일, 생활 등 다양한 분야에 적용된다. 전 세계적으로 상위 1퍼센트의 부자들은 전 세계 부의 40퍼센트 이상을 소유하고 있고, 상위 20퍼센트의 사람들은 전 세계 부의 약 83퍼센트를 차지하고 있다. 이러한 현상은 대부분의 국가에서 비슷하게 나타난다.

우리나라도 다르지 않다. 글로벌웰스보고서에 따르면 대한민국 상위 1퍼센트 부자들은 전체 부의 약 25퍼센트를 차지하고 있으며, 상위 20퍼센트의 경우 전체 부의 약 70퍼센트를 차지하고 있다. 이러한 통계는 매해 조금씩 달라지긴 하지만, 이를 통해 소수의 인원이 많은 부를 소유하고 있음을 알 수 있다.

80/20 법칙은 개인에게도 적용된다. 개인의 일상 활동 중 80퍼센트의 성과는 20퍼센트의 활동에 의해 나오고, 80퍼센트의 스트레스는 20퍼센트의 특정 원인에서 비롯된다. 친구 및 지인들과의 관계에서 얻는 80퍼센트의 만족은 20퍼센트의 중요한 사람들로부터 나오며, 지출의 80퍼센트는 20퍼센트의 카테고리에서 나온다.

기업에서도 80/20 법칙은 적용된다. 매출의 80퍼센트는 20퍼센트의 상품으로부터 나오고, 컴플레인의 80퍼센트는 20퍼센트 소수의 고객에 의해 발생한다. 회사 전체의 성과의 80퍼센트는 20퍼센트의 직원이 좌지우지하며, 80퍼센트의 매출은 상위 20퍼센트의 직원으로부터 나온다.

이처럼 80/20 법칙은 다양한 영역에 적용된다. 우리가 80/20의 법칙을 이해해야 하는 이유는 이것이 우리의 목표 달성에도 그대로 적용되기 때문이다. 우리는 목표를 이루기 위해 가장 중요한 20퍼센트의 활동이 무엇인지 찾아내야 한다. 그래야 시간과 자원을 효율적으로 사용하여 목표를 더 빨리 달성할 수 있다. 목표를 달성하고 싶다면 먼저 해야 할 일을 리스트업하라. 이 중 가장 중요한 것은 무엇인지, 80퍼센트의 결과를 만들어 내는 20퍼센트는 무엇인지 찾아내라. 그리고 반대로 20퍼센트의 결과를 만들어 내는 80퍼센트, 즉 덜 중요한 것을 찾아내라.

이후 당신이 해야 할 일은 간단하다. 덜 중요한 활동들은 최대한 덜어 내고, 더 중요한 활동에 집중하는 것이다. '모든 일이 똑같이 중요하다.'라는 생각을 버리는 순간, 당신은 무엇에 더 집중해야 할지 깨닫게 될 것이며, 중요한 것에 더 집중하는 방식으로 원하는 것을 더 쉽고 빠르게 이루게 될 것이다.

선택과 집중

나는 대한민국에서 부동산 투자를 한다면 누구나 알만한 렘군(김재수)을 만난 적이 있다. 혹여 모르는 사람을 위해 설명하자면 렘군은 구독자 수가 약 40만 명인 유튜브 채널 '푸릉_렘군'을 운영하고 있는 투자자이자 자산가다. 그는 나에게 참 고마운 사람이다. 나를 부동산에 눈을 뜨게 해 준 사람이기 때문이다. 나는 렘군의 저서 《10년 동안 적금밖에 모르던 39세 김 과장은 어떻게 1년 만에 부동산 천재가 됐을까?》를 기점으로 부동산 투자에 눈을 떴고 자산 증식에 관한 새로운 방법을 알게 되어 투자를 통해 성과를 얻게 되었다. 마음속으로 은인이라고 생각했던 그를 만나게 된 것이다.

렘군을 만나게 된 건 그의 유튜브 채널로부터 출연 제안이 왔기 때문이다. 처음에는 '사기인가?' 하는 의심도 했다. '이렇게 큰 채널에서 나에게 연락을 한다고?' 당시 나는 전역한 지 6개월이 채 안 되던 시점이었고, 렘군에 비해 이루어 놓은 것이 거의 없었기에 '정말 내가 이 큰 채널에 출연해도 되나' 하는 생각이 들었다. 하지만 기회가 찾아왔다고 생각하고, 2023년 5월 그의 사무실로 찾아갔다.

나는 '루틴'을 기반으로 한 부자가 되는 습관에 대해 인터뷰를 진행했다. 그날 인터뷰를 마치고 돌아오며 내 머릿속에 남은 건 그와 나눈 짧은 대화였다.

인터뷰 내내 렘군의 경청하는 태도와 열정, 눈빛에 깊은 감명을 받았다. '이미 일궈 놓은 자산도 어마어마하고 자동으로 들어오는 돈도 상당할 텐데, 무엇을 목표로 하길래 저렇게 열정적으로 일할까?' 하는 생각이 들었다. 동시에 그가 어느 정도로 일과 목표에 진심인지 궁금했다. 인터뷰가 끝나고 렘군에게 질문했다.

"렘군 님은 하루에 몇 시간 일하시나요?"

"저는 낮부터 저녁까지 일한 뒤, 집에 가서 가족들과 시간을 보내고, 다시 밤부터 저만의 일을 해요. 밤 10시에 시작해서 새벽 5시 정도까지지요."

"네? 밤에 다시 일을 시작한다고요?"

잘못 들은 건가? 내 귀를 의심했다. 그러나 제대로 들은 것이 맞았다. 그는 밤부터 새벽까지, 약 7시간 정도 더 일한다고 했다. 더 믿기지 않는 것은 그의 다음 말이었다.

"7시간 정도 일하면서 한 번도 안 일어나거나, 화장실에 가기 위해 한 번 정도 일어나요."

수험생도 아닌데 어떻게 그렇게 일할 수 있는지, 믿기지 않았다. 얼떨떨하게 있는 나를 두고 그는 말을 이어 갔다.

"좋아하는 일 하나만 하기 때문에 가능한 거예요. 저는 싫어하는 일은 안 하거든요."

그는 무덤덤하게 말했지만, 나는 엄청난 충격을 받았다. 단 하나의 일에 이렇게 푹 빠질 수 있다는 것이, 자신이 하는 일에 이렇게 진심일 수 있다는 것이 놀라웠기 때문이다. 동시에 '좋아하는 일'을 하는 것, '나에게 중요하고 필요한 일'을 하는 것이 얼마나 중요한지 깨달았다.

한 분야에서 성공한 사람들은 여러 가지 일을 모두 잘하거나 다방면에서 성과를 이루어 대단해진 것이 아니다. 자신의 단 하나의 일, 그것에 집중해 자신의 분야에 도가 텄기에 그 자리에 오른 것이다. 오해하지 않기 바란다. 잠을 줄이고 오랜 시간 일하라고 말하는 것이 아니다. 80/20 법칙을 이해하고, 모든 일이 똑같이 중요한 것이 아니라는 점을 인지하여 하나에 집중하자는 것이다. '선택과 집중'을 도출하고, 그 하나에 미친듯한 열정으로 쏟아 보자. 렘군이 분야 하나에 몰입해 큰 성과를 이루었듯, 자신이 좋아하는 일, 나에게 중요한 일 하나에만 파고들어 보라.

《좋은 기업을 넘어 위대한 기업으로》의 저자 짐 콜린스(Jim Collins)는 다수의 좋은 기업 및 특별한 성공을 거둔 소수의 특징은 '목표 개수'라고 말한다. 그들은 동시에 '3개를 초과하는 목표를 추구하면 아무것도 얻지 못한다.'라고 말한다. 앞서 말한 렘군처럼 자신이 좋아하는 단 하나의 일만 파고들어 보는 것은 어떨까? 단 하나의 중요한 일이 우리 삶의 80퍼센트 이상에 영향을 끼친다는 것을 인식하고, 그것에 몰입하여 압도적인 성과를 만들어 보자.

80/20 법칙의 적용

한계를 뛰어넘는 노력이나 죽음에 근접할 정도의 인내만이 정답이라고 생각하는가? 만약 당신이 운동 선수라면 옳은 이야기일 수도 있다. 하지만 부와 성공은 그렇지 않다. 시간과 노력은 성과와 정비례하지 않기 때문이다. 부자들은 이미 그것을 알고 있다. 그렇기에 그들은 '어떻게 하면 더 많이, 더 오래 일할까?'가 아니라 '어떻게 하면 최소한의 노력으로 더 많은 돈을 벌 수 있을까?'를 고민한다.

나에게도 더 오랜 시간 일하는 것이 정답이 아님을 절실히 깨달게 해 준 사건이 하나 있었다. 때는 일에 한참 매몰되어 새벽 4시 반에 일어나 잠드는 순간까지 일만 하던 시절이었다. 일에 너무 몰두한 나머지 잠자는 것도 줄여 가며 일하고 있었다. 평소와 같이 아내와 함께 저녁 식사를 마쳤는데 왠지 모르게 가슴이 답답했다. 평소에 앓는 질병 없이 건강한 편이었기에 시간이 지나면 괜찮아질 줄 알았다. 그러나 답답한 느낌은 시간이 갈수록 더 심해졌다. 아내에게 "자기야, 인공호흡 할 줄 알지?"라고 물어볼 정도였다. 아내는 깜짝 놀라 나를 데리고 바로 응급실로 향했다.

응급실에는 다양한 사람들이 있었다. 팔이 골절된 사람, 신음을 내며 고통스러워하는 사람, 그리고 원인 모를 가슴 통증으로 누워 있는 나. 응급실에 누워 이런저런 검사를 받는데 많은 생각이 머릿속을 스쳤다. '성공, 부, 경제적 자유……. 모든 것이 중요하지만, 혹시 지금 죽게 된다면, 혹은 건강을 잃게 된다면 모두 무용지물이겠구나. 내가 잘못된 방법으로 노력하고 있었구나.' 하는 생각이 들었다. 몸을 갈아 넣는 노력으로 원하는 걸 이루려 한다면 정말 잘못될 수도 있겠다는 사실을 깨달았다.

건강은 마치 산소와도 같아서 평소에는 중요성을 느끼지 못한다. 나 또한 건강이 중요하다는 건 알았으나 그 가치를 최우선으로 삼지 않았다는 것을 깨닫고 반성했다. 부와 성공을 거머쥔 사람들은 자신을 혹사시키지 않는 범위 내에서 현명하게 목표를 달성한다. 그들은 저절로 돌아가는 시스템과 타인을 고용하는 레버리지를 바탕으로 효율적으로 원하는 것을 얻는다.

노력에도 80/20 법칙이 적용된다. 잠자는 시간을 줄이거나, 식사를 거르거나, 건강에 좋지 않은 행동까지 하며 노력할 필요는 없다. 건강을 해치면서까지 하는 노력은 효율을 추구하는 80/20 법칙에 반하는 행동이기 때문이다. 미칠듯한 노력을 해야겠다고 생각하기 이전에, '어떻게 하면 효과적으로 성과를 낼 수 있을까?'를 고민해 보자.

이 경험을 통해 나는 더 이상 무작정 열심히 일하지 않게 되었다. 건강과 행복을 우선으로 생각하며 어떻게 하면 '효율적으로' 일할 수 있을지 고민하는 습관을 가지게 되었다. 이후 일하는 시간은 줄었지만, 성장 속도는 오히려 빨라졌다. 내 일을 도와줄 사람을 찾게 되었고, 일의 효율을 올려 줄 시스템을 마련하다 보니 일 처리가 빨라졌을 뿐더러 보다 정확해졌다. 80/20 법칙을 잘 활용하면 성공과 부를 이루면서 건강과 행복까지 지킬 수 있다. 중요한 것은 우리가 선택과 집중을 통해 효과적인 방법을 찾아내는 것이다. 이것이 바로 80/20 법칙을 활용하는 지혜다. 당신은 부디 지혜로운 노력을 하기를 바란다.

"노력과 성과, 투입량과 산출량, 원인과 결과가
정비례한다는 편견을 버려라.
20퍼센트의 노력으로 80퍼센트의 성과를 낼 방법을 찾아라."

WORK BOOK

1장을 마치며

지금까지 목적이 반영된 목표를 찾기 위한 여정을 함께했다. 이번 장을 통해 당신만의 목적지가 설정되었기를 바란다. 목표가 명확해지면 마음가짐이 달라지고, 눈빛은 더욱 또렷해진다.
다음의 3가지 항목에 답해 보며 당신만의 목적지를 더욱 명확히 설정하기 바란다.

목적 찾기

다음의 20가지 단어 중 가장 우선시하는 3가지 가치에 동그라미를 쳐 보자.

가족	건강	성공	도전
변화	윤리	자유	평등
부	헌신	안정감	정직
열정	우정	사랑	권력
지혜	창의성	감사	배려

목표 문장화하기

앞에서 선택한 3가지 가치를 기반으로 목표를 세워 보자.

예: (가치) **부** (목표)부를 축적해 가족들과 안정감 있는 삶을 꾸린다.

(가치) (목표)

(가치) (목표)

(가치) (목표)

목표 구체화하기

3가지 목표 중 가장 중요하다고 생각하는 목표 하나를 발전시켜 문장화해 보자. 이때 마감 기한을 정하고 목표를 수치화해 표현해 보자.

예: 부를 이루기 위한 초석으로 앞으로 3년 안에 5,000만 원을 모은다.

선언하기

나의 목표를 세상에 알려 보자. 목표를 세상에 선언하면 이루어질 확률이 기하급수적으로 커진다. 가족, 지인, 친구 등 누구에게 알려도 좋다. 더 많은 사람이 알게 하고 싶다면 SNS를 통해 기록해도 좋다.

PART

2

부의 힘

돈은 현대 사회의 필수적인 자원 중 하나다. 돈이 없으면 다양한 어려움을 마주하게 된다. 의식주, 의료서비스, 교육이나 취미활동 등에도 많은 제약을 받는다. 무엇보다도 선택에 있어 그 기준을 '가치'가 아닌 '가격'에 두게 되는 삶을 살게 된다.

돈 때문에 힘들어 본 사람은 가난이 얼마나 무서운지 잘 안다. 가난으로 인해 자존심을 버려야 할 때가 생기기도 하고, 가족들 간의 불화, 건강상의 문제, 꿈과 가치실현에 대한 포기 등 만나고 싶지 않은 것들을 마주하게 된다. 반대로 충분한 돈을 가지고 있으면 지금까지 언급한 대부분이 해결된다. '돈으로 행복을 살 수는 없지만, 불행을 막을 수는 있다.'라는 말도 있지 않은가. 삶을 더 만족스럽게 살아가기 위해, 사랑하는 사람을 지키기 위해 우리는 돈에 대해 잘 알아야 한다. 돈에 대해 알지 못하면 돈으로 인해 앓게 된다. 이처럼 돈은 단순한 교환 수단을 넘어 우리의 삶의 질과 아주 밀접하게 연결되어 있다.

부를 얻으면 경제적 안정을 통해 자유를 얻을 뿐만 아니라 주체적인 삶을 살 수 있게 된다. 또한 부는 단순히 개인의 풍요를 넘어서 주변, 사회 전반에도 긍정적인 영향을 미친다. 부자들은 자산을 증식시키는 과정에서 일자리 창출과 경제 성장에 기여한다. 뿐만 아니라 기부와 같은 자선활동을 통해 사회적 책임을 다하기도 한다.

돈에 대해 이해하고, 부의 원리를 깨닫는 것은 개인의 행복에서 나아가 세상을 위하는 것이다. 이번 장을 통해 우리는 자본주의에 대해 이해하고, 경제적 자유로 나아가기 위한 부의 원리를 체득하고자 한다. 이 여정에서 우리는 돈의 진정한 가치를 깨닫고, 이를 통해 더 나은 미래를 만들어 나갈 것이다.

7 부의 씨앗을 뿌려라

《부자의 언어》, 존 소포릭

부를 얻는 지름길 중 하나는 일찍이 부에 관한 교육을 받는 것이다. 하지만 많은 가정에서 부에 대해 가르치지 않으며 심지어 학교에서도 이를 전혀 다루지 않는다. 돈은 살아가면서 반드시 필요한 필수재이자, 가치를 실현하는 데에 가장 중요한 도구 중 하나인데 말이다.

나도 어릴 적 '누군가가 나에게 돈 버는 방법' 혹은 '부자가 되는 법'에 대해 알려 줬으면 좋겠다고 생각했다. 하지만 아쉽게도 그것을 알려 주는 사람은 아무도 없었다. 만약 내 어린 시절에 《부자의 언어》가 출간되었고, 누군가 이 책을 나에게 쥐여 주었다면 내 인생은 좀 더 일찍 바뀌었을지 모른다.

《부자의 언어》는 저자 존 소포릭(John Soforic)이 이십 대인 자신의 아들에게 전해 주고 싶은 이야기를 3년 동안 기록한 책이다. 아빠가 아들에게 들려주기 위해 쓴 글인 만큼 진정성이 담겨 있다. 이 책은 반은 소설, 반은 수필 형태로 구성되어 있다. 소설 형태로 이야기를 전할 때에는 부유한 정원사와 '지미'라는 아이가 등장한다. 정원사는 지미에게 부에 관한 진실을 알려 주기 위해 노력한다. 그 중간중간 저자가 등장하여 부에 관한 원칙들을 다시 한번 짚어 준다. 즉, 소설의 형태로 1차 설명, 저자가 2차 설명을 하는 친절한 구조의 책이다. 존 소포릭이 이러한 형태로 이야기를 전할 때 자신의 아들에게 더 와닿을 거라고 생각했기 때문이다. 부자아빠가 자신의 아들을 위해 쓴 이 책은 부를 이루기 위해 씨앗을 뿌리라는 메시지를 전한다. 부자의 언어와 함께 부의 씨앗을 뿌리고 결실을 맺어 보자.

농장을 가꾸는 것과 부를 이루는 것의 공통점

정원사가 지미에게 전하는 교훈은 저자 존 소포릭이 아들에게 전하고 싶은 말이었을 것이다. 이 책의 구성을 보며 저자가 어떻게 하면 아들에게 교훈을 효과적으로 전달할 수 있을지 많이 고민했다는 것을 느꼈다. 그리고 저자가 왜 정원사를 등장시켜 교훈을 전하고자 했는지 알 것만 같았다. 상대성 이론을 발표한 천재 과학자 아인슈타인(Albert Einstein)은 자연을 깊이 들여다보면 모든 것을 더 잘 이해하게 된다고 말했다. 존 소포릭 역시 농장을 가꾸는 것과 부를 일구는 것에는 많은 공통점이 있다는 데서 착안해 메시지를 전달한 것이다. 과연 이 둘에는 어떤 공통점이 있을까?

먼저 농장을 가꾸는 것과 부를 일구는 것은 모두 노력과 인내가 필요하다. 농장을 운영하는 일은 하루아침에 결과를 얻을 수 없다. 물과 영양을 주며 나무가 되기를 기다리는 시간이 필요하고, 나무를 다른 곳에서 얻어 온다고 한들 열매를 맺고 수확하는 데까지 오랜 시간이 걸린다. 뿐만 아니라 물을 주고 잡초를 제거하고 병충해를 막는 등 보이지 않는 다양한 노력이 필요하다. 이 모든 과정은 시간과 인내를 요구하며 지속적인 관리와 관심이 필수적이다. 부를 일구는 일도 마찬가지다. 부는 단순히 운이나 번쩍하는 한 번의 기회로 나타나는 것이 아니다. 절대로 하루 아침에 결과를 얻을 수 없고 시간과 노력을 투입해야 한다. 결국 그 인내를 견딜 줄 아는 사람만이 결과물을 수확할 수 있다.

두 번째 공통점은 씨앗을 심는 것이 가장 중요하다는 것이다. 정원을 가꾸거나 농장을 운영할 때 해야 할 첫 번째 단계는 씨앗을 심는 것이다. 아무리 환경이 좋고 관리를 잘한다고 한들 씨앗을 심지 않으면 아무 일도 일어나지 않는다. 씨앗을 심지도 않았는데 햇볕이 비치고 바람이 불고 퇴비를 뿌리는 것이 무슨 의미가 있겠는가? 부를 일구는 일에서도 마찬가지다. **계획을 세우고, 목표를 설정하고, 방법을 공부한다고 한들 실행이라는 씨앗을 심지 않으면 아무 일도 일어나지 않는다.**

세 번째 공통점은 외부 환경에 대한 적응이 필요하다는 것이다. 전설적인 복서 마이크 타이슨(Mike Tyson)은 다음과 같은 말을 했다.

"Everybody has a plan. Until they get punched in the face."

의도에 걸맞게 의역하면 다음과 같다.

"누구나 그럴싸한 계획을 갖고 있다. 처맞기 전까지는."

정원이나 농장은 항상 이상적인 조건에서 운영되지는 않는다. 타들어 가는 가뭄을 만나기도 하고 엄청난 홍수가 나기도 한다. 이외에도 해충, 질병 등 여러 외부 요인이 열매라는 성과물에 위협을 끼친다. 부를 일구는 과정 또한 마찬가지다. 경제적 변화, 시장의 변동, 예상치 못한 위기 변수 등이 부를 일구는 과정에서 발생한다. 그러니 모든 상황에서 외부 위협에 유연하게 대처하는 능력이 필요하다. 농장을 운영할 때 기상예보를 주시하며 상황에 대비하듯, 부를 일구는 데에도 시장 변동에 대비해 포트폴리오 구성에 변화를 준다거나 자금 활용을 다르게 하는 등 대처가 필요하다.

네 번째 공통점은 꾸준한 관리와 지속적인 노력이 필요하다는 점이다. 정원을 가꾸거나 농장을 운영할 때는 한 번 씨앗을 심고 끝이 아니라 꾸준히 돌보는 과정이 필요하다. 정기적으로 물을 주고 잡초를 뽑으며 적절한 시기에 가지치기하는 등 지속적인 관심과 노력이 있어야만 건강한 작물을 수확할 수 있다. 마찬가지로 부를 일구는 과정도 지속적인 관리가 필요하다. 자산을 제대로 관리하고, 불필요한 지출을 줄이며, 재투자를 통해 자산을 증식시키는 등의 노력이 지속적으로 이루어져야만 부를 유지하고 키울 수 있다. 단기적인 성공에 안주하지 않고 장기적인 안목으로 꾸준히 관리해야 한다.

다섯 번째 공통점은 계획과 전략이 필요하다는 것이다. 농장을 운영할 때에는 어떤 작물을 심을지, 어떤 시기에 심을지, 어떻게 수확할지를 미리 계획하고 전략을 세워야 한다. 아무런 계획 없이 무작정 씨앗을 심는다면 좋은 결과를 기대하기 어렵다. 부를 일구는 과정에서도 마찬가지다. 재정적인 목표를 설정하고, 이를 달성하기 위한 전략을 세우는 것이 필수적이다. 저축, 투자, 지출 관리 등 재정적인 목표를 향한 명확한 계획이 있어야만 원하는 재정적 자유를 이룰 수 있다.

결론적으로, 정원을 가꾸거나 농장을 운영하는 과정을 통해 부를 쌓아 가는 방법을 전하고자 한 것이다. 이 메시지는 부를 이루는 것뿐만 아니라 인생의 지혜에 관해서도 교훈을 준다. 부에 대한 해답을 찾고 싶을 때 혹은 인내심이 흔들릴 때, 정원사가 농장을 바라보는 시각으로 부의 축적을 바라보자. 농장과 정원에서 얻는 교훈처럼, 부를 이루기 위해서는 씨앗을 심고 인내하며 꾸준히 가꾸어 보

자. 그리고 바람에도 부러지지 않고 그저 흔들리며 유연하게 대처하는 나뭇가지처럼 외부 환경에 유연하게 대처하며 나아가자. 이 모든 과정을 걸어가다 보면 단단하고 지속 가능한 부를 마주할 수 있을 것이다.

돈 문제를 극복하라

책의 주인공인 정원사는 돈 문제를 극복해야 다른 중요한 것들에 집중할 수 있으며, 돈과 시간이 없으면 인생을 자기 뜻대로 살아갈 수 없음을 강조한다. 돈 문제를 극복하지 못하면 중요하고 소중한 것을 지키기 어렵다는 뜻이다. 이는 자본주의 국가를 살아가는 이 시대 사람이라면 그 누구도 부정하기 어려울 것이다.

돈 문제를 극복하지 못해 괴롭고 힘들어하는 사람은 상당히 많다. 가족, 사랑하는 사람이 아프지만 이를 치료할 병원비가 없어 힘들어하는 사람도 있고, 경제적인 어려움으로 인해 매일 싸우고 결국 헤어지는 부부도 심심치 않게 볼 수 있다. 돈 문제로 인해 친한 친구를 배신하기도 하며, 가까운 지인에게 사기를 치기도 한다. 돈 문제로 결혼을 미루거나 포기하기도 하고, 배우자, 자녀가 원하는 것을 해 주지 못해 좌절에 빠지기도 한다. 심지어 누군가는 생활고를 견디다 못해 목숨을 끊기도 한다. 이처럼 돈 문제는 우리의 현실을 괴롭게 만든다.

내 이야기를 하자면 나는 돈이 없으면 고민, 걱정, 곤란을 끊임없이 마주해야 한다는 것을 어릴 적부터 깨달았다. 7~8살 무렵의 일이다. 할머니와 폐지를 실은 수레를 끌고 고물상에 가는 길이었다. 나는 할머니에게 내가 수레를 끌어 보고 싶다고 말했고, 할머니는 그러라고 하셨다. 신나는 마음에 수레를 끌고 할머니보다 앞서가기 시작했다. 그러지 말았어야 했다. 들뜨면 화가 닥치는 법이니까.

나는 그만 주차되어 있는 승용차를 수레로 들이박고 말았다. 최대한 속도를 줄이려 했지만, 힘이 없던 나이인지라 좀처럼 제어하지 못했다. 곧이어 한 아저씨가 내려 차를 살폈다. 할머니는 놀라서 달려오셨고 연신 아저씨에게 죄송하다고 사과를 했다. 나는 얼굴만 벌게진 채 바보같이 아무말도 하지 못했다. 그 순간 죄송한 마음도 컸지만, '아저씨가 돈을 물어 달라고 하면 어떻게 하지?', '우리 집은 어려운데 저 차 수리비를 물어 줄 수 있을까?' 하는 생각을 했다. 경제관념이 없는 어린 나이였지만, 집이 어렵다는 사실은 알았기에 그 순간은 공포 그 자체였다. 다행히 차에 손상은 거의 없었고 감사하게도 아저씨께서는 그냥 가라며 선처해 주셨지만, 그 짧은 순간은 내 평생의 기억으로 자리 잡았다.

시간이 흘러 내가 중학교 때의 일이다. 집에서 쉬고 있는데 초인종 소리가 들리더니 남자들이 우르르 집에 들어왔다. 법원에서 왔다는 남자들은 집 구석구석에 빨간 색깔 딱지를 붙이기 시작했다. 소파, TV, 냉장고, 돈이 될 만한 가전, 가구에는 모조리 붙였다. 드라마와 영화에서 비슷한 장면을 본 적이 있기에 저 빨간 딱지가 무엇을 의미하는지 이미 알고 있었다. 처참한 심경이었다. '망해서 쫓겨날 때도 가전, 가구 하나 없이 나가겠구나', '쫓겨나면 우리 가족은 어디에서 살지?' 하는 무서운 생각이 들었다.

며칠 뒤 친구가 집에 놀러 왔다. 지금 생각해 보면 친구를 데려오지 말았어야 했다. 집을 둘러본 친구가 물었다.

"연주야 이 빨간 딱지들 다 뭐야?"

왜 빨간 딱지가 붙었는지, 빨간 딱지가 무엇을 의미하는지 잘 알고 있었지만, 대답하지 못했다. 그저 "별거 아니야. 곧 다 뗄 거야."라고 얼버무렸다. 얼굴이 화끈 달아올랐다. 쥐구멍에 들어가고 싶었다. 자존심, 자존감이 순간 와르르 무너져 내렸다. 얼른 그 시간이 지나 친구 머릿속에 빨간 딱지가 사라지기를 바랐다.

성인이 되어서도 돈 문제는 나를 쫓아다녔다. 가정형편은 나아지지 않았고, 용돈을 받을 형편은 여전히 안 되었다. 성인이 되자 가장 부담스러운 것은 등록금이었다. 국립대에 입학한 덕에 비교적 등록금이 저렴했지만, 여전히 이를 부담하기란 쉽지 않았다. 그때 내 눈에 들어온 건이 바로 '군장학생'이라는 제도였다. 이는 장교 예비 후보생들에게 해당되는 것으로, 군 생활을 4년 더 하기로 약속하면 장학금 4년 치를 지원해 주는 제도였다. 등록금 걱정 없이 학교에 다닐 수 있다니! '이거다!' 싶었다. 나는 군장학생에 신청하게 되었고, 그에 따라 나의 군 생활은 6년 4개월이 되었다. 내가 직업군인 생활을 하게 된 가장 결정적 계기가 바로 이것이다. 그 당시에는 정말 훌륭한 선택이라고 생각했다. 등록금도 지원받고 안정적인 직업까지 얻을 수 있으니 말이다. 하지만 시간이 지난 지금 돌이켜보면 참 슬픈 선택이다. 꿈에 대해 생각하기 이전에 경제적인 상황으로 내 미래를 판가름지었기 때문이다.

이처럼 나는 돈이 없으면 어떤 감정을 느끼는지, 어떤 선택을 해야 하는지 어렸을 때부터 많은 경험을 했다. 이 몇 가지 사례 이외에도 돈이 없어 속상함을 느꼈을 때는 셀 수 없이 많다. 이런 순간마다 차마 어머니에게 말하지 못하고 속으로 삭혔다. 지금 생각해 보면 어머니 또한 넉넉지 못한 형편에서 우리를 키우며 얼마나 속상하셨을지 생각하면 마음이 무너진다. 이처럼 돈 문제가 있으면 무엇을 선택할 때 주도권을 갖지 못한다. 나뿐만 아니라 우리 가정, 내 아이까지 그것을 느낄 수밖에 없다.

만약 돈 문제가 없었다면 이러한 일을 겪지 않았을까? 자존감이 바닥을 치는 경험을 하지 않았을까? 씁쓸하게도 그렇다. 돈이 있으면 이러한 문제를 큰 걱정 없이 해결할 수 있고, 자존감이 바닥으로 내팽개쳐지는 일도 피할 수 있다. 혹여나 의도치 않은 실수로 누군가에게 잘못을 한다고 한들, 진심을 다해 사과하고 그에 맞는 보상을 해 주면 된다. '이 일을 못 해결하면 어쩌지?' 하는 생각을 하며 쥐

구멍에 들어가고 싶어 어쩔 줄 모르는 상황은 벌어지지 않는다.

《부자의 언어》의 정원사는 말한다. 돈 문제를 극복하면 다른 중요한 것에 집중할 수 있고, 자기 인생을 뜻대로 살아갈 수 있다고. 이것이 우리가 돈에 대해 알아야 하는 이유이자 최소한의 부는 거머쥐어야 하는 근거다. 돈은 단순한 가치교환의 수단을 넘어 삶의 여유와 자존감을 지키기 위한 방패가 된다. 돈으로 행복을 살 수는 없지만, 불행은 막을 수 있다. 돈 문제를 극복하는 데에 나아가 부를 일구는 데서 에너지를 쏟아 보자.

돈을 긍정하고 씨앗을 뿌려라

많은 사람들이 돈을 부정하며 살아간다. 심지어 어떤 사람들은 돈을 좇으면 속물이라고 폄하한다. 돈만 좇는 것은 문제가 있을 수 있지만, 돈을 좇는 것, 즉 가치를 좇는 당연한 일이다. 이는 우리가 어릴 적부터 받아 온 교육의 영향이다. 그리고 성인이 되어서도 부에 관한 잘못된 인식을 버리지 못한다. 이것이 잘못 표출되면서 부자들을 폄하하고 부정한다.

"저 사람은 분명 금수저일 거야. 어린 나이에 저런 차를 끄는 게 말이 안 되지."

"뭐? 3년 만에 건물주가 됐다고? 사기 쳐서 돈 벌었나 보지."

SNS에서 심심치 않게 볼 수 있는 댓글이다. 돈과 부에 대해 부정하는 것은 결국 자기 손해라는 것을 알아야 한다. 어떠한 것을 부정하는 순간 그것을 절대로 끌어들일 수는 없기 때문이다. 돈을 부정하면 나에게 오던 기회와 성공의 가능성마저 떠나간다. 스스로 벽을 쳤기에 기회가 넘어올 수 없다.

나 또한 그럴 때가 있었다. 돈에 대해 공부하기 전, 부자는 나와는 전혀 관련이 없는, 부러움의 대상 정도로 생각했다. 뉴스나 인터넷에서 부자가 되었다는 사람들을 보면 진위는 따져 보지도 않은 채 잘못된 방법으로 부자가 되었을 거라고 생각했다. 부동산 투자를 통해 부자가 되었다는 사례를 접하면 그들을 투기꾼이라고 생각했다. "저런 사람들 때문에 집값이 오르는 거야. 저러다가 쫄딱 망한다." 라고 생각했다. 그런 생각을 가지고 있다 보니 동료 중 누군가가 부동산에 대해 공부하자고 이야기하거나 유용한 정보를 알려 줘도 그 말이 귀에 들어오지 않았다. 부자들을 폄하하고 부정적인 프레임을 씌우다 보니 누군가 나에게 손을 내밀어도 그걸 쳐낸 것이다.

부를 쌓기 위해서는 돈을 긍정하는 것부터 시작해야 한다. 그것이 부에 관한 기회를 넓히고 가능성을 끌어올리는 첫걸음이기 때문이다. 다행히도 나는 이 원리를 깨달은 뒤로는 돈을 부정하지 않는다. 도리어 아끼고 사랑하며 나에게도, 세상 사람들에게도 꼭 필요한 수단으로 여긴다. 생각의 변화 이후에는 부자를 바라보는 시각이 달라졌다. 전에는 그들을 끌어내리며 스스로 위안을 삼았지만, 이제는 스스로 자세를 낮추며 배울 점을 찾는다. 전에는 늘 부정이라는 찌꺼기가 쌓였지만, 이제는 교훈이 쌓인다.

지금까지 당신은 어땠는가? 부와 기회가 흘러 들어오지 못하도록 막고 있었는가? 최소한의 문은 열어 놓았는가? 돈을 긍정하는 것은 단순히 돈을 좋아하는 것을 넘어 기회와 성공의 가능성이 들어오도록 문을 여는 것임을 깨닫고, 문을 열고 두 팔 벌려 기회를 마주하자.

《부자의 언어》에서 부를 '정원'에 빗댄 것처럼 씨앗을 뿌리는 것의 중요성을 깨닫게 해 주는 재미난 일화가 있다. 중국 아라산멍 어지나치(阿拉善盟 額濟納旗) 사막에 묵묵히 나무를 심어 온 노인 쑤허(蘇和)라는 사람이 있었다. 과거 이곳은 오아시스였지만, 기후 변화와 빈번한 전쟁, 그리고 과도한 개발로 인해 사막화가 되었다. 쑤허는 이곳에 2004년부터 나무를 심기 시작했다.

처음에는 심은 나무는 겨우 10퍼센트만 살아남았다. 연간 강수량이 50밀리미터도 안 되는 지역이니 그럴 수밖에 없었다. 하지만 쑤허는 포기하지 않고 나무를 공부하기 시작했다. 실험을 거듭한 그는 내건성 재배기술을 알아냈고, 버려진 우물을 찾아내 물을 실어 날랐다. 그 결과 나무의 생존율이 70퍼센트까지 올랐다. 2012년엔 관정팀을 불러와 20미터 깊이의 우물 7개를 파고 펌프를 설치했다. 그 결과 나무 생존율을 90퍼센트까지 높였다. 2021년 6월 그는 세상을 떠났지만, 지난 17년간 쑤허 부부가 심은 나무는 약 9만 그루나 된다. 그가 심은 나무들은 너비 500미터, 길이 3킬로미터, 면적 233헥타르의 숲이 되었다.

이 사례를 통해 우리는 하루하루를 쌓아 가는 시간의 힘을 느낄 수 있다. 노인이 '매일 나무를 심는 것'과 우리가 '매일 하루를 살아가는 것'은 같은 이치다. 하루 이틀 나무를 심는다고 사막이 달라지지 않듯, 하루이틀을 열심히 살아가는 것이 삶을 송두리째 바꾸지는 않는다. 하지만 하루가 일곱 번 쌓여 일주일이 되면 그 힘은 훨씬 강력해지고, 일주일이 한 달, 한 달이 쌓여 일 년이 되면 어마어마한 힘을 발휘한다. 그렇게 한 그루의 나무들이 쌓이다 보면 거대한 숲을 이룬다.

이것이 바로 존 소포릭이 말하는 부의 원리다. 그는 부란 하루하루 쌓아 가는 삶의 방식이 축적됐을 때 생기는 것이라고 말한다. 이러한 습관을 만드는 것이 바로 부의 토대인 것이다. 그가 아들에게 전하고 싶었던 가장 큰 메시지는 돈을 버는 스킬이 아니라 부를 얻기 위한 자세와 태도다. 하루하루 행동의 씨앗을 뿌리면 결국 그것들이 쌓여 거대한 변화를 만든다는 것을 깨닫게 해 주고 싶었던 것이다.

오늘 내가 무엇을 하고 있는지, 어떤 선택을 하고 있는지가 나의 미래를 결정짓는다. 부를 쌓기 위해서 나에게 주어진 오늘에 최선을 다하자. 지금 이 순간을 소중히 여기며 부의 씨앗을 심자. 그 씨앗이 자라 거대한 숲을 이루는 날, 우리는 비로소 부를 얻게 될 것이다. 그리고 마침내 당신은 거대한 숲, 즉 풍요로운 삶을 살 것이다.

자신과 가족들을 지킬 수 있는 힘, 주변 사람들을 돌아볼 수 있는 여유, 원하는 것을 언제든 할 수 있는 경제력을 가진 자신의 모습을 상상하고 이를 위한 씨앗을 뿌리자.

"부를 일구는 것은 정원을 가꾸는 것과 같다.
씨앗을 뿌리는 것부터 차근차근 단계를 밟아 보자."

8 돈 그릇을 키워라

《부자의 그릇》, 이즈미 마사토

복권에 당첨되어 일확천금을 얻었지만, 금세 파산한 사례를 들어 봤을 것이다. 큰돈을 가지게 된다고 한들 그 사람의 그릇이 돈을 담을 수 없기에 넘쳐흘러 버리는 것이다. 반면 돈을 담을 수 있는 그릇이 큰 사람은 지금 당장 큰돈을 가지고 있지 않더라도 반드시 돈이 흘러 들어오게 된다. 나는 돈 공부를 하고 부자들을 만나며 이즈미 마사토(泉 正人)의 《부자의 그릇》에서 말하는 '돈 그릇'이라는 것이 얼마나 중요한지 깨달았다. 이를 깨닫고 나니 한 달에 얼마를 버느냐가 중요한 것이 아니라 돈을 버는 법을 포함하여 다루는 법, 유지하는 법, 불리는 법 등 전반적인 그릇을 키우는 것이 더 중요하다는 사실을 알게 되었다.

《부자의 그릇》은 돈 그릇을 키우고 싶은 사람들이 꼭 읽어야 할 책이다. 소설 형태를 취하고 있어 누구나 재미있게 읽을 수 있는 이 책은 어려운 상황에 처한 주인공 에이스케와 그의 앞에 나타난 부자 노인의 이야기를 통해 돈과 신용의 원리를 쉽게 전한다. 유대인들이 자녀를 교육할 때 물고기를 줄 것이 아니라 물고기 잡는 법을 가르치듯, 노인은 그를 도와주는 것이 아니라 그가 돈에 대해 깨우치고 그릇을 키울 수 있도록 돕는다. 《부자의 그릇》은 단순한 재테크 서적을 넘어서 돈에 대한 근본적인 태도와 삶의 방식을 변화시키는 데에 도움을 줄 것이다.

돈 그릇에 맞게 돈이 담긴다

책의 주인공 에이스케는 한때 연 매출 12억 원을 자랑하던 주먹밥 가게의 사장이었다. 주먹밥 사업은 탄탄대로를 걸었고 순식간에 4호점까지 오픈한다. 사업이 흥하면서 다양한 제안도 들어오기 시작했고, 다루는 돈의 크기도 커졌다. 하지만 그 돈을 담을 그릇은 전혀 준비되어 있지 않았던 탓에 에이스케는 2년 반 만에 모든 것을 잃고 3억 원의 빚만 남는다.

그는 자신의 처지를 비관하며 광장 벤치에 앉아 시간을 보낸다. 추운 날씨에 따듯한 밀크티라도 사 먹으려 했지만, 단 돈 100원이 부족해 사 먹지 못한다. 치욕과 절망의 순간, 일흔 살쯤 되어 보이는 한 노인이 에이스케에게 백 원을 빌려 준다.

"이 돈은 꼭 갚게나."

이것이 에이스케와 노인의 첫 만남이다. 에이스케는 자신이 재기하게 된다면 100원이 아니라 1,000만 원으로 갚겠다고 말한다. 하지만 노인은 "그래서 망했던 거군. 자네는 1,000원도 제대로 다루지 못하고 있네."라며 에이스케의 태도를 꼬집는다. 에이스케는 노인의 조언에 기분이 나빴지만, 돈에 대해 엄청난 통찰을 가지고 있는 것 같은 노인의 태도에 자신의 사업, 그리고 실패에 대한 이야기를 털어놓는다.

노인은 신용의 중요성, 돈에 관한 본질, 돈을 다루는 능력 등의 교훈을 전하는데, 핵심 메시지는 '부자가 되려면 돈 그릇을 키워야 한다.'라는 것이다. 노인은 주인공 에이스케에게 사람은 자신과 어울리지 않는 돈을 가지고 있으면 반드시 잘못을 저지르게 되며, 사람마다 다룰 수 있는 돈의 크기가 다르다고 말한다.

이와 관련된 실제 사례가 있다. 영국 동부에서 청소부로 일하던 마이클 캐롤은 2002년 19살의 나이로 970만 파운드(한화 약 160억 원)에 달하는 복권에 당첨됐다. 그러나 그는 술, 마약, 과도한 소비, 불건전한 생활을 하며 재산을 탕진했다. 그는 거기서 그치지 않고 자동차 절도, 마약 등으로 감옥에 가기도 했다. 결국 10년 뒤인 2012년, 그는 파산했다.

아마 당신도 이와 비슷한 이야기를 들어 본 적 있을 것이다. 복권에 당첨되었는데 파산한 사례, 부모님께 수십억의 재산을 물려받았는데 노숙자로 전락한 사례, 수십, 수백억 원의 연봉을 받던 유명 운동 선수들이 은퇴 이후 파산하는 사례 등 말이다. 이와 같은 사례들은 자신의 그릇에 맞지 않는 돈이 들어왔기에 생긴 일들이다. 노인이 에이스커에게 전하는 핵심 교훈은 사람에게는 각자 다룰 수 있는 돈의 한계가 있다는 것이다. 월급도 다루지 못하는 사람은 큰돈이 들어온다고 한들 결코 이를 다룰 수 없다.

부자가 되고 싶다면 일확천금을 노릴 것이 아니라 어떻게 하면 많은 돈을 담을 수 있는 그릇을 만들 것인가를 생각해야 한다. 이를 위해 신용을 쌓아야 하고, 경험과 지식을 쌓으며 돈을 버는 능력, 돈을 지키는 능력, 돈을 불리는 능력을 키워야 한다. 나를 만나는 모든 사람이 '저 사람은 믿음직해.'라고 신뢰를 느끼게 하고, 경험과 지식을 부단히 쌓으며 사업과 투자를 통해 돈을 벌어들이는 능력을 연마하라. 나아가 경제 흐름을 이해하고 재테크를 통해 재산을 지키고 불려라.

돈은 그만한 그릇을 가진 사람에게 모이는 법이다. **많은 돈을 벌고 싶다면, 먼저 그 돈을 다룰 수 있는 그릇을 준비하라. 돈을 좇지 말고 돈이 자연스럽게 모일 수 있는 그릇을 갖추는 데 집중하라.**

시간이 걸리더라도 그 과정에서 얻는 경험과 지식이야말로 우리의 그릇을 더욱 단단하게 만들 것이며, 그 결과로 우리는 진정한 부를 이루고 그 부를 유지할 수 있게 될 것이다.

운명처럼 만난 부자 할아버지

내게도 귀인과 같은 할아버지 한 분이 있다. 할아버지를 처음 만난 건 2024년 1월 강남 사무실을 계약하면서였다. 나는 강남에서도 부자들이 많이 산다는 도곡동에 사무실을 얻었다. 그 할아버지는 내가 들어간 사무실의 건물주셨다. 부동산에서 계약을 할 당시 건물주 할아버지의 주민등록증을 확인하며 경악을 금치 못했다. 멋진 세미 정장을 입고 계셨고 정정해 보이셔서 70대 후반이나 80세 정도로 생각했는데 할아버지의 실제 나이는 92세였다. 나도 모르게 "와! 선생님 92세세요? 너무 정정하셔서 70대이신 줄 알았어요!"라고 말하고 말았다. (건물주여서 비위를 맞춰 준다거나 괜히 기분 좋으라고 한 말은 아니었다.) 허리가 꼿꼿했고 말투도 또박또박했으며 무엇보다 차려입은 옷을 보면 92세라는 나이가 믿기지 않았다. 그날의 충격은 여기서 끝이 아니었다. 건물주 할아버지는 나와 아내에게 어떤 일을 하냐고 물었다. 순간 고민했다. "자기계발 SNS 채널을 운영하며, 제품 판매와 강의를 하고 있습니다."라고 말하면 못 알아들으실 거라고 생각했기 때문이다. 그런데 내 예상과는 달리 할아버지는 내 말을 한 번에 모두 알아들으셨고 이렇게 말하셨다.

"다음에 배우러 가도 되나요?"

머리를 한 대 맞은 듯 멍해졌다. 연세가 많으신 분들은 수직적인 관계에 익숙하고, 아랫사람을 가르치려는 태도가 일반적이라고 생각했다. 그런데 나에게 배우러 오시겠다고? 듣자 하니 강남에만 건물을 무려 4채나 가지고 계신다던데? 순간 할아버지가 존경스러워 보이고 진심으로 멋있어 보였다.

얼마 후 나는 실제로 할아버지와 만남을 가졌다. 존경심과 동시에 부에 대해 배우고 싶었다. 부동산 투자로 부자가 되셨다는 것은 알고 있었지만, 이외에도 무언가 있을 거라고 생각했다. 할아버지는 휴대폰을 꺼내 보여 주며 이렇게 말씀하셨다.

"이게 내가 만든 부동산 플랫폼이에요."

할아버지께서…… 플랫폼을 만들었다고? '90대 할아버지'와 '플랫폼'이라는 단어는 전혀 매칭되지 않았다. 실제로 할아버지는 건물주와 공인중개사를 연결해 주는 플랫폼을 만드신 분이었고, 현재는 플랫폼을 매각한 후 다른 활동을 하고 계신다고 했다.

나는 할아버지께 반나절 동안 부에 관한 가르침을 받았는데, 그날의 교훈은 4가지로 정리할 수 있다. 첫 번째는 돈이 나를 따라오게 하라는 것이었다. 할아버지는 나에게 이런 말을 하셨다.

"돈을 좇아가면 안 되고 돈이 나를 따라와야 돼. 내가 돈을 좇아가면 돈이 다 도망가."

《부의 추월차선》에도 같은 말이 나온다. 돈을 좇지 말고, 필요를 좇으라는 것이다. 돈을 벌려고 노력하는 것이 아니라 사람들의 문제와 고민을 해결해 주면 돈이 된다고 강조하셨다. 할아버지도 건물주와 공인중개사의 고민을 해결해 주며 부자가 되셨듯 말이다. 할아버지는 항상 어떻게 하면 사람들을 도울 수 있는지 생각하셨다고 한다.

두 번째 교훈은 레버리지를 활용하라는 것이다. 어떻게 할아버지가 온라인 비즈니스를 할 수 있었을까? 너무 궁금해서 여쭤보니 플랫폼 구축을 가장 잘하는 인재를 고용하셨다고 한다. 이 또한 부자들의 공통점이다. 자본으로 타인의 노력과 시간을 사면 더 빠르게 큰돈을 벌 수 있다는 것을 그들은 알고 있다. 할아버지는 자신의 상상력을 바탕으로 기술자를 고용했고 이를 현실에서 구현했다. 사업이 크게 성공한 후 할아버지는 초기 직원인 개발자에게 건물까지 사 주셨다고 한다. 대단하지 않은가? 나에게 도움을 준 사람에게 큰 호의를 베푸는 모습에 대인배의 격을 배웠고, 그 그릇의 크기가 어마어마하다는 것을 느꼈다.

세 번째 교훈은 마케팅 스킬이었다. 할아버지는 대기업에서 만든 플랫폼 경쟁사들까지 모두 제치고 해당 플랫폼을 업계 1위로 만드셨다고 한다. 그 해답은 바로 '무료', 할아버지는 플랫폼을 이용하는 건물주들을 모아 그들에게 필요한 강의를 해 줬다고 한다. 증여세, 상속세, 양도소득세 등에 대한 강의를 5년간 진행했고, 비용을 전혀 받지 않았다. 그들을 도와주니 그들도 자신의 매물을 할아버지 플랫폼에만 내놓게 되어, 경쟁사들과는 비교할 수 없는 힘을 가지게 되었다. 나는 할아버지를 통해 먼저 베푸는 것이 최고의 마케팅이자 부를 쌓는 지름길이라는 것을 배웠다.

마지막 교훈은 '진심'에 있다. 사업 비결 이야기를 듣고 있는데 갑자기 뜬금없는 이야기를 하셨다. '계곡물이 모여 강물이 되고, 강물이 모여 바다가 된다.'는 것이다. 갑자기 이게 무슨 말이지? 어안이 벙벙해졌다. 할아버지가 만든 중개 플랫폼 사업이 잘되어 바다처럼 클 수 있었던 이유는 계곡물과 같은 고객 한 분 한 분을 소중히 여기고 진심으로 대했기 때문이라고 한다. 이는 사업뿐만 아니라 인생의 진리였다. 많은 사람이 대박을 노리고, 큰 결과가 한 번에 다가오기를 기다린다. 하지만 그에 앞서 생각해 볼 것이 있다. **사소한 것에 진심을 다하고 노력을 기울여 본 적이 있는가?** 바다를 품을 생각을 하기 전에 계곡물을 소중히 여기는 태도를 지녀야 한다. 그럼 어느새 강이 되고, 시간이 더 흘러 바다가 되어 있을 것이다.

이날 건물주 할아버지와의 만남은 단순한 대화 이상의 의미를 지녔다. 할아버지께서 전해 주신 교훈들은 단순히 돈을 많이 버는 기술이 아니라, 어떻게 하면 더 큰 그릇을 만들고, 그 그릇에 돈이 자연스럽게 모이게 할 수 있는지를 담고 있었다. '돈을 좇지 말고, 그릇을 키워라.' 이 교훈은 내가 앞으로 삶을 살아가며 반드시 기억해야 할 지침이 되었다.

돈 그릇을 키우는 5가지 방법

돈 그릇을 키워야 한다는 말은 이해는 가지만, 좀처럼 와닿지 않는다. 더 큰 돈이 흘러오도록 하기 위해 어떻게 돈 그릇을 키워야 할까?

먼저 부채에 대한 인식을 바꿔야 한다. 어릴 적 나는 빚이란 '절대 지면 안 되는 것', '혹여나 지게 되면 사채업자나 건달들이 찾아와 행패를 부리는 것' 정도로 인식했다. 어머니는 나와 형에게 "너희는 나중에 절대로 빚지면 안 된다. 빚은 위험한 거야."라고 말씀하시곤 했던 것이 그 고정관념을 더욱 공고히 했다. 하지만 세상을 들여다보니 부자들은 모두 빚을 지고 있었다. 대신 사치나 도박 등으로 빚을 지는 것이 아니라 돈을 벌기 위한 지렛대로 활용하고 있었다. 《부자의 그릇》 속 노인은 에이스케에게 '빚만큼 돈을 배우는 데 좋은 교재는 없다.'라는 점을 강조하며, 자신이 존경하는 한 경영자의 말을 전한다.

"빚은 결코 나쁜 게 아니다. 부채와 금리를 잘만 다루면 오히려 경영에 많은 도움이 된다. 부채 금액은 균형을 보고 정하고, 금리는 그 돈을 조달하기 위한 비용이라고 생각하면 가장 합리적이다."

부채는 재료고, 금리는 조달 비용이다. 나 또한 자본주의의 원리를 깨닫고 빚을 활용한 적이 있다. 어릴 적부터 들어온 어머니의 말에는 반하는 행동이었지만, 나는 성공을 경험해 본 사람들의 말을 믿기로 했다. 당시 나에게는 절대 손해 보지 않을 것이라 확신이 드는 아파트가 있었다. 하지만 매수할 돈이 부족했다. 그래서 부채를 활용하기로 했다. 빚을 져서 아파트를 매수하는 대신, 그에 대한 대가로 이자(금리를 적용한 비용)를 내기로 한 것이다. 나는 약 은행에서 6,500만 원 상당을 빌려 해당 아파트를 매수했다. 부동산 흐름이 변해 아파트값이 최대 1억 이상 올랐다가 현재는 조금 떨어졌다. 그래도 처음 샀던 금액보다는 약 5,000만 원 이상 올라 매도 시 대출금과 이자를 내도 돈이 남는다. 이처럼 빚은 잘 활용하면 자산을 불려 주는 수단이 된다.

사람마다 빚을 대하는 자세는 다르다. 빚을 지는 게 좋다고 말하는 사람도 있고, 빚이라면 질색하는 사람도 있다. 하지만 충분한 공부를 통해 자산을 불리는 데 빚을 활용할 수만 있다면, 빚은 당신을 더 빠르게 부자의 길로 안내할 것이다.

돈 그릇을 키우는 두 번째 방법은 타석에 많이 들어서는 것이다. 부자가 되기 위해서는 실패를 두려워하지 않고, 더 많이 실행해야 한다. 테드 윌리엄스(Ted Williams)는 미국 메이저 리그 역사상 마지막 4할 타자로 잘 알려져 있다. '4할이면 10번 중에 4번 정도 친 거잖아? 그렇게 어려운 건 아니지 않나?'라고 생각했다면 큰 오산이다. 4할은 우리나라 프로 리그에서는 1982년 백인천 선수 이외에 한 명도 달성한 선수가 없고, 일본 프로 야구에서는 그 기록조차 찾아볼 수 없다. 윌리엄스는 "아무도 열심히 하는 것을 대신할 수 없다.", "타자가 되는 유일한 방법은 타석에서 미치는 것이다."라는 명언을 남기며 타석에 올라 배트를 끊임없이 휘두를 것을 강조했다.

한정된 기회를 자기의 것으로 만들려면 타석에 올라서서 배트를 많이 휘둘러야 한다. 배트를 많이 휘둘러야 공을 맞히는 기술이 늘고 홈런도 칠 수 있다. 많은 사람이 부를 얻기 원하면서 정작 타석에는 올라서지 않는다. 실패가 두려운 나머지 도전하지 않는 것이다. 설령 타석에 올라섰다고 해도 만족스럽지 않은 결과에 한두 번 배트를 휘둘러보고 타석에서 내려온다. 《부자의 그릇》에서도 노인은 에이스케에게 스스로에 대한 비난보다는 될 때까지 배트를 휘두르는 경험이 중요하다는 것을 강조한다. 즉 성공과 부는 많이 경험해 봐야 얻을 수 있다는 것이다. 많이 시도하고, 다양한 경험을 쌓게 되면 언젠가는 그 경험이 엮여서 새로운 기회와 가치를 창출한다.

세 번째 방법은 주변 사람을 바꾸는 것이다. 미국의 전설적인 동기부여 연설가 짐 론(Jim Rohn)은 "당신은 당신이 가장 시간을 많이 보내는 다섯 사람의 평균이다."라는 유명한 말을 남겼다. 이는 주변 사람의 중요성을 강조하는 말이다. 당신이 부자가 되기를 원한다면 부유한 사람들과 어울려야 한다. 그들과의 대화를 통해 새로운 시야를 얻고 더 넓은 그릇을 만들 수 있다. 내가 건물주 할아버지를 찾아갔듯, 당신 주변의 부유한 사람들은 어떻게 생각하고 행동하는지 직접 경험하면 당신의 돈 그릇도 자연스럽게 커질 것이다. "내 주변에는 부자가 없어요."라는 변명은 하지 말자. 지인의 지인을 통해서라도 어느 정도 부를 가진 사람을 얼마든지 만날 수 있고, 당신이 어떤 제안을 하느냐에 따라 당신을 모르는 부자도 당신을 만나 줄 수 있다. 핑계 말고 방법을 찾자.

네 번째 방법은 돈 관리하는 방법을 깨우치는 것이다. 돈을 벌기만 하는 것이 부자가 되는 길은 아니다. 돈을 어떻게 관리하느냐가 훨씬 중요하다. 절제할 줄 알아야 하고, 계획적으로 관리할 줄 알아야 한다. 먼저 소비의 순서를 바꿔야 한다. 가난한 사람들은 소비하고 남은 것을 저축하지만, 부자들은 저축하고 남은 것을 소비한다. 부자가 되기 위해서는 소득의 일정 부분을 저축하고, 그 저축을 현명하게 투자하여 자산을 불려야 한다. 또한 돈의 흐름을 지속적으로 점검하고, 불필요한 지출을 줄이며, 자산을 증식하는 방법을 공부해야 한다. 버는 것도 중요하지만, 지키는 것과 불리는 것이 병행될 때 당신의 자산은 빠른 속도로 늘어날 것이다.

마지막으로 내가 제안하는 돈 그릇을 키우는 방법은 '생산자의 시각으로 바라보기'다. 부자가 되려면 소비자가 아닌 생산자의 시각을 가져야 한다. 소비자 입장에서는 돈을 쓰기만 하지만, 생산자 입장에서는 돈을 벌 기회를 만들어 낸다. 생산자가 되면 세상을 바라보는 눈이 달라진다. 더 이상 제품이나 서비스의 소비자로만 머무르지 않고 그 이면에 있는 기회들을 포착할 수 있다. 일상의 모든 순간이 공부로 변하는 것이다. 가령 식당에서 밥을 먹을 때 소비자는 맛을 평가하며 식사하지만, 생산자는 접객, 본질, 마케팅, 식당의 장단점, 더 큰 부를 창출할 아이디어 등 엄청나게 많은 생각을 한다. 이러한 생각의 조각이 쌓였을 때 소비자와 생산자는 좁힐 수 없는 격차를 갖게 된다.

이 5가지 방법은 우리가 돈을 대하는 태도와 생각을 근본적으로 변화시켜 줄 것이다. 돈을 단순히 많이 버는 것에 그치지 말고, 그 돈을 다룰 수 있는 그릇을 키우는 것이 중요하다. 이 글이 당신의 돈 그릇을 키우는 데 조금이나마 도움이 되기를 바란다. 그릇이 커질수록 더 많은 돈이 당신에게 흘러 들어올 것이다.

"진정한 부는 버는 돈의 크기에 달린 것이 아니라,
돈을 담을 수 있는 그릇의 크기에 달려 있다."

9 부자 동네는 무엇이 다를까?

《이웃집 백만장자》, 토머스 J. 스탠리, 윌리엄 D. 댄코

과연 부자들은 어떠한 모습으로 살고 있고 어떻게 부자가 되었을까? 사람들은 부자에 대해 막연한 환상을 가지면서 궁금증을 느낀다. 그들의 모습을 떠올리면 고급 자동차를 타고, 명품으로 치장하며, 호화로운 크루즈 여행을 즐기는 장면이 자연스레 떠오른다. 그렇다면 그들은 어떻게 부를 이루었을까? 사업, 투자 등 다양한 성공의 경로가 떠오르는 한편, 일부는 그들이 부를 쌓는 과정에서 도덕적으로 문제 있는 방법을 사용한 '못된 사람'이라고 여기는 시선도 존재한다. 다양한 상상과 추측이 난무하는 가운데, 이러한 부자에 관한 궁금증을 해결해 주는 책이 있다. 바로《이웃집 백만장자》다.

이 책은 부자학의 권위자 토머스 J. 스탠리(Thomas J. Stanley) 박사가 20여 년간 1,000명의 부자들을 따라다니며 만든 최초의 부자 보

고서다. 그는 부자가 되는 방법을 연구하기로 마음먹고 부자 동네에 사는 사람들을 조사하기 시작했다. 그들의 평균 소득부터 라이프스타일, 관심사, 소비 습관, 학력 등 모든 것을 조사했다. 그리고 이를 바탕으로 부자들의 공통점, 부자가 되는 방법을 책 한 권에 모았다.

부자들의 특징

토머스 J. 스탠리 박사가 확인한 부자들의 공통점은 무엇일까? 그것은 바로 행운도, 유산도, 학력도 아닌, 소비 습관에 있다. 신기하게도 이 공통점은 국가나 시대를 가리지 않고 확인되었다.

그들은 소비를 적게 하고 나머지는 모두 투자하는 습관을 갖고 있다. 세계 부호이자 투자의 귀재 워런 버핏은 아침 식사로 맥도날드에서 3달러 내외의 간단한 메뉴를 즐기는 것으로 유명하다. 그의 재산에 비하면 참으로 검소한 식습관이다. 뿐만 아니라 그는 중고차를 선호하는 등 늘 실용적이고 합리적인 소비를 강조한다. 과시적인 소비를 피하고, 필요 이상의 사치를 부리지 않는 것이 워런 버핏의 원칙이다.

우리나라에서 가장 부자인 삼성의 이재용 회장도 자차로 중고 펠리세이드를 모는 모습이 화제가 된 적이 있다. 부자들은 사치나 명품이 부의 척도가 아니라는 사실을 잘 안다. 그들은 외형보다는 내실을 중시한다.

그렇다 보니 부자들은 꼭 명품을 고집하지 않는다. 실질적인 가치나 자산 증식에 보다 집중하기 때문이다. 그들은 절약된 자금을 저축과 투자 혹은 사업에 활용한다.

매년 KB에서 발표하는 한국 부자 보고서에 따르면 부자들은 부동산 자산 56.2퍼센트, 금융 자산 37.9퍼센트, 그 외에 회원권과 예술품 등 기타 자산으로 돈을 운용했다. 일반 가구는 총자산이 거주용 주택 한 채와 약간의 금융 자산으로 구성되어 부동산 자산이 80.2퍼센트, 금융자산 15.6퍼센트인데 비해, 부자들의 금융 자산의 비중은 2.4배 높았다.

한국에서도 이러한 부자들의 특징은 공통적으로 나타난다. 최근의 통계에 따르면, 한국의 고소득층 중 다수가 실물 자산보다 금융 자산에 집중하고 있다. 부동산 외에도 주식, 펀드, 다양한 금융 상품에 투자하며 자산을 증식하고 있다. 이러한 투자 성향은 스탠리가 강조한 '자산 증식의 전략적 접근'과 맞닿아 있다.

또한 부자들 중 안정추구형 투자자 유형은 40퍼센트 이상으로 가장 높았고, 기타 자산 중에는 금, 보석에 투자한 경우가 높았다. 부자들은 주식, 채권, ETF 등 다양한 자산에 투자하며 트렌드를 파악하고 있고, 꾸준한 공부를 통해 자신의 자산을 증가시키는 것에 집중하고 있다. 미술품에 투자하는 부자의 수도 꾸준히 늘고 있고, 작품당 최대 지불 의향도 전년 대비 증가하고 있는 추세다.

이처럼 성공한 투자자, 기업가들은 주식 시장이나 부동산 시장에서 큰 수익을 올리기 위해 꾸준히 시장을 공부하고, 절제된 소비를 유지하며, 장기적인 안목으로 투자한다. 도리어 가난한 사람들은 되려 소비에 집착한다. 부익부 빈익빈, 빈부 격차가 커지는 이유가 여기에 있다. 가난한 사람들은 SNS와 미디어에서 보이는 부유한 생활을 따라잡기 위해 소득 대비 높은 소비를 하는 경우가 많다. 이를 '과시적 소비(Conspicuous Consumption)'라고도 부른다. 그들은 불필요하게 고가의 상품을 구매하거나 신용카드를 활용해 능력 밖의 소비를 한다. 소비를 하며 스트레스를 해소하는 현상이 오히려 그들을 더욱 늪에 빠지게 만드는 것이다.

돈을 쓰는 것과 모으고 불리는 것, 2가지를 기준으로 구분할 때 가난한 사람들은 쓰는 것에 초점을 맞춘다. 부를 축적하지 못하는 사람들은 성과금과 같은 추가적인 돈이 들어오면 "뭐 사지?" 하며 돈을 쓸 궁리만 한다. 내가 딱 그랬다. 돈 공부를 하기 전에는 항상 쓰는 것에 집중했다. 군인 시절, 3월에는 늘 성과 상여금이 나왔다. 많이 나올 때는 월급보다도 많이 나왔으니 꽤 목돈이었다. 이때는 꼭 '나를 위한 선물'이라고 포장하며 소비를 했다. 카메라를 한 대 산 적도 있는데, 지금 생각해 보면 대체 왜 샀는지 모르겠다. 사용하지도 않고 구석에 처박아 두었으니 말이다.

돈 공부를 한 이후에는 순서가 달라졌다. 돈이 생기면 재테크를 하거나, 사업자금으로 활용할 생각을 먼저 한다. 또한 저평가된 자산이 있으면 그것을 조금씩 사 모은다. 부자 혹은 부를 빠르게 증식시키는 사람들은 그 돈을 활용하여 더 큰 돈을 버는 것을 생각한다. 가난한 사람들은 현재에 집중하는 반면, 부자들은 미래에 집중하는 것이다.

부자가 되기 위해서는 소비를 통제하고, 자산을 불리는 데 집중할 줄 알아야 한다. 부자들은 돈이 단순히 소비의 수단이 아니라, 더 큰 부를 창출하는 도구임을 이해한다. 그들은 미래를 위해 현재의 소비를 절제하고, 자산 증식에 힘쓴다. 이는 그들의 부를 지속적으로 성장시키는 비결이며, 가난에서 벗어나기 위한 가장 중요한 첫걸음이기도 하다.

결국 부자란 돈을 소비 대상이 아닌, 더 큰 부를 이루기 위한 자원으로 보고 이를 효율적으로 관리하는 사람이다. **부를 축적하기 위해서는 현재의 소비를 줄이고, 미래를 위한 투자와 저축에 집중해야 한다. 이 차이가 부자와 가난한 사람의 삶을 근본적으로 다르게 만든다.** 부를 쌓고자 한다면, 돈의 흐름을 이해하고, 소비를 절제하며, 자산을 늘리는 방향으로 돈을 활용하는 것이 필요하다.

부자 동네는 무엇이 다를까

금융자산을 10억 원 이상 보유한 한국 부자는 2024년 기준 46만 1,000명으로 전체 인구의 0.9퍼센트를 차지하며, 2023년 42만 6,000명 대비 1퍼센트(5,000명) 증가했으며 전체 인구의 0.9퍼센트를 차지했다. 한국 부자의 지역별 분포를 살펴보면, 서울에 20만 8,800명이 살고 있으며, 서울 내에서는 서초, 강남, 송파 등 '강남 3구'에 한국 부자의 45.5퍼센트가 살고 있다고 한다. 나는 강남, 그중에서도 부자들이 산다는 도곡동에 사무실을 얻으며, 그들의 특징을 관찰했다. 그들과 이를 비롯한 부자들에게는 신기하게도 몇 가지 공통점이 있었다.

첫 번째, 부자들은 집 앞에 다닐 때도 후줄근한 차림으로 돌아다니지 않는다. 민소매, 목이 다 늘어난 티, 잠옷……, '솔직히 집 앞 편의점에 갈 때 이렇게 입을 수도 있는 것 아닌가?' 하는 생각이 들 수도 있지만 이 동네에서는 그런 차림을 한 번도 보지 못했다. 이들은 늘 옷차림이 깔끔하다. 명품, 비싼 옷, 이런 문제가 아니다. 비싸지 않은 옷을 입더라도 얼룩이나 주름이 없는 깔끔한 상태로 입고 다닌다. 그들은 자신을 관리하고 가꾸는 것이 상대방에게 신뢰감을 준다는 사실을 잘 알고 있으며, 신뢰감이 곧 비즈니스, 성공으로 이어진다는 사실도 잘 안다.

두 번째는 건강에 대한 관심이다. 부자들은 나이, 성별을 불문하고 근사한 몸매를 가진 사람이 많다. 실제로 부자 동네에는 프라이빗한 필라테스, 폴댄스, PT숍이 굉장히 많다. 지인 중 도곡동에서 필라테스숍을 운영하는 대표님과 이야기를 나눈 적이 있다.

"부자들이 가장 관심을 많이 갖는 분야가 뭔지 아세요? 돈? 아니에요! 그들은 자신의 건강에 굉장히 많은 관심을 가지고 그만큼 많은 시간과 비용을 씁니다."

그렇다. 그들은 건강이 얼마나 중요한지 너무나 잘 알기에 몸 관리에 정성을 쏟는다. 나이 지긋한 어르신들을 보면서도 몸매, 건강 관리에 관심을 쏟는 것을 보며 가장 중요한 것을 우선적으로 챙기는 현명함을 엿볼 수 있다.

세 번째 공통점은 동네가 조용하고 취객이 없다는 것이다. 주변에 와인 바, 위스키 바, 레스토랑이 많음에도 불구하고 만취한 사람을 보지 못했다. 예전에 내가 살던 동네에는 늘 만취한 사람이 있었다. 집 앞에 놀이터가 있는데 특히 그곳은 조용할 날이 없었다. 불량청소년들이 음주와 흡연을 하기도 하고, 할아버지들이 만취해서 싸우고 있을 때가 많았다. 반면 도곡동 사무실 바로 옆에 있는 놀이터는 조용함 그 자체다. 늘 술병이 깨져 널브러져 있고 담배꽁초가 가득했던 내 어릴 적 동네 놀이터와는 달리 쓰레기도 하나가 없다. 동네생활을 하면서도 부자들은 자기 절제와 에티켓이 좋다는 것을 알 수 있었다.

네 번째 공통점은 웃음과 예의다. 부자 동네 사람들은 표정이 밝고 웬만한 일로는 화를 내지 않는다. 나는 진도믹스 반려견을 키우고 있는데, 산책하며 돌아다니다 보면 종종 시비를 거는 사람들이 있다. '이 큰 개를 아파트에서 키우냐?', '얘넨 많이 먹지 않냐?', 심지어 개를 위협하는 사람도 종종 있다. 하지만 부자 동네에서는 그런 불쾌함을 느껴 본 적이 없다. 되려 웃으며 예뻐해 준다. 심리학 연구에 따르면 부를 이루거나 성공한 기업가들의 성과에 크게 기여한 것은 '긍정적인 마인드'라고 하는데, 웃음과 예의 뒤에는 긍정의 마인드가 자리 잡고 있었다.

다섯 번째 공통점은 독서다. 도곡동에는 양재천이 흐르고 있는데, 양재천을 따라 휴식하기 좋은 편안한 벤치가 많다. 여기에는 독서하는 사람들이 정말 많다. 다른 동네에서도 벤치에 앉아 있는 사람들을 수없이 봤지만, 책을 읽는 것은 극소수였고, 대부분 휴대폰을 하고 있었다. 하지만 양재천을 거닐면 상황이 다르다. 특히 부자들이 많이 산다는 도곡동 타워펠리스 인근의 양재천은 유난히 책을 읽는 사람들이 많이 보인다.

부와 독서는 정말 상관관계가 있을까? 한 조사에 따르면, 월 소득 500만 원 이상을 버는 성인 중 54.7퍼센트가 최소 한 권 이상의 책을 읽었으나, 월 소득이 200만 원 이하인 성인 중에서는 단 9.8퍼센트만이 독서를 한다고 한다.

내가 만났던 부자들도 하나같이 책을 늘 가까이 했다. 직접 책을 쓴 사람들도 많았고, 책을 즐겨 읽으며 항상 책 한 권씩은 가방에 가지고 다녔다. 하루는 어떤 자산가와 식사하게 된 적이 있었는데, 책을 많이 읽으시냐고 묻자 요즘은 바빠서 많이 읽지 못하지만, 시간를 내 10분씩이라도 읽으려 노력한다고 말했다. 그리고 예전에는 특히 책을 많이 읽었는데 그 습관이 지금의 자산을 일구는 데에 큰 도움을 주었다고 말했다.

부자들의 생활 습관과 태도에서 여러 공통점을 볼 수 있었다. 깔끔한 옷차림, 건강에 대한 관심, 그리고 조용하고 품격 있는 생활 태도는 그들이 자신을 철저히 관리하고 주변 환경에 긍정적인 영향을 미치는 것을 보여 준다. 또한 긍정적인 마인드와 예의 바른 태도, 그리고 독서를 통한 지속적인 자기계발 역시 그들이 성공을 지속할 수 있는 중요한 요소다.

이러한 부자들의 생활 습관은 단순히 부를 축적하기 위한 수단이 아니라, 그들이 쌓아 온 성취와 신뢰를 유지하고 발전시키는 원동력이 된다. 우리도 이들의 행동을 참고하고 자신의 생활에 적용해 본다면, 부를 이루고 유지하는 데 중요한 기반을 다질 수 있을 것이다. 부자들의 습관을 따라 하며 그들의 성공 비결을 우리 삶에 반영해 보자. 이는 부자로 가는 길에 한 걸음 더 다가설 수 있는 중요한 실천이 될 것이다.

빈자와 부자의 12가지 차이

빈자와 부자의 차이는 단순히 자산의 크기나 수입의 많고 적음에서만 오는 것이 아니다. 이는 사고방식과 행동 습관에서부터 근본적인 차이가 난다. 부자와 빈자의 차이는 매일의 선택, 우선순위, 그리고 삶을 바라보는 관점에서 명확히 드러난다. 이러한 차이들이 모여 자산의 크기와 생활의 질을 결정짓는다. 빈자와 부자의 12가지 차이는 다음과 같다.

1. 빈자는 소비를 생각하고, 부자는 투자를 생각한다

빈자는 급여를 받으면 무엇을 살지부터 고민하고 남은 돈을 저축하거나 소비하는 경향이 있다. 반면 부자는 돈이 생기면 그 돈을 어떻게 불릴지 먼저 고민한다. 예를 들어, 빈자는 보너스를 받으면 최신 스마트폰이나 명품 가방을 사는 데 돈을 쓰지만, 부자는 그 돈을 주식이나 부동산에 투자해 자산을 늘리는 데 사용한다.

2. 빈자는 과거에 빠져 살고, 부자는 미래를 그린다

빈자는 "내가 예전에 잘 나갔을 때는 말이야."라고 과거의 영광을 되새기지만, 부자는 "앞으로 나는 이런 사람이 될 것이다."라며 미래를 계획한다. 예를 들어, 빈자는 과거의 성과나 실패를 이야기하며 현재의 어려움을 정당화하지만, 부자는 미래에 도달할 목표를 세우고 그에 맞는 행동을 지속한다.

3. 빈자는 자녀에게 '하지 말라.'라고 잔소리를 하고, 부자는 자녀에게 무엇을 해야 할지 방향성을 제시한다

빈자는 "그건 하지 마!"라는 말을 자주 하지만, 부자는 "이렇게 해보는 게 어때?"라고 조언한다. 예를 들어, 빈자는 자녀가 위험할지도 모르는 활동할 때 제지하는 데 그치지만, 부자는 자녀에게 스스로 안전하게 활동할 수 있는 방법을 가르친다. 이는 자녀가 주체적으로 문제를 해결하는 능력을 기르는 데 도움이 된다.

4. 빈자는 돈을 중요시하고, 부자는 시간을 중요시한다

빈자는 돈이 가장 중요한 자원이라고 생각하고, 그 돈을 모으는 데 집중한다. 하지만 부자는 시간이 돈보다 더 중요한 자원임을 깨닫고, 시간을 효율적으로 관리함으로써 더 큰 부를 창출한다. 예를 들어, 부자는 돈을 아끼기 위해 모든 일을 혼자 처리하기보다는, 시간을 절약하기 위해 전문가에게 맡기고 그 시간에 더 큰 가치를 창출하는 일을 한다.

5. 빈자는 실패를 두려워하고, 부자는 실패를 배움의 기회로 삼는다

빈자는 실패할까 두려워 도전을 회피하지만, 부자는 실패를 통해 얻은 교훈을 통해 성장한다. 예를 들어, 기업가들은 실패한 사업 경험을 바탕으로 더 나은 비즈니스 모델을 개발하고, 다음 도전에서 성공을 거둔다.

6. 빈자는 현재의 안락함을 추구하고, 부자는 미래를 위해 현재를 희생할 줄 안다

빈자는 현재의 편안함을 위해 미래의 기회를 놓치곤 한다. 반면, 부자는 장기적인 목표를 위해 현재의 쾌락을 자제한다. 예를 들어, 부자는 여행이나 명품을 구매하는 대신 그 돈을 저축하거나 투자하며, 미래의 재정적 자유를 위해 노력한다.

7. 빈자는 자신의 한계를 인정하고, 부자는 자신의 한계를 극복하려 한다

빈자는 "나는 원래 이 정도야!"라며 자신의 능력에 한계를 두고 더 나아가려 하지 않지만, 부자는 한계를 넘어설 방법을 찾는다. 예를 들어, 빈자는 새로운 기술을 배우는 것을 포기할 수 있지만, 부자는 자신이 부족한 부분을 채우기 위해 끊임없이 학습하고 도전한다.

8. 빈자는 비판을 피하려 하고, 부자는 피드백을 받아들여 성장의 기회로 삼는다

빈자는 비판을 두려워해 피드백을 회피하지만, 부자는 피드백을 통해 자신의 부족한 점을 발견하고 개선한다. 예를 들어, 부자는 직장 내에서 받은 피드백을 토대로 자신의 업무 능력을 향상시키기 위해 노력한다.

9. 빈자는 남과 자신을 비교하고, 부자는 자신의 발전에 집중한다

빈자는 주변 사람들과 자신을 비교하며 자존감을 낮추지만, 부자는 남과의 비교 대신 자신의 목표에 집중하며 지속적인 성장을 추구한다. 예를 들어, 빈자는 다른 사람의 성공에 질투를 느끼지만, 부자는 그 성공을 동기부여로 삼아 자신의 목표를 더 열심히 향해 나아간다.

10. 빈자는 변화에 저항하고, 부자는 변화를 기회로 삼는다

빈자는 변화에 불안감을 느끼고 현상 유지를 원하지만, 부자는 변화를 수용하고 그 속에서 새로운 기회를 찾아낸다. 예를 들어, 기술 변화로 인해 직장에서 새로운 스킬이 요구될 때, 빈자는 기존 방식에 집착하지만, 부자는 그 기술을 빠르게 습득해 경쟁력을 강화한다.

11. 빈자는 지금도 충분하다며 만족하고, 부자는 끊임없이 자기계발을 한다

빈자는 현재의 상태에 만족하고 더 이상 발전할 필요가 없다고 생각하지만, 부자는 끊임없이 자기계발을 하며 더 나은 자신을 만들어간다. 예를 들어, 부자는 업무 외 시간에도 독서를 하거나 새로운 기술을 배우며 스스로를 발전시키는 데 집중한다.

12. 빈자는 문제를 탓하고, 부자는 해결책을 찾는다

빈자는 문제의 원인을 외부에서 찾으며 불평하거나 주저앉는 경우가 많다. 하지만 부자는 문제가 발생했을 때 이를 해결하기 위한 방안을 적극적으로 모색한다. 예를 들어, 빈자는 경제 상황이나 운을 탓하며 현재의 어려움을 합리화한다. 반면 부자는 경제 위기 속에서도 새로운 기회를 발굴하거나, 스스로의 역량을 키워 위기를 돌파하려 한다. 부자들의 이러한 태도는 긍정적인 마인드뿐만 아니라 행동으로 이어져 더 나은 결과를 만들어 낸다. 문제 상황에서도 "이 상황에서 내가 할 수 있는 최선은 무엇인가?"를 묻는 태도가 부자의 사고방식을 나타낸다.

이러한 차이점들은 단순한 생활 습관 이상의 의미를 가진다. 부자의 사고방식은 그들이 왜 성공하고, 지속적으로 부를 축적할 수 있는지 설명해 준다. 반면 빈자의 사고방식은 그들이 왜 계속해서 경제적 어려움에 직면하는지 보여 준다.

우리는 과연 이러한 마인드와 행동 때문에 빈자와 부자가 나뉘게 되었는지 혹은 빈자와 부자가 된 이후 그들이 이러한 행동을 하게 되었는지 순서를 생각해 볼 필요가 있다. 부자들은 부자가 된 이후 마인드와 행동을 바꾼 것일까? 그렇지 않을 것이다. 그들은 부자가 될 수밖에 없는 마인드를 가지고 행동했기에 지금의 자리에 서게 되었을 것이다. 바꿔 말하면 우리도 이를 적용하면 누구나 충분히 부자가 될 수 있다. 부자가 되는 사람이 처음부터 정해져 있는 것은 아니다. 누구는 가능하고, 누구는 불가능하다고 하늘이 점 찍어 놓은 것이 아니라는 말이다.

오늘 하루의 선택이 내일의 미래를 만든다. 누구나 부자가 될 가능성을 가지고 있으며, 그 시작은 바로 자신의 사고방식을 점검하고 바꾸는 것에서부터 출발한다.

부자의 사고방식과 행동을 따라해 보자. 그러면 오늘보다 더 나은 내일, 더 풍요로운 미래를 만들어 갈 수 있을 것이다. 부자가 되는 것은 선택과 행동의 결과임을 기억하고 오늘부터 당장 실행에 옮겨 보자.

"부자가 되는 가장 빠른 방법은
부자들의 행동을 관찰하고 답습하는 것이다."

---

10 돈이 주머니에 알아서 들어오게 하라

《부자 아빠 가난한 아빠》, 로버트 기요사키

나에게 자본주의에 대해 가장 큰 깨달음을 준 책을 딱 한 권 뽑으라면 바로 《부자 아빠 가난한 아빠》다. 이 책 덕분에 부에 대한 사고방식이 180도 바뀌었으며 경제적 자유에 대한 눈이 제대로 뜨였다. 이 책을 접한 건 자수성가한 부자들이 모두 입을 모아 추천했기 때문이다. 부동산 투자를 통해 자산가의 반열로 올라선 인물이자 베스트셀러 《월급쟁이 부자로 은퇴하라》를 쓴 너나위 님, 유튜브와 온라인 사업을 통해 100억 자산가가 된 《슈퍼 노멀》의 저자 주언규 님도 이 책을 강력히 추천했다. 지금까지 이 책을 6번이나 읽은 나의 삶은 어떻게 바뀌었을까? 이전과 확연히 달라졌을 뿐더러 무엇보다도 부자로 나아가는 길을 찾게 되었다.

이 책을 처음 접했을 무렵, 나는 대학교를 졸업한 후 안정적인 직장에 다니면서도 늘 경제적 불안감을 느끼고 있었다. 그러던 중 로버트 기요사키(Robert T. Kiyosaki)의 《부자 아빠 가난한 아빠》를 읽고 큰 변화를 경험했다. 불안감이 깨달음으로 바뀌자 자신감이 생긴 것이다. 이 책은 나에게 부채와 자산의 개념을 비롯해 돈을 어떻게 벌고 관리해야 하는지에 관한 새로운 시각을 열어 주었다. 뒤에서도 이야기하겠지만, 그가 말하는 '부채'와 '자산' 개념은 너무도 신선하게 다가왔는데, 특히 '부채가 아닌 자산을 사라.'라는 조언은 나의 재정 상태를 개선하는 데 큰 도움이 되었다.

《부자 아빠 가난한 아빠》는 돈의 흐름을 이해하고, 부를 축적하는 데 필요한 기본 원칙을 다룬다. 특히 자산과 부채 사이를 명확히 설명하며, 부자들이 어떻게 자산을 늘리는지 구체적인 사례를 통해 보여 준다. 기요사키는 "학교는 돈에 대해 가르치지 않는다."라고 말하며, 기존 교육 시스템이 제공하지 않는 재정적 지식의 중요성을 강조한다. 이 책은 재정적 문맹에서 벗어나고 싶은 모든 사람에게 실질적인 가이드가 될 것이다.

부자 아빠의 가르침

어릴 적 나는 누군가 나타나서 우리 집의 어려운 형편을 도와줬으면 좋겠다고 생각했다. 그럴 일은 없겠지만 '어떤 부자가 슈퍼맨처럼 나타나 우리 집을 도와주면 얼마나 좋을까?', '누가 집 앞에 1억을 두고 가면 얼마나 좋을까?' 하는 생각을 했다. 말도 안 되는 생각이지만, 그런 일이 생긴다면 빚도 잠시나마 막을 수 있고 살림도 나아지겠지 하는 어린 날의 상상이었다.

지금 생각해 보면 누가 집 앞에 돈을 놓고 가기 보다는 돈에 대해 알려 주는 편이 좋았겠다는 생각이 든다. 물고기를 주는 것이 아닌 물고기를 잡는 법을 가르쳐 주는 것 말이다. 나는 자라면서 돈에 대해, 자본주의 원리에 대해 가르침을 받지 못했다. '돈에 대해 더 빨리 깨달았다면, 자본주의의 원리에 대해 알고 있었다면 더 빠르게 성공할 수 있었을 텐데…… 부로 가는 지름길을 알았을 텐데…….' 하는 아쉬움이 든다. 돈의 작용 원리에 대해 이해하면 돈을 통제하고, 부를 쌓을 수 있기 때문이다. 하지만 한편으로는 이제라도 깨달아서 참 다행이라는 생각이 든다.

로버트 기요사키에게는 운이 좋게 이와 같은 일이 현실로 나타났다. 그에게는 부자 아빠와 가난한 아빠가 있었다. 어떻게 아빠가 둘이냐고? 두 명의 아빠는 바로 자신의 아버지와 친구 마이크의 아버지다. 그의 아버지는 박사 학위까지 받은 분이었지만, 평생 금전적인 문제로 고생했다. 반면 마이크의 아버지는 중학교도 채 마치지 못했지만, 엄청난 부를 쌓고 하와이 최고의 갑부가 되었다. 그리고 그런 부자 아버지의 가르침을 받아 로버트 기요사키 또한 엄청난 자산가가 되었다. 어떠한 가르침이었을까?

먼저 그는 **'질문의 힘'**을 배웠다. 가난한 그의 아버지는 늘 "그런

거 살 돈 없다."를 입에 달고 살았다. 반면 부자 아버지는 그런 말을 절대 입에 담지 못하게 하고, "내가 어떻게 하면 그걸 살 수 있을까?"라고 질문하게 했다. "그런 거 살 돈 없다."라고 말하거나 생각하는 순간 가능성의 문은 닫힌다. 해답이 있을지언정 스스로 가능성을 가로막았기에 그것을 떠올리거나 실행하여 결과물을 만들 가능성은 0이다. 반대로 "어떻게 하면 그걸 살 수 있을까?"라고 질문하면 두뇌는 움직이기 시작한다. 답을 찾는 가장 빠른 방법은 질문을 던지는 것이다. 질문을 던지고 답을 찾으며 원하는 것을 하나씩 이루어 가는 경험은 부의 초석을 쌓는 과정이다.

또 다른 배움은 **'돈을 위해 일하지 말고, 돈이 자신을 위해 일하게 하라.'**라는 것이다. 대부분의 사람은 '월급'과 '연봉 인상'의 굴레에서 벗어나지 못한다. 기분 나쁘게 들릴 수도 있지만 이 책에서는 이를 코앞에 매달린 당근을 좇아가는 당나귀에 비유한다. 현재의 생활 수준과 나갈 돈을 감당하기 위해 월급을 받고 또 월급을 받기를 반복하는 것이다. 하지만 부자들은 돈이 자신을 위해 일하게 한다. 월급 봉투를 좇는 것이 아니라 나를 위해 일해 줄 회사, 사업체를 설립하거나 자동으로 돈이 들어오게 만드는 생산 수단을 만든다. 시스템 혹은 자본이 또 다른 돈을 만들어 내고, 그것이 자연스럽게 나에게 흘러 들어온다.

또 다른 교훈은 **자산과 부채의 차이**다. 이는 《부자 아빠 가난한 아빠》의 핵심 내용이자, 로버트 기요사키가 가장 크게 깨달은 부분이기도 하다. 부자들은 자산을 취득하고, 가난한 이들과 중산층은 부채를 얻는다. 자산과 부채에 대해 간단히 설명하자면 내 주머니에 돈을 넣어 주느냐 빼가느냐의 차이다. 예를 들어 책을 써서 매달 인세가 들어온다면 책은 내가 만든 자산이고, 자동차 구매로 인해 매월 할부금이 빠져나간다면 자동차는 부채다. 5,000만 원짜리 자동차를 샀으니 5,000만 원의 자산이 늘어난 것 아니냐고? 천만의 말씀! 차량이 내 앞에 실물로 존재하기는 하지만, 내 지갑에서 계속 돈을 빼앗아 가는 모든 것은 부채다.

로버트 기요사키는 운 좋게도 마이크 아빠인 부자 아빠에게 이러한 가르침을 받아 자본주의의 원리, 즉 부자가 되는 원리에 대해 깨우친다. 그의 가르침을 통해 로버트 기요사키는 돈에 대한 인식을 바꾸고, 부를 쌓는 데 필요한 원칙들을 깨우쳤다. 중요한 것은 그가 배운 이 원리들은 단지 25년 전의 상황에만 적용되는 것이 아니라 오늘날에도 여전히 유효하다는 점이다. 이 책을 읽는 독자들은 나처럼 자본주의에 관한 교육을 안 받았을 수도 있고, 기요사키처럼 받았을 수도 있다. 하루라도 더 일찍 받았으면 좋았겠지만, 다행히 우리는 지금이라도《부자 아빠 가난한 아빠》를 읽을 수 있다. 그가 전하는 자본주의의 원리를 이해하고 삶에 적용하여 돈이 나를 위해 일하도록 만들자.

생쥐 레이스에서의 탈출

2019년, 2020년, 부동산 투자를 통해 나는 많은 것을 깨달았다. 내가 투자한 금액 대비 집값이 제법 상승하여 금전적으로 이득을 보긴 했지만, 아무리 생각해 봐도 내가 가장 크게 얻은 것은 '하면 된다.'라는 깨달음이다. 집값이 오르지 않았더라도 나는 감사했을 것이다. 뜻이 있으면 방법을 찾게 되고, 방법을 찾으려 노력하다 보면 어떠한 결괏값이 나온다는 것을 깨달았기 때문이다. 부동산 투자를 통해 얻은 것은 집 두 채가 아니라 경험과 자신감이었다. 그리고 이 경험을 통해 느낀 것은 성공하는 방법은 모두 책에 적혀 있고, 이를 따라 실천만 하면 조금 느리더라도 반드시 성공에 도달할 수 있다는 것이다.

나의 인생 책 중 하나는 앞서 말했듯 《부자 아빠 가난한 아빠》인데, 실제로 이 책을 읽고 변화했다는 사례를 수없이 접했다. 때마침 나는 이미 성공한 사람들이 책에 적은 대로 '하면 된다.'라는 것과, **커다란 부와 성공을 이룬 사람 중에는 나처럼 월급 받는 사람이 단 한 명도 없다는 것을 깨달았다.** 자본주의를 적용하고 있는 그 어떤 나라를 봐도 부와 성공을 거머쥔 최상위의 사람들은 투자자거나 사업을 통해 누군가에게 월급을 주는 사람들이었다.

그렇게 나는 생쥐 레이스에서 탈출하기로 마음먹었다. 월급날만 기다리는 나의 모습을 버리기로 한 것이다. 약 8년 간의 군 생활을 마무리하고 전역을 택했다. 솔직히 말하면 떨리고 두렵기도 했다. 하지만 과거의 나를 버리지 않으면 새로운 나의 모습을 절대로 만날 수 없는 법이다. 《데미안》에서는 '태어나려고 하는 자는 누구든지 하나의 세계를 파괴해야 한다.'라고 말한다. 그리고 그것을 새가 알을 깨고 나오는 것에 비유한다. 딱 나의 상황 같았다. 안정적인 봉급, '평생직장'이라는 알을 깨야만 내가 원하는 더 큰 세상으로 나아갈 수 있기 때문이다.

전역을 준비하는 동안 '나를 위한 일'에 집중했다. 이제서야 고백하지만, 무엇부터 해야 할지 도저히 감이 오지 않았다. 군 생활만 하던 터라 사회와 단절되어 있었고, 트렌드에도 많이 뒤처져 있었다. 그렇게 일단 시작한 것이 바로 '독서'와 'SNS'였다. 책 속에 모든 답이 있다는 것을 깨달았기에 책을 읽으면 방법이 보일 거라고 생각했고, 책을 읽다 보니 '읽기만 하는 행위'로는 성과를 내기 어렵고 '결과를 도출하는 실행'을 해야 한다는 메시지가 반복해서 보였다. 그리고 오프라인보다 온라인의 비중이 더 커지는 현시대에서 SNS를 통해 나의 경험과 지식을 전달하는 것은 어떠한 기회와 연결될 것만 같았다. 무엇보다도 내가 만드는 콘텐츠들은 내가 일하지 않아도 누군가에게 보여지고 돈을 가져다주는 자산이라고 생각했다.

블로그, 인스타그램, 유튜브를 해 보며 글, 사진, 영상 중 어떠한 형태로 책에서 얻은 내용을 전달하면 좋을지 테스트했다. 새벽과 틈나는 시간에는 책을 읽고, 저녁에는 콘텐츠를 만들었다. 그 시간들이 발판이 되어 나를 크리에이터, 제품 제작자로 만들어 주었다.

그렇다면 모든 사람이 로버트 기요사키가 말하는 것처럼 회사에서 나와야 할까? 절대 그렇지 않다. 급하게 생각할 필요 없다. 그저 각자 생각하는 시기를 그려 보면 된다. 하지만 하나 확실한 것은 부와 성공에 관한 높은 목표치가 있고, 그것을 이루고 싶다면 언젠가는 반드시 자신만의 일을 해야 한다는 것이다. 그 시기가 언제가 되었든, 심지어 정년퇴직을 한 이후일지라도 마찬가지다. 60세에 정년을 맞이한다고 해도 상관없다. 우리는 100세 시대에 살고 있지 않은가? 꼭 부를 이루기 위해서가 아니더라도 생기 있는 삶을 살기 위해 나를 위한 일을 해야 한다.

지금 바로 퇴사 준비를 해야만 할까? 그것도 아니다. 지금 배울 수 있는 것을 배우고, 미래를 준비하는 것만으로도 충분하다. 회사는 돈을 받고 다니는 학원이라는 말이 있다. 그만큼 회사에서 배울 점이 많다는 것이다. 지금 하고 있는 일을 통해 배워 놓는 것이 차후 성공을 위한 밑거름이 되기도 한다. 《세이노의 가르침》에서는 자신에게 투자하여 자신의 몸값을 비싸게 만들 것을 강조한다. 회사에 속해 있다면 해당 회사의 수익구조는 어떻게 돌아가는지, 제조는 어떤 경로로 하고, 판매는 어떻게 하는지, 전체적인 유통 절차는 어떻게 되는지 등을 면밀하게 파헤치자. 그러면 회사에 나가서도 해당 직종과 비슷한 일을 하거나, 그러한 회사에 도움을 주는 회사를 차릴 수도 있다. 만약 해당 직종으로 갈 것이 아니라면 시간을 내어 자기계발에 투자하자. 세이노는 자기계발은 일찍 하면 할수록 유리하다고 했다. 부자가 되는 게임은 실전 지식을 먼저 쌓는 사람이 이기게 되어 있기 때문이다.

자신만의 일을 시작하는 것은 부를 이루는 가장 확실한 길이다. 회사에서 월급을 받으며 안정적인 삶을 영위하는 것도 중요하지만, 진정한 경제적 자유와 부를 거머쥐기 위해서는 자신의 일을 통해 자산을 축적하고, 그 자산을 불리는 방법을 터득해야 한다. 로버트 기요사키는 그의 책에서 끊임없이 강조한다.

"돈을 위해 일하지 말고, 돈이 당신을 위해 일하게 하라."

이 메시지는 부를 이루기 위한 핵심 전략이다. 지금 당장은 두렵고 불안할 수 있지만, 더 큰 부와 자유를 위해 내 몸값을 높이려는 자기계발을 해 보자. 그리고 언젠가는 알을 깨고 나와 자신을 위한 일을 하자.

자산을 만드는 방법

부채가 아닌 자산을 가져야 부자가 된다. 그렇다면 자산에는 무엇이 있을까? 내 주머니에 돈을 넣어 주는 것에는 굉장히 많은 것들이 있지만, 우리 삶과 밀접하게 닿아 있고, 누구나 만들어 볼 수 있는 대표적인 자산 5가지를 소개해 보겠다.

먼저 **사업**이다. 단 이 사업에는 '내가 없어도 되는'이라는 전제조건이 붙어야 한다. **"내가 없어도 되는 사업", "내가 없어도 굴러**

가는 사업". 기요사키는 내가 직접 일을 해야 한다면 그것은 사업이 아니라 '직업'이라고 말한다. 사업이라니, 굉장히 크고 거창하게 느껴진다. 하지만 꼭 그렇지만은 않다. 삼성을 이끄는 이재용 회장의 반도체 사업도 사업이지만, 개인의 스몰 비즈니스도 사업이다. 나의 지인 A는 영상 편집 전문가다. 그는 자신의 스킬을 활용해서 돈을 벌기도 하지만, 이를 작게 사업으로 만들기도 했다. 바로 영상 편집 대행사업이다. 그는 클라이언트로부터 20만 원짜리 일감을 받아 프리랜서에게 10만 원에 위임한다. 초반에는 양쪽을 조율해 주는 노력이 들지만, 시간이 지남에 따라 시스템화되어 이제는 자신이 한 발 빠져도 된다. 자신이 일을 하지 않아도 돈이 들어오는 구조, 즉 사업을 만든 것이다.

두 번째는 바로 **주식**이다. 문득 이런 의문이 들 수 있다. '주식이 자산이라고?', '주가가 떨어지면 오히려 내 주머니에서 돈을 빼앗아 가잖아?' 하지만 장기적으로는 주주에게 수익을 가져다주기에 자산으로 본다. 특히 배당 주식의 경우 주식의 가치 변동에 관계없이 일정한 기간에 일정한 비율로 배당수익이 들어오는 만큼 자산에 부합한다.

세 번째는 **채권**이다. 채권은 일정 기간 고정된 이자를 지급하고 만기 시 원금을 상환하는 금융 상품을 말한다. 채권을 보유하는 사람은 해당 채권을 발행한 기관(정부, 기업, 지방자치단체 등)에 돈을 빌려준 것이며, 이로 인해 발생하는 이자 수익과 만기 시 원금 상환이 자산으로서의 가치를 만든다. 채권은 보통 주식보다 낮은 수익률을 제공하지만, 안정성과 예측 가능한 수익을 중시하는 사람들이 선호하는 자산이다.

네 번째는 **'수입을 창출하는 부동산'**이다. 부동산 앞에 왜 '수입을 창출하는'이 붙었을까? 자신의 능력을 초과하는 집에 거주하는 것은 '부채'이기 때문이다. 집값이 오르고 떨어지고를 떠나 부채와 자산의 구분 기준은 돈을 빼 가느냐 넣어 주냐의 차이다. 하지만 이자를 얻어 집을 구하는 것, 특히 능력 대비 좋은 집에 거주하기 위해 무리한 대출을 하는 것은 주머니에서 이자를 계속 빼앗아 가는 부채다. 반면 가격이 비싸지 않은 작은 부동산도 자산으로 만들 수 있다.

나의 지인 B는 작은 지하실을 임대해 '파티룸'을 운영한다. 약 100만 원 정도의 월세가 나가지만, 이를 제외하고도 월 200만 원 정도의 수익이 남는다고 한다. 또한 초기 세팅을 위한 인테리어 이외에는 대부분 자동으로 돌아간다. 청소를 해야 하는 수고가 있지만, 청소비 보증금이 걸려 있어 고객들이 대체로 깨끗하게 사용하고 청소 또한 대행업체에 맡기는 방법이 있다. 작은 수익형 부동산의 더 큰 장점은 개수를 늘릴 수 있다는 것이다. B 또한 파티룸 하나로 시작했지만, 지금은 여러 개의 파티룸을 가지고 있고, 지속적으로 파티룸의 개수를 늘리고 있다.

다섯 번째는 음악, 원고, 특허 등 지적 자산에서 비롯되는 **로열티**다. 작사·작곡을 통해 로열티를 받기도 하고, 요즘은 꼭 가수, 작사가, 작곡가가 아니더라도 유튜브에 음원을 올려 그로 인한 수익을 얻기도 한다. 여러분이 읽고 있는 책 또한 작가에게는 자산이다. 작가들은 통상 책값의 10퍼센트 내외를 인세로 받으며, 베스트셀러 작가의 경우 정기적으로 큰 인세를 받기도 한다.

지적 자산을 만든다는 개념은 우리에게는 조금 거리감이 느껴진다. 작사, 작곡, 책 쓰기 등 모든 것이 나는 할 수 없는 일처럼 느껴진다. 하지만 비교적 난이도가 쉽고 거래가 지속적으로 늘고 있는 전자책도 있다. 나 역시 독자들에게는 유익한 정보를 주고, 나에게는 자산으로서의 역할을 하는 전자책에 몇 달을 투자했다. 다른 지적 자산을 만드는 것보다는 비교적 난이도가 쉽다고는 하나, 실제로 경험해 보니 생각보다는 어려웠다. 각종 자료 조사부터 시작해 나의 경험을 독자가 공감할 수 있도록 구체화하고, 관련 사진도 찾아야 했기 때문이다. 또한 전자책과 함께 제공할 영상을 기획하고 촬영하고 편집하는 절차도 쉽지 않았다. 힘든 작업이었지만, 결과물이 완성되자 전자책은 나의 자산이 되었다. 내가 운전하는 동안에도, 내가 여행하는 동안에도 전자책이 판매되기 때문이다.

위에 언급한 것들 이외에도 내 주머니에 돈을 넣어 주는 자산의 종류는 수없이 많다. 물론 그를 만들기 위해 비용과 시간, 노력이 들어가지만, 만들고 나면 일을 하지 않아도 나에게 지속적으로 수입을 가져다준다. 전설적인 투자자 워런 버핏은 이런 말을 했다.

"잠자는 동안에도 돈이 들어오는 방법을 찾아내지 못한다면, 당신은 죽을 때까지 일을 해야만 할 것이다."

어떠한 자산이든, 규모가 크든 작든 상관없다. 내가 잠을 잘 때에도 나의 주머니에 돈을 넣어 주는 당신만의 '자산'을 만들어 보자. 시작은 미약할지라도 자산이 쌓이고 쌓이면, 돈이 또 돈을 불러오는 효과를 만들 것이고, 나의 주머니에 들어오는 돈도 눈덩이처럼 불어날 것이다. **첫 자산으로 인한 변화는 크지 않겠지만, 5년 뒤, 10년 뒤에는 엄청난 차이가 기다리고 있을 것이다.**

"부채와 자산의 차이를 명확히 이해하고, 자산을 확보하자.
시대가 변함에 따라 자산의 종류는 달라질지라도
그 역할은 변하지 않을 것이다."

---

11 남들과 똑같은 길을 걷지 마라

《부의 추월차선》, 엠제이 드마코

한 권의 책을 여러 번 읽은 적이 있는가? 같은 책을 반복해서 읽었다는 것은 그만큼 책의 내용이 훌륭했거나 흥미로웠다는 뜻이다. 나에게도 그런 책이 몇 권 있다. 그중에서도 엠제이 드마코(MJ DeMarco)의 《부의 추월차선》은 단연 나에게 최고의 책이다. 그만큼 많이 읽었고, 읽을 때마다 가슴이 벅차오른다.

《부의 추월차선》은 부자 되기 방식에 새로운 패러다임을 제시한다. 이 책은 부와 관련된 사람들의 가치관과 사고방식을 크게 세 가지 차선에 빗대어 설명한다. 첫 번째는 평생을 남 탓만 하며 가난하게 살아가는 '인도'다. 두 번째는 성실하고 평범한 중산층으로 살아가는 '서행차선'이다. 세 번째는 초고속으로 빠르게 부자가 되는 '추월차선'이다. 엠제이 드마코는 인도든 서행차선이든 죽도록 일하고 수십 년간 아끼고 모아서 천천히 부자가 되겠다는 생각 자체를 비웃는다. 오히려 돈은 기하급수적으로 벌어들여야 한다고 주장하며, 한 살이라도 젊을 때 부자가 되어야 한다고 말한다. 이 책의 표지에 적힌 카피 "휠체어 탄 백만장자는 부럽지 않다!"라는 문장이 이 책의 모든 메시지를 대변한다.

부에 관한 잘못된 고정관념

예전에 나는 부자라고 하면 늘 여유로워 보이는 오십 대, 육십 대를 떠올렸다. 이십 대 초반 여성이나, 삼십 대 젊은 청년을 떠올려 본 적이 거의 없다. 부자는 당연히 어느 정도 나이가 있을 거라고 생각했다. 과거 편협한 생각으로 떠올리던 부자는 적당히 부유한 가정에서 태어나 좋은 교육을 받고, 명문대 혹은 외국에 있는 대학교에 진학해 대기업에 취직한 후 승승장구하며 임원까지 승진한 사람, 그리고 오십 대 혹은 예순에 가까워져 정년퇴임하고 여유롭게 사는 사람이었다.

하지만 《부의 추월차선》의 부제는 이러한 나의 고정관념을 와장창 부순다. *'휠체어 탄 백만장자는 부럽지 않다!'* 나이 들어 부자가 된다는 기존의 전형적인 사고방식에 반기를 든 것이다. 그리고 외친다. *'젊은 나이에 일과 돈에서 해방되어 인생을 즐겨라!'* 맞다. 저자의 말대로 젊은 나이에도 충분히 부자가 될 수 있다. 그는 이를 추월차선이라고 표현했다.

아는 만큼, 생각한 만큼 보이는 법이다. 돈에 대한 공부를 하기 전에 내 주변에는 부자가 없었다. 사실 그때에도 눈을 돌리면 충분히 책, 영상 등 다양한 매개체를 통해 부자를 간접경험할 수 있었을 텐데, 그때는 그런 것들이 보이지 않았다. 내 주변에 있는 부자는 연봉이 조금 높은 사람, 소위 중견기업, 대기업에 다니는 사람들이었다. 그들의 연봉이 1억 가까이 된다는 사실에 놀라면서도 부러워했다. 하지만 전역 후 크리에이터로서 살아가며 사업에 발을 디뎌 보니 내가 알던 세상은 그야말로 작은 우물이었다는 것을 깨달았다.

엠제이 드마코가 사업을 성공시켜 수십억 원에 회사를 매각 후 이른 나이에 부자가 되었듯, 젊은 나이에 큰돈을 벌고 있는 사람들은 굉장히 많다. 이렇게 젊은 부자가 많았나 놀랄 정도다. 그들은 젊은 나이에 사업을 시작하여 나보다도 어린 나이에 슈퍼카를 타고 직장인들의 연봉을 일주일 혹은 하루 만에 벌기도 한다. 하는 일도 다양하다. 디자인 회사를 운영하기도 하고, 웹 사이트 제작 회사를 운영하기도 한다. 어떤 이는 모발에 관한 제품을 자체 제작해 판매하기도 한다. 이들의 공통점은 자기 사업을 한다는 것이다. 그리고 이들은 사업을 통해 누군가의 문제를 해결해 준다. 돈을 좇는 것이 아니라 필요를 좇다 보니 돈이 따라오는 것이다. 심지어 아주 빠른 속도로 말이다. 엠제이 드마코는 부자가 되기 위해서는 사람들의 문제를 해결해 주어야 한다고 말하며 다음의 9가지 해결법을 제시한다.

1. 기분을 좋게 해 주어라.
2. 문제를 해결해 주어라.
3. 교육해 주어라.
4. 외모를 발전시켜라(건강, 영양, 옷, 화장 등).
5. 안전을 제공하라(주거지, 안전예방책, 건강 등).
6. 긍정적인 정서를 유발해라(사랑, 행복, 웃음, 자신감 등).
7. 기본적인 욕구(음식)부터 외설적인 욕구(성욕)까지 충족시켜라.
8. 삶을 편하게 해 주어라.
9. 꿈과 희망을 고취하라.

이 9가지를 하게 된다면 100만 달러, 한화로 10억 원 이상의 자산을 갖게 될 것이라고 말한다. 부자는 문제가 많은 곳에 기회가 있다는 것을 알고, 그 문제를 해결함으로써 빠르게 부를 쌓는다. 그들이 젊은 나이에 부자가 될 수 있었던 이유는 단순히 돈을 좇은 것이 아니라, 사람들의 필요를 충족시키는 방법을 찾았기 때문이다. **결국 부자가 되는 길은 천천히 주어진 길을 걸어가는 것이 아니라, 누군가의 문제를 해결하며 빠르게 개척하는 데 있다. 당신도 이제 그 길을 걸어갈 수 있다.** 과거의 나와 같은 부에 관한 잘못된 고정관념을 깨고, 누군가의 문제를 해결해 주며, 빠르게 부를 쌓는 방법에 대한 고민을 해 보자. 문제를 해결하는 과정에서 당신은 빠르게 부자가 되는 추월차선에 올라타게 될 것이다.

절약만으로는 절대 부자가 될 수 없다

수많은 억만장자는 어떻게 부자가 되었을까? 보일러 난방비를 줄이고 밥값을 아끼며 부자가 되었을까? 그렇지 않다. 그들은 절약이 아니라 돈을 벌어들이는 방법에 집중했다.

"아껴라. 1,000원을 받으면 500원은 모으고, 500원만 써야 한다."

어릴 적 어머니께 받았던 교육이다. 아껴야 잘 산다는 이야기다. 아끼고 저축하면 부자가 될 수 있다. 아니 있었다. 과거에는 충분히 가능했다. 1960~1970년대에는 은행에 차곡차곡 저축만 해도 부자가 될 수 있었다. 이자율이 무려 20~30퍼센트나 되었으니 말이다. 하지만 세상이 변했다. 현재의 금리는 그 시절의 절반, 아니 반의 반도 못 따라간다. 저축만으로 부자가 되는 것은 예전 일이다. 차곡차곡 돈을 모으는 방법으로 부자가 되려면 정말 많은 시간이 걸린다. 고등학교를 졸업하고 바로 돈을 모으기 시작해도 환갑이나 칠순은 되어야 부자가 될 수 있다.

당신이 월급으로 200만 원을 번다고 가정해 보자. 편의점 대신 대형 마트 할인 코너를 이용하고, 카페 커피 대신 인스턴트 커피를 마시며 돈을 아낀다. 그럼에도 휴대폰 요금, 각종 세금, 공과금, 생필품 구매 비용 등등 숨만 쉬어도 나가는 돈이 있다. 과연 여기서 저축할 수 있는 돈은 얼마나 될까? 죽기 살기로 해야 한 달에 100만 원 정도를 모을 수 있을 것이다. 이렇게 10년을 모으면 1억 2,000만 원이다. 여기에 이자가 더해진다고 한들 작은 집을 살 엄두조차 못 낼 돈이다.

게다가 잘못된 절약은 오히려 더 낭비가 되기도 한다. 사람들은 주유비를 아끼기 위해 조금이라도 더 저렴한 주유소를 찾는다. 이 행위가 잘못되었다는 것은 아니다. 하지만 일부 사람들은 리터당 10원의 기름값을 아끼기 위해 먼 주유소를 향해 한참을 간다. 리터당 10원은 아낄 수 있지만, 결론적으로 더 먼 곳을 왕복함으로써 더 많은 기름을 쓴다. 배보다 배꼽이 더 큰 격이다.

아끼는 것은 좋지만, 그렇게 아낀 것이 과연 효율적인지 생각해 봐야 한다. 그것이 잘못되었다면 그 시간을 다른 곳에 쓰는 것이 더 현명한 일은 아닌지 고민해 봐야 한다.

엠제이 드마코는 부의 창출과 관련하여 인도, 서행차선, 추월차선을 제시한다. 인도 위를 걷는 사람들은 재정적으로 무계획적이고, 현재에만 집중하는 삶을 사는 사람들이다. 이 경로에 있는 사람들은 대부분 소비 중심적이며, 저축이나 투자를 고려하지 않고, 당장 눈앞의 욕구를 충족시키는 데 집중한다. 서행차선을 타는 사람들은 전통적인 부의 축적 방식을 따른다. 이 경로에 있는 사람들은 안정적인 직업을 갖고, 아끼고 저축하며, 천천히 부를 쌓아 간다. 그리고 은퇴 후에야 비로소 경제적 안정을 찾는다. 앞에서 말한 아끼는 것에만 집중하는 것은 서행차선을 타는 것과 같다. 언젠가는 부자가 될 수 있지만 결코 빠르게 부자가 될 수는 없다.

빠르게 부자가 되고 싶다면 아끼는 것도 좋지만 버는 것에 더욱 집중해야 한다. 서행차선에서 추월차선으로 옮겨 타야 한다는 말이다. 추월차선은 단순한 절약이 아닌 가치 창출과 문제 해결에 초점을 맞춘다. 부자들은 시간을 절약하고, 그 시간을 더 큰 수익을 창출하는 데 사용한다. 이들은 단순히 돈을 모으는 데 그치지 않고 자산을 증식시키고 빠르게 성장할 수 있는 방법을 찾아낸다.

결국 진정한 부의 축적은 소비를 줄이는 데서 오는 것이 아니라 효율적인 방법으로 돈을 벌고 그 돈을 재투자하여 자산을 불리는 데서 온다. 더 큰 부자가 되고 싶다면, 이제는 절약을 넘어 더 큰 수익을 창출하는 전략을 세워야 한다. 돈이 아닌 시간을 아끼고, 그 시간을 더 가치 있는 활동에 투자하여 더 빠르게 부를 쌓는 길을 찾아야 한다.

추월차선 로드맵을 설계하라

나는 고속도로 운전을 자주 하는 편이다. 일주일에 한 번 정도는 여행을 가고, 강원도 바다를 즐기다 보니 고속도로를 탈 일이 많다. 서울에서 강원도로 가는 길은 거리가 상당하지만 도로가 굉장히 잘 뚫려 있다는 점이다. 강원도로 가는 길에 가장 긴 터널은 인제-양양 터널로 길이가 무려 10킬로미터가 넘는다. 산을 돌고 돌아간다면 몇 시간을 걸릴 거리를 터널로 인해 10분 이내로 주파할 수 있다. 이 고속도로를 달리거나 터널을 통과할 때 나는 이런 생각이 든다. '시대가 발전해 이 먼 길을 빨리 갈 방법이 생겼구나…….'

부에 관해서도 마찬가지다. 과거에 부자가 되는 방법이 한정적이었다면 지금은 몇 가지인지 셀 수 없을 정도로 많다. 심지어 그 정보도 넘쳐난다. 유튜브에 검색만 해도 사업을 시작하는 다양한 방법이나 수많은 성공 사례가 소개되고 있다. 과거에는 정보의 부족으로 인해 부자가 되는 길이 멀고도 험난하게 느껴졌을 수 있지만, 지금은 누구나 빠르게 부자가 될 수 있는 추월차선을 선택할 수 있다. 중요한 것은 그 길을 선택하고, 자신만의 로드맵을 설계하는 것이다.

추월차선을 달리기 위해서는 명확한 목표 설정과 구체적인 계획이 필요하다. 단순히 돈을 많이 벌고 싶다는 막연한 생각만으로는 그 길을 제대로 달릴 수 없다. 마치 고속도로를 달리기 전에 목적지와 경로를 미리 설정하듯, 당신이 추구하는 부의 형태와 그에 도달하기 위한 구체적인 전략을 세워야 한다. 또한, 추월차선을 달리면서 마주할 수 있는 위험 요소에 대한 대비책도 마련해 두어야 한다. 감사하게도 대비책 또한 세상에 널리 알려져 있다.

감사하지 않은가? 추월차선의 이정표와 피해야 할 장애물을 모두 알 수 있는 세상에 살고 있다는 것이.

이제는 과거의 느린 방식에서 벗어나, 빠르게 부를 축적할 방법을 선택할 때다. 시대가 변한 만큼, 부자가 되는 길도 더욱 다양해졌다. 당신이 할 일은 그 길을 선택하고, 자신만의 로드맵을 설계하며, 과감하게 그 길을 달리는 것이다. 이렇게 할 때 당신은 더 빨리, 더 효율적으로 부자가 될 수 있다.

**"부에 관한 고정관념을 버려라.
빠르게 부자가 될 수 있는 추월차선은 수없이 존재한다."**

12 타인의 시간, 재능, 노력을 돈으로 바꿔라

《레버리지》, 롭 무어

누구나 아는 바와 같이 지렛대를 이용하면 실제 힘보다 몇 배 무거운 물건을 움직일 수 있다. 고대 그리스 수학자 아르키메데스는 "충분히 긴 지렛대와 받침대만 있다면 지구도 들 수 있다."라고 하지 않았는가? 이처럼 무언가를 활용하여 힘, 이익, 결괏값을 높이는 것을 '레버리지'라고 말한다. 대출을 활용해 더 큰 투자를 하는 것도 이에 해당하고, 사람을 고용하여 더 많은 일을 처리하는 것도 여기에 해당된다. 《레버리지》는 레버리지 효과를 활용하여 더 부유한 삶, 더 행복한 삶을 사는 방법을 제시한다.

저자 롭 무어(Rob Moore)는 사람을 '레버리지 당하는 자'와 '레버리지하는 자', 즉 '고용을 당하는 사람'과 '고용하는 사람', 두 부류로 나눈다. 고용을 당하는 사람은 고용주에게 돈을 벌어다 주는 역할을 하지만, 고용하는 사람은 고용함으로써 돈을 더 쉽게 더 많이 번다. 저자는 더 부유해지기 위해서는 반드시 레버리지를 하는 자가 되어야 한다고 말한다.

레버리지하는 삶 vs 레버리지 당하는 삶

초보 사업가들은 비용을 최소화하기 위해 모든 일을 직접 하는 것이 최선의 방법이라 생각한다. 하지만 얼마 지나지 않아 생각한 것보다 많은 일을 처리해야 하는 상황을 마주한다. 우리가 일하는 이유는 우리가 좋아하는 것을 할 수 있는 자유를 얻기 위함이다. 당신이 지금 이 책을 읽는 이유도 그러할 것이다. 그러나 이렇게 모든 일을 직접 하면 경제적 독립은 물론이고, 좋아하는 것 역시 할 수 없게 된다. 누군가를 고용하거나 누군가에게 일을 위임하면 단기적으로는 돈이 들긴 하지만, 장기적으로는 그 시간에 자신에게 더 발전적인 일, 더 큰돈을 벌 수 있는 일을 할 수 있다.

나 또한 레버리지를 하고 나서 몸값이 많이 올랐다. 사실 이 책을 처음 읽었을 때는 그의 조언이 와닿지 않았다. 저자가 말하는 메시지를 머리로는 이해했지만, 당시 군 생활을 하고 있던 내게 누군가를 레버리지한다는 것은 다른 세상의 일처럼 느껴졌기 때문이다. 하지만 이제는 그의 조언이 가슴 깊숙이 와닿는다.

현재 나는 해야 하는 일 중 콘텐츠 편집과 제품 포장 및 배송은 타인에게 맡기고 그 시간에 나를 위한 자기계발을 하거나 다음 일을 준비한다. 그리고 이는 나의 성장 속도에 가속을 더해 준다. 당신 또한 누군가에게 일을 맡기는 건 나와는 먼 일이라고 생각했을지 모른다. 나는 생활비나 대출금을 내기도 벅차다고, 아이를 키우느라 시간이 없다고 말할지도 모른다. **그러나 눈앞에 보이는 돈을 아끼려 삶에 레버리지를 적용하지 않을수록 다른 사람들의 레버리지에 휘둘려 결국 더욱 가난한 상태에 머물게 된다. 《레버리지》의 핵심 메시지는 바로 '타인의 시간, 재능, 노력을 돈으로 바꾸라는 것'이다.**

롭 무어는 그 방법을 깨우친 후 빚더미에서 3년 만에 경제적 자유를 이루었다. 그는 과거로 돌아간다면 부를 이루기 위해 가장 먼저 할 것이 비서를 고용하는 것이라고 말한다. 가치가 높지 않은 일은 위임하고, 더욱 중요한 것에 시간을 쏟아야 하기 때문이다. 세상에 성공했다고 알려진 사람, 일가친척 및 주변 사람 중 가장 부유한 사람을 떠올려보자. 그들은 레버리지를 하고 있는가, 당하고 있는가? 백이면 백 레버리지를 하고 있을 것이다. 그렇다. 레버리지는 부를 향해 나아가는 공식이다.

부를 향한 여정에서 중요한 질문을 하나 던지겠다.

"나는 내 자원과 시간을 더 큰 결과를 위해 활용하고 있는가, 아니면 나도 모르게 누군가의 레버리지로 사용되고 있는가?"

결국 부와 성공을 만드는 핵심은 단순하다. 당신의 시간과 에너지를 효율적으로 증폭시키는 도구를 찾고, 이를 최대한 활용하는 것이다. 그리고 그 첫걸음은 바로 레버리지의 원리를 이해하고 실행에 옮기는 데서 시작된다.

이제 당신이 선택할 차례다. 레버리지를 할 것인가, 당할 것인가?

내가 할 일을 위임하라

레버리지를 활용하려면 내가 해야 할 일을 누군가에게 위임해야 한다. 하지만 아무 계획 없이 모든 일을 위임하기란 불가능하다. 레버리지에는 비용이 들기 때문이다. 이에 대한 해결책으로 저자는 시간당 몸값을 계산해 보길 권유한다. 시간당 몸값이란 일주일 몸값에서 실제 일한 시간을 나눈 결괏값이다.

$$\text{시간당 몸값} = \frac{\text{일주일 몸값}}{\text{일주일 간 일한 시간}}$$

우선 일주일 몸값은 내 시간을 투자해서 벌어들이는 노동 소득과 자본이 벌어들이는 자본 소득을 모두 더한 값이다. 이렇게 벌어들인 일주일의 총소득을 내가 일한 시간으로 나눈다. 예를 들어, 일주일 몸값이 100만 원이고 일한 시간이 50시간이라고 하면, 시간당 몸값은 2만 원이다. 시간당 2만 원이 넘는 일은 직접 하고, 2만 원이 안 되는 일은 위임한다. 즉 직접 할지 위임할지는 시간당 몸값을 기준으로 정하는 것이다.

나는 이 공식을 적용해 내가 하는 일을 위임하기 시작했다. 여러 위임 중 하나의 예를 들자면 바로 영상 편집이다. 유튜브 영상 한 편을 맡기는 데에 작게는 10만 원, 혹은 그 이상의 비용이 들어간다. 솔직히 말하면 처음에는 편집을 맡길 때 돈이 아까웠다. 내가 직접 하면 10만 원을 아낄 수 있는데 누군가에게 돈을 10만 원 준다는 게 큰 지출처럼 느껴졌다. 하지만 위임을 시도하고 결과물을 받아 보니 내 생각이 잘못되었음을 깨달았다. 외주로 받아 본 영상은 내가 편집하던 것보다 퀄리티가 훨씬 좋았고 무엇보다 나의 시간을 아껴 주었다. 영상을 하나 편집하는 데 평균적으로 약 5시간이 걸리는데, 한 달에 8편을 맡긴다고 가정하면 총 40시간을 아끼는 것이다. 나는 이 시간에 더 큰 수익을 창출하는 일, 제품 제작에 집중했고 더 많은 돈을 벌게 되었다.

아마 레버리지를 아직 해 보지 않았거나 처음 하는 사람은 과거의 나와 같이 생각할 것이다. 하지만 레버리지를 활용하지 않으면 큰 성장을 만들어 내기 어렵다. 무엇도 위임하지 않고 모든 일을 직접 하다 보면 코앞에 있는 일을 처리하느라 발전적인 일도 하지 못하고 다음 단계도 보지 못한다.

나는 무엇을 위임할 수 있을지 생각해 보자. 우리가 매일 마주하는 집안일, 세차, 운전 등에 대해서도 다시 생각해 볼 필요가 있다. **모든 것을 직접 해야 한다는 생각에서 벗어나자. 나의 시간당**

몸값에 비해 낮은 가치의 일이거나, 위임을 통해 더 좋은 결과를 만들어 낼 수 있는 것은 과감히 위임하라. 위임해서 돈을 쓰는 것이 더 큰 돈을 버는 지름길이다.

배움 또한 레버리지다

책의 핵심 내용에 따르면 타인의 시간, 재능, 노력을 활용하여 자신의 시간과 노력을 아껴야 한다. 책에서 강조하는 것 중 하나는 배움을 통한 레버리지다. 사실 '배움'이 엄청난 레버리지라는 생각은 안 해봤지만, 이 책을 4번 정도 읽으니 배움이 가장 크게 눈에 들어왔다.

여기 두 가지의 선택지가 있다. 당신은 어떤 선택을 할 것인가?

첫 번째, 무언가를 독학으로 배우는 데 1년이라는 시간이 든다. 단, 독학이기에 비용은 들지 않는다.
두 번째, 그것을 이미 훌륭히 해낸 누군가에게 배운다. 그에게 배우면 한 달 정도면 배울 수 있다. 단, 100만 원의 비용이 발생한다.

사람들의 선택은 갈릴 것이다. '돈을 아끼고 독학을 하자.'와 '비용을 쓰더라도 정확하게 배우고 시간을 아끼자.'. 당신은 어떤 선택을 할 것인가? 저자의 말에 따르면 시간을 줄일 수 있다면 비용을 들이더라도 시간을 선택하는 것이 맞다. 아낀 시간으로 새로운 가치를 창출하거나 발전적인 일을 한다는 가정하에 말이다.

얼마 전《66일 습관혁명》의 김주난 작가님과 식사를 한 적이 있다. 김주난 작가님은 작가인 동시에 건축기술사, 동기부여가인 60대 'N잡러'다. 젊은 사람들과 항상 소통하려 노력하고 배움을 멈추지 않는 훌륭한 분이다. 나보다 약 30살이나 많은 그는 자신이 60여 년을 살며 느낀 점을 바탕으로 다음과 같은 조언을 해 주었다.

"리치파카 님, 배우는 데에 돈을 아끼지 마세요. 배우는 데에 돈을 쓰는 게 오히려 돈을 아끼는 일이에요."

그의 말을 들으니 앞으로 더 많은 것을 배우고 싶어졌다. 마침《레버리지》를 다시 읽고 있을 때여서 배움의 욕구가 더 커졌다. 그래서 혼자 연습하고 있던 스피치를 제대로 배우기로 했다. 그것이야말로 강의를 하고 있는 지금의 나에게 가장 필요한 것 중 하나였다. 바로 강남에 있는 유명 학원으로 가서 학원비 100만 원을 결제했다. 책을 읽고 유튜브를 찾아보며 혼자 연습해도 가능했겠지만, 시간을 아끼고 제대로 배우고 싶었다. 전문가에게 알차게 배우고 나머지 시간을 아끼기로 했다. 100만 원이라는 비용을 썼지만, 아낀 시간에 나의 가치를 발전시켜 1,000만 원의 가치, 1억 원의 가치를 창출하면 그만인 것이다. 이것이 저자가 말하는 레버리지가 아닐까.

레버리지란 바로 이런 것이다. 시간을 단축하고, 효율을 극대화하며, 더 큰 목표를 향해 나아가는 힘. 나는 배움에 레버리지를 적용하는 것이 단순히 돈을 지불하는 데서 끝나는 것이 아니라, 내 인생의 새로운 도약점이 될 것임을 믿는다. 배움을 통해 내 삶의 또 다른 가능성이 열릴 테니 말이다.

결론적으로 우리가 멘토의 조언을 듣고, 전문가에게 배움을 구하는 것은 미래의 자신을 위한 투자인 셈이다. 이 투자를 통해 우리는 시행착오를 줄이고 더 나은 길로 나아갈 수 있고, 우리가 추구하는 목표에 더 빨리 도달할 수 있을 것이다. 공부와 배움에 대해 인색해지지 말고, 더 빨리 배워 치고 나가는 사람이 되어 보자.

"레버리지는 당신의 성장 속도에
불을 붙여 주는 전략적인 기술이다."

WORK BOOK

2장을 마치며

이번 장에서는 부와 돈에 대한 여정을 마쳤다. 돈이 인생의 전부는 아니지만, 우리 삶을 윤택하게 해 주고 내 주변 사람들을 지키는 강력한 무기임에는 분명하다. 돈을 나쁘게 생각하거나 돈을 많이 소유하는 것에 대해 부정적인 인식이 있다면 지금 당장 버리자. 돈에 대해 긍정하고, 이를 더 얻기 위한 생각회로를 돌리는 순간 당신에게 들어오는 부의 길이 열릴 것이다. 그 태도부터 그 길을 계속 걸어갈 때 우리의 삶은 풍요로워지고, 사랑하는 사람들을 지킬 수 있는 든든한 힘을 갖게 될 것이다.

돈에 관한 생각

기존에 갖고 있던 돈에 관한 생각과 이 장을 읽으며 변한 돈에 관한 생각을 적어 보자.

돈을 소유해야 하는 이유

내가 돈을 풍족하게 소유해야 하는 이유를 3가지 적어 보자.

1. ______________________________
2. ______________________________
3. ______________________________

목표 설정

내가 이루고 싶은 부의 정도와 이를 통해 실현하고 싶은 가치를 적어 보자.

____

____

____

부를 이루는 확언 메시지

다음 칸을 채워 보자.

나는 __________까지 __________의 돈을 소유한다.

이를 통해 ____________________이라는 가치를 실현하고

____________________사람이 된다.

PART

3

생각의 힘

생각과 마인드는 단순히 머릿속에서 맴돌다 사라지는 무형의 존재가 아니다. 아이디어를 만들어 내고, 감정에 영향을 끼치며, 우리의 선택, 행동, 나아가 삶 전반적인 부분에 영향을 끼치기 때문이다. 이를 잘 이해하고 활용하면 성공에 가까워지는 것은 물론이고 만족스러운 삶을 살아갈 수 있다.

생각은 현실을 창조하는 강력한 도구다. 할 수 있다고 믿는 사람은 도전에 맞서고 실패를 두려워하지 않으며 결국 목표를 이룬다. 반면 실패할 것이라고 믿는 사람은 온갖 핑계와 변명거리를 찾고 결과 또한 실패로 이어진다. 생각이 현실로 이어지는 것이다.

생각이 일시적인 정신 활동이라면, 마인드는 감정, 가치관, 태도 등을 포함하는 모든 정신적, 심적 개념이다. 우리가 인생에서 무엇을 중요하게 여기는지, 어떤 결정을 내리는지, 그리고 어떤 목표를 설정하는지 등에 영향을 끼친다. 예를 들어 긍정적인 마인드를 가진 사람은 어려움 속에서도 기회를 찾고, 실패를 배움의 기회로 여긴다. 반면 부정적인 마인드를 가진 사람은 같은 상황에서 좌절하고 포기할 가능성이 크다. 이처럼 마인드는 우리를 성공과 실패의 갈림길에서 어느 쪽으로 이끌지 결정하는 중요한 역할을 한다. 따라서 생각과 마인드를 어떻게 관리하고 가꾸느냐가 삶의 성공과 행복을 좌우하는 핵심 열쇠가 된다. 긍정적인 생각과 건강한 마인드를 유지하려는 의식적인 노력이 필요한데, 이는 단순한 낙관주의가 아닌, 현실을 직시하면서도 더 나은 방향으로 나아가려는 강한 의지와 연관된다.

이번 장에서는 생각과 마인드에 대해 다루고자 한다. 글을 읽으며, 당신의 생각과 마인드에 대해 되돌아보고, 삶에 더 나은 쪽으로 작용할 수 있도록 단 1퍼센트라도 업그레이드한다면 당신의 삶은 분명 더 나은 곳을 향해 나아갈 것이다.

13 부자가 될 수 없다는 생각을 버려라

《생각하라 그리고 부자가 되어라》, 나폴레온 힐

끌어당김의 법칙을 대중화시킨 밥 프록터(Bob Proctor), 리더십 전문가 스티븐 코비(Stephen Covey), 세계적인 동기부여 연설가 토니 로빈스(Tony Robbins), 성공학 전문가 브라이언 트레이시(Brian Tracy)는 모두 자기계발, 성공학의 거장으로 불리는데, 이 사람들이 공통적으로 추천하는 단 한 권의 책이 있다. 심지어 《부의 확신》, 《생각의 시크릿》의 저자 밥 프록터는 이 책을 평생 지니고 다니며 닳고 닳도록 읽었다고 말하기도 했다. 이 책은 바로 나폴레온 힐(Napoleon Hill)의 《생각하라 그리고 부자가 되어라》다. 전 세계적으로 가장 많이 판매된 자기계발서이자 자기계발서의 바이블이라고도 일컬어지는 책이다.

이 책이 전설적인 책으로 남은 이유는 그 속에 어마어마한 내공이 담겨 있기 때문이다. 나폴레온 힐은 대학교 학비를 마련하기 위해 잡지사 기자로 활동하던 중, 1908년 당시 최고의 부자인 앤드루 카네기(Andrew Carnegie)를 인터뷰하게 된다. 3시간 남짓의 짧은 인터뷰였지만, 힐의 통찰력을 높게 산 카네기는 그에게 "보통 사람들도 부를 거머쥘 수 있도록 성공의 비밀을 전파해 달라."라고 부탁했다. 힐은 그 약속을 지키기 위해 무려 20년 동안 507명의 자수성가한 부자들을 인터뷰하고 그들의 삶을 분석했다. 그 성공철학이 담긴 책이 바로 《생각하라 그리고 부자가 되어라》다. 시대가 지나도 변치 않는 부의 원리와 생각의 힘에 대해 알아 보자.

모든 것은 생각으로부터 시작된다

이 책을 설명하는 숫자는 감탄이 절로 나오는 경이로운 수치들이다. 이 책의 판매 부수는 무려 1억 2,000만 부고, 나폴레온 힐은 이 책을 쓰기 위해 20년간 연구했으며, 그가 만난 자수성가형 부자는 무려 507명이다. 직접 부자들을 만나 인터뷰를 해 본 나는 이 과정이 얼마나 힘든지 알기에 그가 더욱 존경스럽게 느껴진다. 한 명을 인터뷰하기 위해서는 먼저 인터뷰 대상에게 허락을 구해야 하고, 스케줄을 잡고, 그의 배경과 업적, 가치관 등을 사전조사 해야 한다. 한 명을 만나기도 이렇게 힘든데 무려 507명을 만나고 그 인사이트를 한 권에 담았다니, 그야말로 경이롭다. 어쩌면 우리는 이 책을 볼 수 있다는 것만으로도 행운인지 모른다.

그가 부자들을 만나며 느낀 핵심은 '가난과 부, 모두 생각에서 나온다.'라는 것이다. 그들은 모두 자신의 생각을 믿고, 그 생각을 실현하기 위해 끊임없이 행동했다. 그리고 마침내 자신의 생각을 현실로 만든 뒤 큰 부를 거머쥐었다.

위대한 업적을 남긴 사람들의 시작점은 모두 '생각'이다. 헨리 포드(Henry Ford)는 포드 자동차의 창업자로, '모든 사람이 자동차를 가질 수 있어야 한다.'라는 신념을 현실로 바꿔 '자동차의 대중화'를 이루었다. 존 워너메이커(John Wanamaker)는 자신의 유통에 관한 생각에 마케팅, 고객 서비스, 직원 복지 등에서 혁신적인 기법을 창안하여 세계 최초로 백화점을 만들었다. 윌버 라이트는 '하늘을 나는 법을 알아내면 세상이 더 나은 방향으로 바뀔 것'이라는 생각에서 출발해 동생 오빌 라이트와 함께 최초로 동력 엔진을 탑재한 비행기를 만들었다. 킹 질레트(King Camp Gillette)는 '안전하고 저렴한 면도기'에 관한 생각을 기반으로 질레트 회사를 세우고 면도 산업의 혁신을 이끌었다. 이처럼 세계적인 위인으로 불리는 이들의 업적도 결국은 '생각'으로부터 시작되었다. 그렇다면 우리는 어떻게 이 '생각의 힘'을 실생활에 적용할 수 있을까? 다음의 3가지에서 해답을 찾을 수 있다.

첫째, 자신의 생각을 믿어야 한다. 나폴레온 힐은 부자와 가난한 사람의 차이를 결정짓는 가장 중요한 요소로 '자신의 생각에 대한 확신'을 꼽았다. 자신에 대한 믿음이 없다면 어떠한

도전도 성공으로 이끌어 낼 수 없다. '난 안 될 거야.'라는 무의식적인 의심이 그러한 결과를 초래하기 때문이다. 예를 들어 당시에는 모두가 말도 안 된다고 생각했지만, 헨리 포드는 '모든 사람이 자동차를 가질 수 있다.'라는 신념을 굳게 믿고 이를 현실로 바꾸어 자동차의 대중화를 이끌었다. 그가 자신의 생각을 믿지 않았다면 오늘날의 자동차 산업은 존재하지 않았을지도 모른다. 생각은 우리의 가능성을 제한하기도 하고 확장하기도 한다. 결국 무엇을 이루고자 한다면 먼저 자신의 생각을 믿는 것이 중요하다.

둘째, 생각을 행동으로 옮기고 계획으로 발전시켜야 한다. 생각을 행동으로 옮기지 않으면 아무리 기발한 생각이라고 할지라도 말짱 도루묵이다. 생각을 실현하기 위한 구체적인 계획을 세우고 실행에 옮겨야 한다. 나폴레온 힐은 "생각이 행동을 낳고, 행동이 결과를 만든다."라고 강조했다. 예를 들어 윌버 라이트 형제의 결과물은 생각에서 기반했지만, 수많은 실험과 시도로부터 도출한 경험이 없었다면 결과물 또한 없었을 것이다. 생각을 현실로 만들기 위한 행동이 수반될 때 비로소 결과가 나타난다.

셋째, 끊임없이 생각을 다듬고, 계획을 수정하며 발전시켜 나가야 한다. 처음 세운 계획이 완벽하지 않을 수도 있다. 아니 완벽할 수 없다. 도중에 맞닥뜨리는 어려움이나 예상치 못한 변화에 맞서 계획을 수정하고 보완해야 한다. 월마트의 창립자 샘 월튼(Sam Walton)은 "Ready, Fire, Aim(준비-발사-조준)."이라는 독특한 접근 방식을 강조한 것으로 유명하다. 상식적인 순서인 '준비-조준-발사'가 아닌 '준비-발사-조준'을 하라는 것이다. 즉 먼저 행동하고 나중에 조정하는 방식을 의미하는데, 생각 또한 마찬가지다. 일단 생각을 행동으로 옮기고 이후 수정, 보완, 발전시키면 된다.

결국 삶에서 무엇을 이룰지, 어떤 미래를 그릴지는 모두 우리의 생각에서 비롯된다. 생각이 크고 강할수록 그 생각을 실현하기 위한 행동도 더욱 확고해지며, 결국 우리는 그 생각을 현실로 만들어낼 수 있다. 다시 한번 말하지만, 나폴레온 힐의 메시지는 분명하다. "가난과 부, 모두 생각에서 나온다."라는 것이다. 모든 것은 당신의 생각으로부터 시작되는 법이니 당신의 생각을 믿고 생각을 현실로 옮기려는 시도를 부단히 해 보자.

열망을 재화로 바꾸는 6단계

1년 전 내 인생을 바꿔 준 성공공식이자, 원하는 것을 모두 이룰 수 있도록 도와주는 질문을 찾았다. 이 공식을 알게 된 이후 내 삶은 완전히 달라졌다. 그건 바로 우리가 원하는 것을 더 명료히 하여 문장화하는 공식이다. 《생각하라 그리고 부자가 되어라》에서는 이것을 '열망을 재화로 바꾸는 6단계'로 표현한다.

2022년, 군 생활을 뒤로하고 전역을 준비하던 나는 다음 6단계를 적용하며 내가 간절히 원하는 것을 문장화했다. 여기에는 '돈'으로 표현되어 있는데, 만약 돈이 목표가 아닌 사람은 자신의 꿈을 대입해서 생각해 봐도 좋다.

1단계는 원하는 돈의 액수를 정확하게 정하는 것이다. 막연히 부자가 되고 싶다는 생각으로는 감정, 끓어오르는 열정이 생기지 않는다. 군 생활을 하던 당시 내가 받던 월급은 약 300만 원 초반이었다. 나는 전역 이후 그보다 더 많은 월 500만 원을 목표로 잡았고, 그것을 실행하며 조금 더 높은 목표를 가져야겠다는 생각에 월 1,000만 원으로 수정했다. 저마다 원하는 돈의 양은 다르다. 나처럼 월간 목표를 세울 수도 있고, 총재산을 정할 수도 있다. 무엇으로 하든 금액을 명확히 해야 한다. 두루뭉술한 목표는 몽상이 되지만, 정확한 목표는 계획이 된다.

2단계는 그 돈을 얻기 위해 어떤 대가를 치를 것인지 정하는 것이다. 예전에 나는 그렇지 않았다. 열심히 살지 않은 것도 아닌데, 매번 목표를 세울 때마다 이루지 못했다. 시험 합격하기, 얼마 모으기, 책 몇 권 읽기와 같은 다양한 목표를 세웠다. 목표를 세운 직후에는 마음이 뜨거워지고, 열정이 타올랐지만, 결국 매번 실패에 그쳤다. 생각해 보니 목표만 세우기 바빴고, 그것을 이루기 위해 내가 무엇을 할 것인지 즉, 어떠한 '대가'를 치를 것인지를 정하지 않았다. 목표를 정했다면 '행동'을 정하자. 그 행동을 반복하면 목표가 자동으로 이루어지는 행동 말이다.

3단계는 돈을 손에 넣는 날짜를 정확하게 정하는 것이다. 많은 사람이 10억 부자, 100억 부자를 꿈꾼다. 하지만 그들에게 '언제'란 없다. 그저 막연히 부자가 되고 싶은 것이다. 마감 기한이 없기에 늘어지고 또 늘어진다. 마감 기한은 '데드라인(deadline)', 즉 어떤 작업이나 과업이 완료되어야 하는 최종 기한을 말한다. 이 단어의 유래는 미국 남북전쟁 시기로 거슬러 올라간다. 당시 포로수용소에서 '데드라인'이란 포로들이 넘어서는 안 되는 경계선이었다. 이 경계선을 넘으면 사살될 수 있기에 데드라인이라고 불렀으며, 이후 시간이 지나면서 기한이나 제한을 의미하는 말로 확장되었다. 목표에 기간을 정하고, 만약 그 기간 내에 그것을 해내지 못하면 누군가 당신의 머리에 총을 겨눈다고 가정해 보자. 기한 내에 목표를 달성하지 못하는 사람은 없을 것이다. 이처럼 마감 기한을 정하는 것, 그리고 그 안에 반드시 해내야 한다는 생각을 갖는 것은 목표 달성에 아주 중요한 요소다.

4단계는 열망을 실행할 계획을 명확히 세우고 일단 행동으로 옮기는 것이다. 목표를 계획으로 쪼개지 않으면 목표를 이룰 확률이 뚝 떨어진다. 내가 가야 할 지점까지 어떻게 갈지, 이번 달에 얼마나 갈지, 이번 주에 얼마나 갈지 정하지 않으면 오늘 얼마나 가야 하는지 모르기 때문에 당장 실행할 수 없다. 목표를 정했다면 이를 10등분해라. 무엇부터 해야 할지 보이지 않았던 것이 눈에 들어오기 시작할 것이다.

5단계는 지금까지의 내용을 글로 쓰는 것이다. 액수, 날짜, 대가를 간결하고도 분명하게 선언문으로 써서 손으로, 눈으로, 마음으로 새겨라. 전역을 준비할 당시 나는 이것을 바탕으로 "2022년 12월 나는 1,000만 원의 순수익을 낼 것이다. 이를 위해 독서, 강의 준비, SNS 채널 키우기에 전념한다."라는 문장을 만들었다. 그리고 종이에 옮겨 적는 순간 마음에는 불씨가 피어올랐다.

6단계는 이 선언문을 잠자리에 들기 전에 한 번, 아침에 일어나서 한 번씩 읽는 것이다. 우리의 뇌는 의식과 무의식이 작용하는데, 잠자리에 들기 전에 읽는 것은 잠자는 동안조차 우리의 무의식(잠재의식)이 활동하도록 도와주고, 아침에 읽는 선언문은 우리의 의식까지 일깨워 준다.

나는 6단계로 된 나만의 선언문을 매일 쓰고 읽으며 전역을 준비했고, 9개월간의 준비 후 2022년 12월 목표를 이루었다. 2022년 12월 내가 벌어들인 돈은 약 1,100만 원이었다. 이때 나는 선언문의 힘을 절실히 깨달았다.

나는 지금도 이 선언문을 활용하고 있다. 전역 준비를 할 당시보다 업그레이드해 '2025년 3월 나는 경제적 자유를 이루었다. 이를 위해 그때까지 매일 2시간씩 독서, 글쓰기를 통해 베스트셀러 작가가 되었고, 기획, 배움, 인적 네트워킹 쌓기를 통해 월 순수익 1억 원의 사업가가 되었다.'라는 문장을 반복해서 쓰고 있다. 이 목표가 100퍼센트 이루어진다고 장담할 수는 없지만, 한 가지 확실한 것은 밤이나 낮이나 눈이 오나 비가 오나 내 머리는 이 목표를 이루기 위해 쉴 새 없이 돌아간다는 것이다. 이러한 장치 없이 막연히 부자가 되겠다고 꿈꾸는 것과는 분명 결과적으로 큰 차이가 있을 것이다. 당신도 원하는 것을 이루고 싶다면 이 6단계를 적용하여 당신만의 선언문을 만들어 보기를 바란다. 매일 그 선언문을 쓰거나 읽으며 마음에, 머리에 새기기를 바란다. 분명 달라진 나, 원하는 것을 이룬 나를 만날 수 있을 것이다.

스스로 한계를 두지 마라

나폴레온 힐은 평범한 사람들에게는 2가지 약점이 있다고 말한다. **첫 번째는, "말도 안 돼."라는 말을 입에 자주 올린다는 것이며. 두 번째는 자신의 느낌과 편견으로 사물, 사람을 평가하는 습관이 있다는 것이다. 이 약점들이 합쳐져 '난 안 될 거야.'라는 선입견, 즉 한계를 두게 된다.**

추석 연휴, 고향에 내려가 친구 A를 만났다. 어릴 적부터 가장 친한 사이였던 A는 푸념을 하기 시작했다. 월급이 너무 쥐꼬리만 하고 오르지도 않는다는 것이다. 푸념을 하면서도 이를 극복할 방법이나 노력해야 할 부분에 대해서는 고민하지 않았다. A는 차를 바꿔야 한다는 이야기만 늘어놓았다. 친구 A는 재정적 안정을 찾지 못했는데도 감당할 수 없는 수준의 자동차를 사려 했다. 심지어 멀쩡한 국산 중형 세단을 이미 가지고 있는데도 말이다. 나는 A에게 "집이나 다른 것들을 먼저 안정시킨 뒤에 차를 바꾸는 건 어때?"라고 말하며,

월급을 늘리거나 직장 외 소득을 가져 보라고 제안했다. 그리고 SNS나 온라인을 활용하여 부수입을 만들어 보자고 했다. 어떻게 하는지도 직접 알려 주고, 언제든 무료로 도와주겠다고 말했다. 그러나 친구 A의 대답은 간결했다.

"말이야 쉽지……. 그거 아무나 하는 게 아니야."

'아무나'라니, 친구가 자신을 너무 과소평가하는 것 같고 스스로 한계를 두는 것 같아 아쉬웠다. 그를 설득하고 싶었지만, 관계만 안 좋아질 것 같아 그 대화는 거기서 멈추었다.

이처럼 사람들은 자신이 원하는 것이 있음에도 불구하고 그것을 바라기만 한다. 원하는 것을 이룰 수 있는 해결책을 누군가 제시해 주더라도, 그것을 '남의 이야기'로만 치부하며 도전 자체를 하지 않는다. 나폴레온 힐이 말했듯 색안경을 끼고 '나는 안 될 거야.' 하고 생각하는 꼴이다.

미술 시간에 여러 색의 셀로판지를 이용해 안경을 만들어 본 적이 있을 것이다. 그렇게 만든 색안경을 쓰면 온 세상이 그 셀로판지 색으로 보인다. 빨간색 셀로판지로 만든 안경을 쓰면 세상이 온통 붉게 보이고, 파란색 셀로판지로 만든 안경을 쓰면 세상이 온통 파랗게 보인다. 눈을 질끈 감았다 뜨거나 손으로 눈을 비벼도 색안경을 벗거나 다른 색안경으로 바꾸지 않는 이상 색은 변하지 않는다.

'말도 안 돼!'라고 말하고, '난 안 될 거야…….'라고 생각하는 것도 이와 같은 이치다. 그들은 '나는 안 돼.'라는 색안경을 쓰고 있다. 그래서 이 세상 모든 것이 안 될 것처럼 느껴지고, 남의 이야기처럼 느껴지는 것이다.

나폴레온 힐은 "성공을 생각하는 사람에게는 성공이 찾아온다. 실패를 생각하는 사람에게는 실패가 찾아온다."라고 말했다. 당신이 어떤 생각을 하고 있는지, 즉 어떤 색안경을 끼고 있는지에 따라 세상은 그리 보일 것이다. 스스로 한계를 두는 것만큼 어리석은 일도 없다. 만약 내가 그러고 있다면 당장 그 한계를 깨부수자. 그리고 새롭게 '나도 할 수 있다.', '변할 수 있다.'라는 부자의 프레임을 쓰자. 프레임을 바꾸면 당신이 하는 모든 생각은 이전의 생각과 달라질 것이고, 지금까지 보이지 않던 것들이 보이기 시작할 것이다. **축하한다! 당신은 이제 부자가 될 수밖에 없는 프레임을 장착했다.**

"우리 삶은 우리가 생각하는 대로 흘러간다.
부자가 되는 방법은 간단하다.
부자가 되겠다고 마음을 먹는 것이다."

---

14 성공은 이미 내 안에 존재한다

《네 안에 잠든 거인을 깨워라》, 토니 로빈스

누구나 힘들고 지칠 때가 있다. 성공을 향해 나아가다가도 어려움이나 물음표에 봉착하기도 한다. 물론 나도 그럴 때가 있다. 가끔은 지치기도 하고, 어떨 때는 '과연 내가 할 수 있을까?' 하는 생각에 빠지기도 한다. 그럴 때마다 다시 일어서도록 도와주는 책이 있다. 바로 토니 로빈스의 《네 안에 잠든 거인을 깨워라》다.

《네 안에 잠든 거인을 깨워라》는 개인의 잠재력을 최대한 발휘하고 삶을 변화시키는 방법을 다룬 책이다. 로빈스는 이 책을 통해 독자들이 자신의 내면에 잠든 힘을 발견하고, 그것을 깨워 성공과 행복을 이루는 방법을 제시한다. 실질적인 조언과 다양한 사례를 통해 독자들이 자신의 삶을 개선할 수 있는 구체적인 방법을 제공한다. 책이 다소 두껍긴 하지만, 문장 하나하나 거를 타선이 없고 팔

팔 끓는 용암처럼 뜨거운 열정을 지닌 글들이 담겨 있어 읽는 내내 전율이 느껴질 것이다. 나 역시 이 책을 읽으며 수없이 자극받고, 다시 도전할 용기를 얻었다. 특히 책에서 강조하는 '결단'이라는 개념은 내 삶을 바꾸는 데 결정적인 역할을 했다. 여러분의 거인은 이미 깨어나기를 기다리고 있고, 당신이 결단은 그 거인을 일으켜 세울 것이다.

누구나 내면에 거인을 가지고 있다

《네 안에 잠든 거인을 깨워라》, 참 독특한 제목이다. 거인이라니. 나의 내면에 그렇게 큰 잠재력이 숨어 있다는 것인가? 세계적으로 큰 성공을 거둔 기업가 테슬라의 CEO 일론 머스크, 아마존의 CEO 제프 베이조스와 같은 사람들은 거인을 품고 있는 게 분명해 보인다. 그들은 우리와 다른 잠재력을 지녔을까? 반대로 길거리의 노숙인들은 잠재력 자체가 없는 것인가? 당신은 그들보다 더 많은 잠재력을 가지고 있는가? 당신 내면에 있는 거인은 그들보다 큰가?

여기서 잠깐, 그럼 누군가는 큰 잠재력을 가지고 있고 누구는 지니지 못한 것일까? 그렇지 않다. 현재의 결과는 내면의 잠재력과 생각, 행동이 결합해 나타난 결과물일 뿐이다. 우리 내면의 잠재력은 무한하다. 누구나 거인을 지니고 있다는 말이다. 하지만 우리는 종종 자신을 과소평가하고 능력에 한계를 두며 살아간다. 그러나 그 한계는 실제로 존재하는 것이 아니라, 우리의 생각에서 만들어진 허상일 뿐이다. 그렇다면 내면의 거인을 깨우기 위해 무엇을 해야 할까? 바로 결단하고 믿고 행동하는 것이다.

거인을 깨우기 위해 첫 번째로 해야 할 것은 결단이다. 토니 로빈스는 "결단은 거인을 깨우는 길이며, 결단하는 순간 삶의 변화는 시작된다."라고 말한다. 결단은 단순한 선택 이상의 의미를 가지며, 우리의 인생을 바꾸는 첫 번째 단계다. 어떠한 결과물을 만들어야 변화가 일어나는 것이 아니라 변해야겠다고 마음을 먹는 그 순간 변화는 시작된다.

나 또한 이 부분에서 많은 영감을 받았다. 전에는 성과가 변화의 척도인 줄 알았다. 그저 눈에 보이는 것, 결과물로만 변화를 판단했다. 열심히 노력할지언정 결과가 좋지 않으면 삶의 변화는 0이라고 생각했다. 하지만 그렇지 않았다. 변화는 눈에 보이지 않는 것도 있다. 결단하고 내 가슴이 뜨거워지는 것, 자신을 변화시키기 위해 생각해 보는 것, 이를 행동으로 옮겨 보는 것 등 눈에 보이지 않는 하나하나가 내 삶을 변화시키는 열쇠라는 것을 깨달았다.

두 번째는 믿음체계를 가지는 것이다. 우리의 삶에서 가장 강력한 힘은 우리가 무엇을 믿느냐에 달려 있다. 우리가 무엇을 믿느냐에 따라 세상을 바라보는 방식이 달라지고, 그에 따라 우리의 행동도 달라진다. 로빈스는 이 책에서 부정적인 믿음이 우리의 삶을 얼마나 제약하는지 설명하며, 이를 긍정적인 믿음으로 전환하는 것이 삶의 변화를 이루는 핵심이라고 말한다.

자신이 성공할 수 있다고 굳게 믿는 사람은 어떤 어려움이 닥쳐도 그 속에서 기회를 찾고 결국 성공에 이른다. 반면 자신이 실패할 것이라고 믿는 사람은 도전을 피하고, 결국 실패를 경험한다. 삶은 자신이 믿는 대로 이루어진다. 믿음체계는 우리의 잠재력을 끌어내는 강력한 수단이며, 이를 통해 우리는 원하는 삶을 실현할 수 있다.

세 번째는 지금 당장 변화하라는 것이다. 변화는 즉각적으로 이루어져야 한다. 많은 사람이 변화를 꿈꾸지만, 막상 행동으로 옮기지 못하는 경우가 많다. 완벽주의로 포장된 두려움 때문에 머뭇거리기 때문이다. 이 책에서는 변화는 언제나 지금 이 순간에 이루어져야 한다는 것을 강조한다. 생각과 계획만으로는 실질적인 변화를 이끌어 내기 어렵다.

건강한 삶을 살기로 결심했다면 내일부터가 아니라 지금 당장 운동을 시작해야 하고, 책을 통해 삶을 변화시키고자 한다면 지금 바로 책을 펴야 한다.

미루는 사람에게 내일은 오지 않는다. 설령 내일이 온다고 하더라도 그 내일에도 또다른 내일을 외치고 있을 것이다. 거인을 깨우기 위해서는 즉각적인 행동이 필요하다. 미루는 행동은 부정적인 감정과 조급함을 불러오지만, 즉각적인 행동은 긍정적인 감정과 열정을 낳을 것이고, 이는 그 다음의 또다른 행동을 불러와 성장의 선순환을 만들 것이다.

누구나 내면에 거인을 가지고 있다. 이 거인은 우리 안에 깊이 잠들어 있을 뿐, 언제든 깨워서 세상에 내보낼 수 있다. 중요한 것은 우리가 이 거인을 깨우기 위해 결단하고, 그 결단을 믿으며 즉각적인 행동으로 옮겨야 한다는 것이다. 자신을 제한하는 생각의 틀을 깨고, 내면의 잠재력을 믿으며, 이 순간부터 행동하라. 그렇게 할 때 당신의 내면에 잠들어 있던 거인은 깨어나고 당신의 삶은 새로운 차원으로 나아가게 될 것이다.

변화는 결단으로부터

많은 사람이 부자가 되거나 더 나은 삶을 살고 싶어 하지만, 정작 그것이 이루어지기는 어렵다며 일찍이 체념한다. '그건 성공한 사람들 이야기야.', 혹은 '나와는 유전자가 다른 사람들의 이야기야.', '우리 집은 가난하니까 안 돼.' 등의 생각을 하면서 말이다. 이러한 생각은 우리 안의 거인이 깨어나는 것을 가로막는다. 우리 모두에게는 거인이 있다. 실제로 이 세상의 많은 사람이 변화를 이루었다.

프롤로그에서도 언급했지만, 어머니는 나에게 "개천에서 용 난다는 말은 옛날 이야기야. 지금 시대에는 힘들어."라고 말씀하신 적이 있다. 나는 확신한다. 어떤 시대든 변화는 만들어 낼 수 있고, 마음먹기에 달려 있다고. 깨우지 못했을 뿐, 누구에게나 거인은 있다. 결단하는 순간 거인은 깨어난다. '내 삶이 언제부터 변했을까?' 곰곰이 생각해 보니, 몇 년 전 '가난을 탈출해야겠다.'라고 결단한 시점부터였다. ('가난 탈출'과 같은 부정의 말을 사용하면 안 되고, '부', '성공'과 같은 긍정적인 말을 사용해야 한다고는 하나, 그 당시 나의 생각은 그랬다.)

어느 날, 군 생활을 하고 있던 나에게 우편이 한 통 날아왔다. 법원에서 온 고소장이었다. 손이 떨렸다. 고소장이라니? 살면서 나쁜 일을 하거나 누군가에게 큰 잘못 한 번 저지른 적 없이 살아 왔는데……. 처음 받아 보는 고소장인지라 온갖 생각이 다 들었다.

그 고소장은 아버지의 빚으로 인한 것이었다. 나는 1,000원 한 장 빌리지 않았는데 고소장을 받다니. 억울하기도 했지만, 억울해할 시간도 없었다. 다방면으로 해결 방법을 알아보았는데 결론은 변호사를 선임해야 했다. 변호사 비용은 생각보다 비쌌다. 대신 출석해 변호해 주는데 400만 원이라는 것이다. 그래도 별 수 있겠는가? 적금 통장을 깨고 그에게 400만 원을 이체했다.

은행에서 나와 하늘을 보는데, 만감이 교차했다. 평생 가난하게 사는 것 아닌가 하는 불안감이 엄습해 왔다. 한숨을 푹 쉬었다. 하지만 나는 여기에서 좌절 대신 결단을 했다. '나 더 이상 가난하게 살지 않을래! 부자가 되어서 우리 집안 일으켜 볼래!'라고 말이다.

그전까지는 매일 그저 흘러가는 대로 살았다. 시간이 나면 유튜브 영상을 보거나 의미없이 핸드폰을 하며 시간을 낭비했다. 하지만 변해야겠다고 결심하고 의지가 생기자 행동이 달라졌다. 독서나 부동산 투자 공부 등 자기계발에 시간을 쓰기 시작했다. 또한 이전에는 '퇴근 이후에 동료들과 무엇을 먹을까?', '주말에는 뭐 하고 놀지?' 등의 생각이 주를 이뤘다면, 다짐 이후로는 '경제적 자유를 이루기 위해 무엇부터 시작해야 하지?', '책을 읽고 더 크게 성장하려면 어떻게 해야 할까' 등의 생각이 머릿속을 가득 채웠다.

이 결단이 나의 삶을 바꾼 계기였다. 시간이 흘러 나와 형, 어머니는 합세해서 아버지의 빚을 갚았고, 서른 살의 나이에 비로소 0의 지점에 서게 되었다. 가난과 좌절은 더 이상 나를 지배할 수 없었다. 마이너스를 털어 냈기 때문이 아니라 무언가를 하기로 결단하면 변화한다는 것을 깨달았기 때문이다. 남들보다는 조금 늦은 시작이지만, 결단한 이후로 나는 내 삶의 주인이 되어 부와 성공을 향해 매일 한 걸음씩 내딛고 있다.

모든 변화는 우리의 마음속에서 시작된다. 누구나 거인을 품고 있다. 그 거인을 깨우는 것은 우리의 결단과 행동이다. 과거와 현재 환경이 어떻든 상관없다. 변화하고자 하는 의지를 가지고 결단하라. 그 순간 변화가 시작된다. 우리 모두에게 거대한 잠재력이 있다. 결단하라. 이제는 내 안의 잠재력을 깨우고, 삶을 변화시킬 때다. 흔들리지 않는 무쇠와 같은 마음은 당신의 삶을 놀랍도록 변화시킬 것이다.

당신에게 한계란 없다

우리는 모두 내면에 무한한 잠재력을 가지고 있다. 하지만 그 잠재력은 종종 스스로가 만들어 낸 한계에 가로막혀 잠들어 있다. '이 정도면 충분해.', '더 이상 발전할 수 없어.', '이건 불가능해.'라는 생각이 그 한계를 만들어 낸다. 이러한 생각이야말로 우리를 가두는 올가미다.

1954년, 영국의 육상선수 로저 베니스터(Roger Bannister)는 전 세계의 주목을 받았다. 그때까지 1마일(약 1.609킬로미터)을 4분 안에 달리는 것은 불가능하다고 여겨지고 있었다. 과학자들은 인간의 신체 구조상 이 기록은 깨질 수 없다고 단언했다. 그러나 베니스터는 그 한계를 뛰어넘었다. 그는 "인간의 한계는 신체가 아니라 마음에 있다."라는 신념으로 결국 3분 59.4초라는 기록을 세우며 불가능하다고 여겨졌던 벽을 허물었다. 그러자 놀라운 일이 일어났다. 그 이후로 베니스터의 기록을 따라 많은 선수가 4분 벽을 깨기 시작한 것이다. 그 해에만 무려 24명의 선수가 4분의 장벽을 허물었다. 그의 기록은 인간이 마음의 벽, 즉 한계를 허물면 잠재력이 극대화된다는 상징적인 사건이 되었다.

이와 비슷한 교훈을 주는 또 하나의 예시가 있다. '코이(Koi)'는 일본에서 유래된 잉어의 일종으로, 그 크기가 환경에 따라 달라진다. 코이는 어항에서 자랄 때는 그 크기가 5~8센티미터 밖에 되지 않지만, 더 넓은 환경에서는 25~30센티미터까지 자란다. 그리고 더 큰 강에서는 1미터가 넘는 크기로 자라기도 한다. 코이의 크기가 어항, 연못, 강이라는 환경에 따라 달라지듯, 우리도 스스로 정한 한계에 따라 다르게 성장한다. **당신도 자신을 어항 속에 가두고 있지는**

않은가? 우리 안의 거인은 한계를 깨고, 결단하기를 기다리고 있다. 우리는 모두 거인을 깨울 힘을 가지고 있다. 로저 베니스터의 기록이 보여 주듯, 한계는 신체가 아니라 마음속에 있다. 또 코이처럼 우리가 어떤 환경과 어떤 생각 속에 자신을 가두느냐에 따라 잠재력은 다르게 발현된다.

어항 속에 머무를 것인가, 아니면 넓은 강으로 나아가 거인으로 성장할 것인가? 이것은 우리의 선택에 달려 있다. 지금 이 순간, 자신이 만들어 낸 한계를 깨고 결단하라. 당신의 거인을 깨워라. 무한한 가능성이 당신을 기다리고 있다.

**"우리는 모두 내면에 거인을 가지고 있고,
그 거인은 결단하는 순간 깨어난다."**

---

15 당신만의 온도 조절기를 맞추어라

《백만장자 시크릿》, 하브 에커

나의 책을 읽는 독자라면 이 책이 첫 자기계발서는 아닐 것이다. 다른 자기계발서 및 경제경영서를 읽었거나 성장을 위한 배움을 하나라도 해 보았을 확률이 크다. 이를 통해 실질적인 변화를 얻은 사람도 있고 아직 그러지 못한 사람도 있을 것이다. 그렇다면 누군가는 변하고 누군가는 변하지 않는 이유가 무엇일까? 가장 큰 차이는 바로 성공에 관한 마인드에 있다. 누군가는 실행을 통해 자신은 반드시 변할 거라고 믿으며 누군가는 '일단 해 보긴 하는데 과연 변할까?' 정도로 생각한다. 전자에게는 변화가 후자에게는 제자리걸음이라는 결과가 다가온다. 후자라고 낙심하지 마라. 이러한 사람들에게 부자들의 마인드를 일깨워 줄 실질적인 책이 있다. 바로 《백만장자 시크릿》이다.

《백만장자 시크릿》은 부자가 되는 사람들과 그렇지 않은 사람들의 사고방식과 행동 패턴의 차이를 설명하며, 부를 쌓기 위한 구체적인 전략을 제시하는 자기계발서다. 하브 에커(T. Harv Eker)는 이 책에서 부와 성공은 단순히 노력이나 기회에서 오는 것이 아니라, "마인드셋의 차이"에서 비롯된다고 주장한다. 즉 부자가 되기 위해서는 부자가 될 수 있는 생각과 태도를 먼저 갖추어야 한다는 것이다. 그는 "부자가 되는 것은 우연이 아니라, 특정한 사고방식과 행동 패턴의 결과"라고 주장하며, 17가지 부자들의 마인드를 제시한다.동시에 '청사진'이라는 개념을 크게 강조한다. '청사진'은 내가 그리는 그림이자 개인의 재정 상태와 관련된 무의식적인 사고방식과 신념 체계를 의미한다. 하브 에커의 《백만장자 시크릿》은 사람들이 자신이 가지고 있는 '재정 청사진'에 관한 중요성을 일깨워 주며, 부를 얻을 방법을 안내하는 이정표와 같은 책이다.

경제 청사진을 바꾸는 4단계

하브 에커는 사람마다 무의식 속에 돈과 성공에 대한 그림, 즉 '경제 청사진'이 있다고 말한다. 돈에 대한 건축 도면은 건물의 청사진과 비슷하다. 건물에 대하여 미리 세워 둔 계획, 혹은 디자인이 건축 도면인 것처럼, 경제 청사진 또한 돈에 관련하여 미리 짜 놓은 프로그램 또는 돈과 관계하는 방식을 말한다. 에커는 다른 무엇보다도 이

청사진이 경제적인 운명을 좌우한다고 주장한다. 그리고 이 경제 청사진은 어렸을 때 배운 정보 혹은 경험이 프로그래밍되어 살아가는 내내 영향을 끼친다. 그렇기에 돈에 관해 이미 짜여져 있는 마인드, 즉 (잘못된) 경제 청사진을 바꾸지 않는 한 돈을 벌어들이기 어렵다. 경제 청사진에는 돈과 관련된 당신의 생각, 감정, 행동이 모두 혼합되어 있다. 에커는 경제 청사진을 바꾸는 4단계를 제시한다. 이는 '인식-자기 이해-변화 선택-선언'이다. 하나씩 살펴보자.

먼저 **'인식'**이다. '인식'은 어렸을 때 돈에 관해 당신에게 정서적으로 영향을 미친 일(말)이 무엇이었을까 떠올려 보는 것이다. 즉, 부모님이 돈과 부에 대해 어떤 태도와 습관을 갖고, 어떤 말을 자주 했는지 생각해 보는 것이다. 혹시 당신도 부모님이 가졌던 돈에 관한 태도와 습관을 물려받지는 않았는가?

저자 하브 에커의 아내는 8살 때 아이스크림이 먹고 싶어 엄마에게 25센트를 달라고 했다. 그러자 그녀의 엄마는 "엄마는 돈 없어. 아빠한테 달라고 해."라고 했다. 아마 그녀에겐 비슷한 상황이 무수히 반복되었을 것이다. 그녀는 무의식적으로 무엇을 배웠을까? 첫째, 엄마는 돈이 없다는 것. 둘째, 돈은 아빠가 다 쥐고 있다는 잘못된 편견이 생겼을 것이다.

나 또한 어릴 적 부모님이 돈에 관해 나누었던 대화를 떠올려 보면 늘 부정적이었다. 돈이 없어서 무언가를 못 한다거나 돈이 부족하다는 이야기가 대부분이었으며, 그로 인해 싸움까지 이어지곤 했다. 이런 경험들이 무의식적으로 쌓이고 쌓여 나에게 돈은 무서운 것, 싸움을 만드는 것이라는 안 좋은 의식으로 자리 잡았다.

두 번째는 **'자기 이해'**다. 자기 이해란 앞서 인식 부분에서 떠올려 본 '당신에게 돈에 관해 정서적으로 영향을 미친 과거의 일(말)'이 현재 당신의 경제 상태에 어떤 영향을 미치는지 생각해 보는 것이다. 어릴 적 내가 느꼈던 돈은 무서운 것, 싸움을 만드는 것이라는 생각은 나를 돈과 멀어지게 만들었다. 돈은 무서운 것이라는 생각은 나를 '부채'를 활용할 줄 모르는 사람으로 전락시켰고, 돈이 모여도 투자는 시도조차 하지 못하는 사람으로 만들었다. 투자 또한 무섭고 위험한 것이라고 생각했기 때문이다. 그래서 돈이 있어도 투자하지 않았으며, 그저 저축하는 것에만 만족했다.

돈은 싸움을 만드는 원인이라는 생각이 돈을 좇으면 안 된다는 부정적인 프레임을 씌워 버렸다. 지금 생각해 보면 돈은 문제를 해결해 줄 수 있는 수단이자 가치를 실현할 수 있도록 도와주는 존재면서 많은 사람을 도울 수 있는 물질인데 말이다. 비단 나뿐만 아니라 많은 사람이 과거에 보고 들었던 돈에 대한 기억이 현재에 영향을 미치고 있을 것이다. 당신이 과거에 돈에 관해 느낀 감정, 정서는 무엇인가? 그리고 이는 지금 당신에게 어떠한 영향을 미치고 있는가?

세 번째는 **'변화 선택'**이다. 이는 과거의 돈에 대한 기억 및 경험들이 현재 나에게 미치고 있는 영향을 받아들일지, 버릴 것인지 선택하는 것이다. 즉 과거의 생각들은 주입된 것일 뿐 내 본질이 아니며, 나의 모습과 어울리지 않는다는 걸, 나에게는 변화를 선택할 권리가 있다는 걸 상기시키는 것이다.

과거의 돈에 대한 감정과 정서가 좋았고 그것이 현재에게 긍정적인 영향을 끼치고 있다면 가장 좋겠지만, 나처럼 그렇지 않더라도 괜찮다. 이제라도 변화를 선택하면 되기 때문이다. 과거에 가지고 있던 생각을 버리고 잊는 순간 그것은 더 이상 내 것이 아니다. 부에 관한 생각과 마인드에 관한 옷은 충분히 갈아입을 수 있다.

네 번째는 **'선언'**이다. 하브 에커는 과거 돈에 대해 들었던 말은 사실이 아니라고 말하며, 나의 행복과 성공에 도움이 되는 새로운 사고방식을 선택하라고 말한다. 그리고 가슴과 머리에 손을 얹고 부자가 되겠다고 '선언'하라고 말한다.

선언의 힘은 실로 위대하다. 나는 이 힘을 늘 느끼고 있는데, 이 글을 쓰고 있는 오늘도 크게 실감했다. 나는 2년 전부터 매달 블로그를 통해 목표를 선언하고 있는데, 얼마 전에는 유튜브 영상을 통해 경제적 자유를 이루겠다고 선언했다. 그러자 지각변동이 일어났다. 영상을 통해 세상에 외치고 나니 마음이 펄펄 끓는 게 아닌가! 이 글을 고치고 있는 오늘은 새벽 3시에 잠에서 깼다. 평소보다 한 시간 반이나 일찍 눈을 뜬 것이다. 그리고 커피를 여러 잔 연속으로 마신 것처럼 심장이 두근거렸다. 엄청난 설렘이었다.

인식-자기 이해-변화 선택을 통해 부자가 되겠다고 마음먹었다면 반드시 선언하라. 선언은 변화 선택에 날개를 달아 줄 것이다.

과거가 현재에 미치는 영향을 생각해 보고, 변화하겠다고 마음먹어라. 그리고 더 이상 뒤는 돌아보지 마라. 우리가 갈 길은 돈에 관해 안 좋은 기억으로 사로잡혀 있던 과거가 아니라, 부를 얻고 더 풍요롭게 살아갈 우리의 미래다.

생각한 대로 보인다

"코끼리는 생각하지 마!"라는 말을 들으면 코끼리를 생각하지 않으려고 애써도 어느새 코끼리를 생각하고 있다고 한다. 아마 지금쯤 당신의 머리에도 코끼리 한 마리가 떠올랐을 것이다. 나는 이 말이 부와 성공으로 이끄는 잠재의식에도 똑같이 적용된다고 생각한다. 부와 성공에 대한 말을 반복하고, 시각화해 이를 그리고 있는 사람에게는 끊임없이 부와 성공에 관한 것들이 떠오른다. 부동산 투자에 몰입한 사람들에게는 부동산 관련 정보, 주변 아파트만 눈에 들어오는 것처럼 말이다. 무언가에 명확한 초점을 맞추면 그것만 떠오르거나 보이는 경험을 아마 누구나 한 번쯤은 해 봤을 것이다. 특히 무언가를 구매하고 싶을 때 이러한 경향이 자주 보인다.

2021년 6월, 나는 결혼을 앞두고 아내에게 프러포즈를 계획하고 있었다. 근사한 호텔에서 예쁜 가방과 향기로운 꽃을 선물로 주며, 나와 평생을 함께하자고 이야기하고 싶었다. 호텔은 우리나라에서 가장 좋고, 높다는 시그니엘에서 해야겠다고 바로 떠올릴 수 있었지만, 문제는 가방이었다. 패션에 하나도 관심이 없던 나는 브랜드의

'ㅂ'자도 모르는 상태였다. 막연히 명품 가방을 선물해야겠다고 생각했지만, 그에 관한 정보가 아예 없던지라 무엇을 살지 막막했다.

한참을 알아 보니 여성들이 샤넬 가방을 선호한다는 정보를 얻었다. 샤넬 가방을 사려면 백화점 문을 열기 전부터 소위 '오픈 런'을 해야 한다는 사실이었다. 나는 가장 가까이 있는 백화점을 검색한 뒤 노원구에 있는 롯데백화점으로 향했다. 인터넷에서 알아본 것과 달리 줄이 하나도 없었다. 다행이었다. 나는 백화점 문이 열리기 전부터 직원에게 번호표를 달라고 했다. 직원은 '왜 굳이 번호표를 달라고 하지?'라는 표정으로 갸우뚱해하며 나에게 번호표를 하나 주었다. 그렇게 백화점이 열리고 나는 가방을 사러 샤넬 매장에 갔다.

아뿔싸! 이곳은 샤넬 가방을 파는 곳이 아니라 샤넬 화장품을 사는 곳이었다! 이 정도로 나는 명품에 관해 무지했다.

그런데 이후 참 신기한 일이 일어났다. 그전에는 내 눈에 들어오지 않던 여성 명품 백이 눈에 들어오기 시작한 것이다. 생각해 보니 그전에는 사람들의 옷차림 자체를 유심히 본 적이 없었다. 가방이 눈에 들어오는 것은 물론 그 가방이 어떤 브랜드인지도 척척 알 수 있었다. 아 저건 샤넬이다, 저건 디올, 저건 고야드, 저건 보테가 베네타……. 나 자신이 너무 신기했다. 브랜드라고는 하나도 몰랐던 내가 명품 가방 브랜드를 척척 맞추다니. 그저 신기할 따름이었다.

그때 깨달음을 하나 얻었다. 사람은 자신이 생각하는 대로, 초점을 맞추는 대로 시선이 가고 정보가 들어온다는 것이다. 명품 가방을 사려고 하면 명품 가방이 눈에 들어오고, 자동차를 바꾸려 하면 자동차만 눈에 들어온다. 마찬가지로 부를 얻으려 하면 부를 얻는 방법이 눈에 들어올 것이고, 가난이 잠재의식에 깔려 있다면 각종 핑계와 제한사항을 나열할 것이다.

부자들은 기회에 집중하고 가난한 자는 장해물에 집중한다는 말이 있다. 무엇을 보고 받아들일지는 우리의 생각과 초점에 달려 있음을 기억하자.

온도 조절기의 레버를 돌려라

이 책에서 전하는 여러 메시지 중, 당신에게 들려줄 단 하나의 메시지를 뽑자면 바로 '온도 조절기를 맞추어라.'다. 우리가 그리는 청사진은 온도 조절기와 같아서, 어느 기준에 맞춰 놓으면 나를 자연스레 그곳으로 데려다준다. 실내 온도 조절기를 22도로 맞추어 놓았다고 가정해 보자. 추운 날 창문을 열면 어떻게 될까? 일시적으로 온도가 낮아질 수는 있으나 창문을 닫고 시간이 흐르면 다시 22도로 맞춰진다. 더운 날도 마찬가지다. 창문을 열면 온도가 일시적으로 높아지겠지만, 곧 방 안의 온도는 22도로 맞춰질 것이다.

《백만장자 시크릿》에는 미국의 45대, 47대 대통령 도널드 트럼프의 이야기가 나온다. 트럼프는 수십억 자산가였다가 빈털터리가 된 적이 있다. 하지만 불과 2년 후에 다시 그 이상의 자산을 가진 부자가 되었다. 어떻게 이런 일이 가능했을까? 하브 에커는 트럼프의 경제적 자동 온도 조절기가 수십억이 아닌 수백억으로 맞춰져 있기 때문이라고 말한다. 동시에 대부분 사람이 부자가 되지 못하는 이유는 경제적 온도 조절기가 수천만 원 정도에 맞춰져 있기 때문이라고 말한다. 조금 전 방의 온도 조절기를 22도로 맞췄을 때 일시적으로 더워지고, 추워진다고 한들 다시 22도로 맞춰진다고 했다. 이처럼 경제 청사진을 수백억, 수천억으로 맞춘 사람은 일시적으로 어려워질지언정 다시 부의 선상에 올라서게 되고, 수천만 원 정도에 맞춘 사람은 그 정도의 자리에 머무는 것이다.

나 또한 그랬다. 군 생활 초창기 경제적 자유에 관한 책들을 마주하기 전까지만 해도 부자가 되겠다는 생각은 꿈도 못 꿨다. 내가 얼마를 벌어들일 수 있을지 생각 자체를 하지 못했다. 그저 200만 원대의 월급을 받으면 '어떻게 이걸 아낄 수 있을까?' 정도를 생각했을 뿐이다. 더 큰 돈을 벌 생각은 전혀 하지 못한 채 연봉 3,000~4,000만 원의 온도 조절기와 '돈을 조금이라도 아껴야 한다.'라는 온도 조절기에 갇혀 있었다. 하지만 책을 통해 자본주의에 대해 깨우치게 되면서 온도 조절기를 더 높은 경제적 자유에 맞추니 그것과 관련된 생각이 떠오르기 시작했다.

온도 조절기가 '부'에 맞춰져 있으니 세상의 모든 것이 '부'의 기회이자 공부할 거리로 보이기 시작했다. 맛집으로 불리는 유명 식당에 가도 그저 맛있게 먹고 배만 채우고 오는 것이 아니라 공부를 한다. 인테리어는 어떻게 되어 있는지, 고객들의 이동 동선은 어떤지, 직원들의 접객은 어떤지, 테이블 수와 회전 속도는 어떤지 등 다양한 것을 본다. 그리고 이 식당의 장단점, 개선점을 파악한다. 내가 식당을 차리기 위함이 아니라, 잘 되는 곳의 이유는 무엇인지 그리고 그것을 하나라도 나에게 적용할 점은 무엇인지를 생각하는 것이다. 지하철을 타고 이동을 할 때도 멍하니 시간을 때우는 것이 아니라 사람들이 하는 행동을 살피거나 종이책, 오디오북을 통해 독서를 한다. 사람들의 행동을 살피는 이유는 사람들이 시간을 소비하는 행태를 통해 주로 어떤 앱, 플랫폼이 핫한지를 확인할 수 있고, 그들의 시간 소비에 관한 실태를 어렴풋이나마 파악할 수 있기 때문이다.

이처럼 온도 조절기가 부에 맞춰져 있으면, 나의 시선을 포함한 모든 감각이 그것을 이루기 위한 쪽으로 움직이고, 사고와 행동 또한 자연스레 온도 조절기를 따라간다. 부자가 되고 싶다면 부자의 온도로 맞추고, 건강을 얻고 싶다면 건강의 온도로 스위치를 돌려라. 잠시 눈을 감고 숨을 크게 쉬며 심호흡을 해 보자. 내가 온도를 맞춰야 하는 곳은 어디인지 생각해 보라. 눈을 뜬 후 당신은 당신의 모든 감각, 직관, 생각과 행동을 온도를 맞추기 위해 활동할 것이다. 그리고 당신의 삶은 어느새 그 온도 조절기가 가리키는 온도대로 맞춰져 있을 것이다.

"과거의 생각은 날려 버리고,
새롭게 당신의 온도 조절기를 맞추어라."

16 자아 이미지를 통한 현실의 변화

《맥스웰 몰츠 성공의 법칙》, 맥스웰 몰츠

인간은 어떤 '자아 이미지'를 만드느냐에 따라 인생이 달라진다. 자아 이미지란 내가 그리는 나의 이상적인 모습 혹은 이루고 싶은 모습을 말한다. '나는 실패한 사람'이라는 자아 이미지를 씌워 놓으면 하는 일마다 안 되기 마련이고, 결국 실패한 삶을 살게 된다. 그도 그럴 것이 실패한 자아 이미지를 씌워 놓으면 말끝마다 "내가 그럼 그렇지.", "망했네.", 심지어 비속어를 달고 살며 좋지 않은 기운들을 끌어당기기 때문이다. 반면 '나는 성공한 사람'이라는 자아 이미지를 씌우면 하는 일은 잘 안 될지언정, 이 또한 긍정의 신호로 받아들이고 실패를 극복할 방법을 찾아낸다. 그러면 결국 성공으로 나아가게 된다.

《맥스웰 몰츠 성공의 법칙》은 이러한 자아 이미지를 통해 성공으로 나아가는 법칙을 담은 책이다. 저자인 맥스웰 몰츠(Maxwell Maltz) 박사는 '사이코-사이버네틱스(Psycho-Cybernetics)'라는 방법을 제시하며 목표를 성취할 수 있는 이론을 만들었고, 수많은 성공 사례를 낳음으로써 기적의 책이라는 평을 얻었다. 《맥스웰 몰츠 성공의 법칙》은 1960년 출간된 이후 무려 60년이 넘도록 독자에게 사랑을 받고 있으며, 전 세계적으로 3,000만 부 이상 팔린 초대형 베스트셀러다. 우리가 현시대에 읽고 있는 자기계발서의 대부분은 《맥스웰 몰츠 성공의 법칙》에 직간접적인 영향을 받았다고 해도 과언이 아니다. 그가 제창한 이론의 주요 개념은 인간의 뇌는 미사일의 자동유도장치와 같아서 목표를 정해 주면 그 목표를 향해 나아간다는 것이다. 자아 이미지에 대해 지금부터 더 자세히 알아보자.

뇌는 상상과 현실을 구분하지 못한다

사람들의 내면에는 자신이 그리는 미래의 그림이 있다. 맥스웰 몰츠 박사는 그것을 자아 이미지라고 한다. 그의 책에서는 뚱뚱한 자아 이미지를 가지고 있는 사람의 예시가 나온다. 이 사람은 단것을 좋아하고 정크푸드를 끊지 못하며 항상 운동할 시간이 부족하다고 말한다. 아무리 노력해도 체중을 감량할 수 없고 뚱뚱한 모습에서 탈피할 수가 없다. 자아 이미지에 반하는 행동이 이루어질 수 없기 때문이다. 몰츠는 이런 상황을 두고 '스냅백 효과(Snapback effect)'라고 한다. 스냅백 효과란 갑작스러운 반동을 통해 원래 자리로 돌아오는 물리적 현상을 일컫는 말로, 자아 이미지가 특정 모습으로 형성되어 있어 노력을 한다고 한들 그 모습으로 되돌아오는 것을 뜻한다. 이처럼 아무것도 아닐 것 같은 자아 이미지는 잠재의식에 기록되어 삶의 전반에 영향을 끼친다. 어두운 미래를 그리는 사람은 그에 맞게 어두운 행동을 하고, 밝은 청사진을 그리는 사람은 그에 맞게 밝은 감정을 느끼고 생각하고 행동한다. 성공할 수 없다고 생각하는 사람은 죽었다 깨어나도 성공할 수 없다. 부정적인 생각이 잠재의식 속에 각인되어 있기 때문에 성공으로 나아갈 감정을 느끼지 못하며, 당연히 관련 행동도 하지 못하는 것이다.

맥스웰 몰츠 박사는 자아 이미지란 우리의 인격과 행동 심지어는 환경을 형성하는 전제이자 기초이며, 우리 삶의 밑바탕이라고 말한다. 우리의 경험은 자아 이미지를 증명한다. 자아 이미지와 비슷한 곳으로 가기 위해 인지, 습득, 행동 등을 하게 되는 것이다. 쉽게 설명하면, 자아 이미지가 사람이라면 우리 삶은 그 사람이 거울에 비친 모습이다. 온갖 부정을 달고 자신을 관리하지 않는 사람이 거울에 아름답게 비춰질 리 없다.

자아 이미지가 현실에 반영되는 가장 큰 이유는 뇌는 상상과 현실을 구하지 못하기 때문이다. 우리가 그리는 미래의 모습이자 자아 이미지를 뇌는 현실이 될 것이라고 믿는 것이다. TV 프로그램 「유퀴즈」에 서울대학교 이인아 교수님이 출연한 적이 있다. 그는 우리나라 뇌인지과학 학문이 생긴 뒤 서울대학교 초대 교수로 재직하고 있으며 텍사스 의대, 보스턴대학교, 아이오와 대학교에서 박사, 조교수를 역임한 엘리트다. 그는 인간의 기억에 중요한 역할을 하는 뇌기관인 '해마'의 권위자로도 유명하다. 그런 그에게 뇌에 관한 속설은 질문하는 시간이 있었다.

그는 '머리가 크면 뇌도 커서 똑똑하다.', '사람은 평생 뇌의 10퍼센트만 사용한다.'와 같은 속설에는 X를 들었으나, '뇌는 상상과 현실을 구분하지 못한다.'에는 O를 들었다. 동시에 "뇌는 인풋이 그럴듯하면 다 현실로 받아들인다."라는 말을 덧붙였다.

나는 이 대목에서 시각화와 긍정적 자아 이미지가 왜 강력한 힘을 발휘하는지 깨달았다. **성공한 사람들은 자신의 미래를 명확하게 시각화하며 그 이미지를 뇌에 각인시킨다. 이들은 자신의 목표를 현실로 믿고, 그 믿음이 그들을 성공으로 이끈다. 그들의 성공은 우연이 아니다. 그들의 뇌가 그것을 현실로 만들기 위한 모든 힘을 발휘한 것이다.** 나는 뇌가 상상과 현실을 구분하지 못한다는 것이 감사하게 느껴진다. 나의 현실은 아직 내가 원하는 모습이 아니지만, 이를 반복해서 생각하고 떠올리다 보면 현실이 될 테니 말이다. 나는 오늘도 그리고 내일도 나의 꿈이자 미래의 내가 될 자아를 머릿속에 새길 것이다.

롤모델의 중요성

당신이 떠올리던 자아 이미지가 부정적인 모습이었을지라도 낙심할 필요는 없다. 자아 이미지는 변화가 가능하기 때문이다. 맥스웰 몰츠 박사는 더 나은 자아 이미지를 세우기 위해 과거 또는 현재 동경하는 성격이나 성품, 인생의 업적을 성취한 사람들에 관한 스크랩북을 만들라고 한다. 즉 롤모델을 찾고 자료를 수집하라는 말이다. 다양한 분야에서 롤모델이 될 대표적인 인물을 선정하고 그들의 전기나 자서전, 기사 등으로 그들에 대해 충분히 공부하면 원하는 모습이 더 잘 그려지며 자아 이미지를 바꿀 수 있기 때문이다.

나 또한 이 책을 읽으며 분야별 동경하는 인물을 적어 보았다.

내가 '인품' 관련해서 동경하는 인물은 대한민국 국민 MC 유재석 씨다. 그는 가장 높은 자리에 있음에도 불구하고 전혀 거드름 피우지 않고, 오히려 인성, 태도, 매너 등 성품이 훌륭하다는 미담이 자자하다. 대단한 그의 인품은 따라가기 어렵겠지만, 그의 반, 혹은 반의 반만이라도 따라가려고 노력하고 있다.

'하는 일'의 롤모델은 대한민국 자기계발 분야의 선두주자인 MKYU 김미경 학장, '마인드'는 본질을 잃지 않고 사업을 해 나가는 더 본 코리아 백종원 대표, '실행력'은 《10배의 법칙》의 저자 그랜트 카돈, '부'는 《돈의 속성》의 저자 김승호 회장 등이다.

각 분야에 대한 롤모델로 대표 인물을 정해 두니 든든함이 생길 뿐만 아니라 나의 미래의 모습인 자아 이미지도 더욱 또렷해진다.

그들의 발자취를 조사하면 내가 해야 할 일, 행동이 도출되기도 한다. 좋은 점 중 하나는 고민이 생길 때에도 선택이 빨라지며, 더욱 현명한 선택을 할 수 있다는 것이다. 고민이나 문제를 마주했을 때 "나의 롤모델이라면 이러한 상황에서 어떤 선택을 했을까?"를 생각해 보면 한참을 고민해도 나오지 않던 답이 뚝딱 나온다.

전역 직후 '2023 성공 플래너'를 제작해 처음으로 판매했을 때였다. 혹여나 오탈자가 있을까 검수에 검수를 거친 뒤, SNS를 통해 제품을 판매했다. 처음으로 만든 제품이라 수익금을 의미 있게 활용하고 싶어 판매 수익 전액을 기부하겠다고 선언했다. 그렇게 제품을 발송하고 다음 날, 연락이 한 통 왔다.

"리치파카 님, 달력에 오타가 있는데요?"

그 순간 시간이 멈춘 것 같았다. 검수를 하고 또 했는데 이게 어떻게 된 일인가 싶기도 하고, 실수를 저지른 나 자신이 너무 밉기도 했다. 다시 확인해 보니 달력 숫자에 3개의 오탈자가 있었다. 고민이 되었다. 죄송하다고 사과를 하며 선처를 구할 것인가, 조치할 것인가? 후속 조치를 떠올리자 비용이 상당할 것이라는 압박에 걱정이 되었다. 눈을 감고 잠시 생각을 했다. '유재석 님이라면 어떻게 할까?' 바로 답이 나왔다. 그저 사과에서 그치는 것이 아닌 잘못된 상품에 대해 조치를 하는 것. 나는 스티커 회사에 전화를 해 오탈자가

난 날짜를 고칠 수 있도록 스티커를 요청했고, 더불어 죄송한 마음을 전하기 위해 책갈피를 알아 본 뒤 이를 주문했다. 그리고 고객분들에게 스티커와 책갈피를 보내며 사과 연락을 돌렸다. '유재석 님이라면 어떻게 할까?'라는 생각법 덕분에 긴 고민 없이 빠르게 조치할 수 있었고, 도리어 고객분들에게 그렇게까지 해 줘서 고맙다는 연락까지 받았다.

이 일로 2023년 플래너 판매의 경제적인 성과는 거의 제로에 가까웠지만, 사비를 써서 계획대로 보육원에 기부까지 마쳤다. 이 단순한 에피소드는 나와 고객들의 기억 속에서 서서히 잊혀지겠지만, 롤모델을 떠올리며 고민을 해결하는 방법은 내 평생 습관으로 자리매김할 것이다.

이처럼 롤모델을 정하는 것은 선택에 있어서, 앞으로 나아감에 있어서 아주 중요하다. 맥스웰 몰츠 박사는 롤모델을 더 잘 활용하기 위해서는 그를 한 달간 철저히 연구하라고 조언한다. 그러면 그 사람이 생각하는 방식에 익숙해지질 수 있기 때문이다. 나는 이번에는 이 조언을 토대로 내가 가려는 길의 선두주자이자 '국내 자기계발'의 대표 주자 김미경 학장을 연구했다. 그녀의 책을 모조리 샀고, 그녀의 강의를 반복, 또 반복하며 들었다. 며칠을 그렇게 하자 신기한 경험을 했다. 김미경 학장이 쓴 여러 권의 책과 그녀가 하는 활동들이 마치 내 미래처럼 보이는 게 아닌가? 그녀가 수많은 사람 앞에서 강연하는 모습에 내가 대입되기도 했다.

이처럼 롤모델을 찾고 그를 연구하며 답습하는 과정은 가장 빠른 성공 법칙 중 하나다. 본받고 싶은 사람을 철저히 연구하여 또 하나의 자아 이미지를 그려 보자. 훗날 그 모습이 되어 있을 것이다.

당신만의 성공 메커니즘을 만들어라

메커니즘이란 본래 기계적 구조를 뜻하는 용어였지만, 최근에는 '사물의 작용 원리 또는 구조'를 말할 때 주로 쓰인다. 성공에도 메커니즘이 있을까? 성공할 수밖에 없는 원리나 구조가 존재할까?

맥스웰 몰츠 박사는 '성공 메커니즘'은 존재하며 이를 통해 성공으로 나아가는 것은 가능하다, 아니, 쉽다고 설명한다. 그의 말에 따르면 성공 메커니즘이 존재하는 이유는 크게 2가지가 있다. **하나는 인간은 '상상력'이라는 힘을 가지고 있으며, 또 다른 하나는 '경험'을 통해 습득되는 자동 메커니즘이 있기 때문이다.**

먼저 상상력은 인간만이 가진 고유 영역이자 엄청난 힘이다. 다람쥐는 겨울이 되기 전 본능적으로 열매를 저장하고, 새는 본능적으로 둥지를 틀고 하늘을 날며, 갓 태어난 송아지나 망아지는 누가 가르쳐 주지 않아도 몸을 일으키려 한다. 이처럼 동물은 생존 본능을 가지고 있다. 그러나 인간과 같은 복잡한 상상력은 갖고 있지 않다. 인간은 상상력을 활용하여 문제에 대한 해결, 발명, 글쓰기, 개발, 여가, 사업 등 동물이 할 수 없는 많은 것들을 해낸다.

더불어 인간은 경험에 의해 습득되는 자동 메커니즘을 가지고 있다. 당신은 연필을 집어 들 때 이두근과 삼두근은 어떻게 활용하고, 어떤 손가락을 어떤 모습으로 움직일지 고민하는가? 그렇지 않을 것이다. 신발 끈을 묶을 때도 마찬가지다. 이처럼 사람은 반복된 경험을 통해 행동을 습득하면 이후에는 힘을 들이지 않고 자연스럽게 그 일을 해낸다. 성공적인 반응이 일어나면 우리의 뇌는 이를 미래에 다시 사용하기 위해 뇌리에 저장한다. 맥스웰 몰츠 박사는 이를 두고 우리가 연필을 집어 들 능력만 있다면 수많은 청중 앞에서 자신감 넘치는 모습으로 설득력 있게 말할 수 있으며, 사업도 할 수 있고, 골프도 칠 수 있다고 말한다. 어려워 보이는 것들도 성공적인 반응을 경험하여 학습하면 되기 때문이다.

상상력과 경험을 잘 활용하면 100퍼센트 성공할 수밖에 없는 성공 메커니즘을 만들어 낼 수 있다. 먼저 상상력을 통해 자신의 미래를 자세히 그려 보고 상상이 현실이 된다고 믿어라. 나아가 그 모습을 어떻게 하면 이룰 수 있을지 매일 10~15분씩 생각하라. 산책할 때도 좋고, 출퇴근 시간을 이용하는 것도 좋다. 나는 매일 1시간 이상 산책을 하는데, 이때 나의 상상력을 발휘해 내가 원하는 모습으로 더 빠르게, 더 정확하게 다가갈 방법을 모색한다.

경험 메커니즘을 활용하라. 연필을 집어 드는 것처럼 당신이 성공하기 위해 필요한 행동을 경험하고 습득하라. 나는 매일 독서를 하고, 독서를 통해 나에게 적용할 점이 무엇인지 뽑아내는 루틴을 반복한다. 처음에는 책을 펼치는 메커니즘을 만들었고, 이후에는 책을 읽고 나에게 적용할 점을 추려 내는 행동을 통해 이 과정을 나의 뇌리에 각인시켰다. 지금은 연필을 집어 들거나 신발 끈을 묶을 때와 같이 큰 고민 없이 틈만 나면 책을 펼치고 자연스럽게 내가 해야 할 일들을 도출해 낸다. 상상력과 경험 메커니즘이 결합되어 나만의 성공 메커니즘으로 '책 읽고 적용하기'가 작동하는 것이다.

자아 이미지를 상상하는 연습, 이를 이루기 위해 해야 할 행동에 대해 고민하는 시간을 가져라. 이어 반복된 경험을 통해 당신만의 성공 메커니즘을 작동시켜라. 이는 아주 높은 확률로 당신을 성공으로 안내할 것이다. 지금 당장 나만의 성공 메커니즘을 만들어 보자.

"자아 이미지를 떠올려라.
당신은 미래에 그것을 현실로 마주하고 있을 것이다."

---

17 생생하게 상상하라, 그러면 현실이 된다

《결국 해내는 사람들의 원칙》, 앨런 피즈, 바바라 피즈

한때 목표를 세우고 매번 그 목표를 이루지 못해 좌절할 때가 많았다. 목표를 세우고 이를 상상하거나 글로 쓰면 이루어진다는데, 나는 왜 그러지 못했을까? 실행력이 낮거나 게으른 편도 아니었는데 말이다. 지금 생각해 보니 그저 목표로만 생각했을 뿐, 이를 아주 디테일하고 손에 잡힐 듯한 생생함으로 표현해 내지 못했다. 즉 시각화의 힘을 제대로 활용하지 못한 것이다. 시각화의 힘과 뇌의 활동을 과학적인 근거에 기반하여 쓴 책이 있다. 바로 《결국 해내는 사람들의 원칙》이다.

이 책은 저자인 앨런 피즈(Allan Pease)와 바바라 피즈(Barbara Pease)의 성공담을 뇌과학적인 사실에 기반하여 설명한다. 특히 망상 활성계(Reticular Activating System), 즉 RAS에 대해 다루며 뇌과학을 활용

한 성공 방법에 대해 안내한다. RAS란 포유류 뇌의 한 영역으로 감각 정보를 대뇌피질로 보내는 신경망을 말한다. 감각기관으로 입력되는 거의 모든 정보가 RAS를 거쳐 뇌로 들어가고, 어떤 정보를 뇌로 보낼지 선별하는 역할을 하기에 책에서는 RAS를 '뇌의 게이트키퍼', '소원 성취 시스템'이라고 부르기도 한다. 후각을 제외한 감각기관으로 입력되는 정보들이 RAS를 거쳐 뇌로 들어가니 이 말이 과언은 아니다.

이 책에서는 이 RAS를 활용하여 시각화의 힘을 극대화하는 방법을 설명한다. 다른 자기계발서들이 끌어당김의 법칙에 대해 두루뭉술하게 표현했다면, 이 책에서는 의학과 과학을 근거로 신뢰도 있는 메시지를 전한다. 단순히 동기부여 메시지를 넘어 뇌 과학에 기반한 체계적이고 실질적인 정보를 찾는다면 이 책이 제격일 것이다.

나를 원하는 곳으로 데려다 주는 RAS

《결국 해내는 사람들의 원칙》에서는 인간에게 RAS라는 강력한 도구가 있다고 설명한다. 이 시스템은 마치 GPS처럼 우리가 설정한 목표를 달성할 수 있도록 길을 안내해 주는 역할을 한다. RAS는 뇌의 특정 부분에 있는 신경망으로, 우리의 뇌가 매일 수백만 개의 자극 중에서 어떤 것을 인식하고 어떤 것을 무시할지 결정하는 필터 역할을 한다. 쉽게 말해 뇌가 정보를 처리하는 방식 중에서 중요한 부분만 골라내는 역할을 하는 것이다.

앞서 말했듯 이 책은 RAS를 GPS에 비유한다. 내비게이션에 목적지를 입력하면 GPS가 가장 적합한 경로를 찾아 안내해 주는 것처럼, RAS는 우리가 설정한 목표에 따라 그 목표와 관련된 정보를 선택적으로 인식한다. 우리가 목표를 아주 명확히 세워야 하는 이유가 바로 여기에 있다. 목표가 명확하여 손에 잡힐 듯이 구체적일 때 RAS가 관련된 정보를 더 잘 포착하기 때문이다. 예를 들어 새로운 차를 사고 싶다고 마음먹은 후, 구체적인 모델명과 색깔을 정했다고 가정해 보자. 그럼 유독 같은 모델, 같은 색상의 차량이 눈에 잘 보일 것이다. 이것이 바로 RAS가 작동하는 방식이다.

RAS는 우리가 하루 동안 처리해야 할 엄청난 양의 정보를 걸러내는 필터 역할을 한다. 우리 뇌는 1초에 4억 비트 이상의 정보를 처리하는데, 이 중에서 약 2,000비트만이 의식적으로 처리된다. 이 필터링을 통해 우리가 필요하지 않은 정보에 의해 압도되지 않도록 돕는 것이 바로 RAS의 기능이다. 앨런 피즈는 "만약 RAS가 없다면, 우리는 넘쳐나는 정보 속에서 졸도할 것"이라고 말한다. 우리는 RAS에게 감사해하면서도 이를 잘 활용해야 한다. RAS는 우리가 인생에서 원하는 것을 얻도록 도와주기 때문이다. RAS를 활용하려면 어떻게 해야 할까? 다음의 4가지를 기억하자.

먼저 **명확한 목표 설정**이다. 목표는 구체적이어야 한다. '다이어트'와 같은 막연한 목표보다는 "3개월 안에 5그램을 감량하겠다."와 같은 아주 구체적인 목표가 RAS를 더욱 잘 작동하도록 돕는다. 구체적인 목표는 RAS가 어떤 정보를 필터링할지 명확하게 알려주기 때문에, 목표와 관련된 기회나 정보를 더 쉽게 인식할 수 있다.

두 번째는 **시각화**다. 목표를 명확히 설정하는 것만큼 중요한 것이 시각화다. 우리가 목표를 생생하게 시각화할수록 RAS는 그 목표와 관련된 정보를 더 많이 받아들인다. 무하마드 알리(Muhammad Ali)가 "나는 나 자신을 최고라고 믿었고, 내 마음속에 이미 승리는 존재하고 있었다."라고 말한 것도 이러한 원리 때문이다. 그의 머리속에는 이미 우승한 자신의 모습이 그려져 있었다. 그가 목표를 시각화함으로써 RAS는 그의 뇌가 그 목표를 이루기 위한 정보와 기회를 더 많이 포착할 수 있도록 도왔다.

세 번째는 **긍정적인 사고**다. 긍정적인 모습을 자주 떠올릴수록 RAS는 그 목표와 관련된 긍정적인 기회를 더 잘 인식하게 된다. 반대로 부정적인 생각에 사로잡히면 RAS는 부정적인 정보를 필터링하게 된다. 부자가 되고 싶다면 '가난 탈출'과 같은 부정어를 사용한 목표가 아닌 '순자산 100억 원의 부자'와 같은 긍정어를 사용한 목표를 정해야 한다.

네 번째는 **목표를 지속적으로 상기하는 것**이다. RAS는 반복적으로 인식되는 정보에 더 민감하기 때문에, 목표를 자주 상기시키고 이를 달성한 모습을 떠올려야 한다.

세계적인 스포츠 선수들은 이것들을 종합하여 '이미지 트레이닝'을 한다. 많은 운동 선수가 경기 전에 자신이 승리하는 장면이나, 특정 동작을 완벽하게 수행하는 모습을 머릿속에서 시각화한다. 올림픽에서 23개의 금메달을 획득한 미국의 전설적인 수영 선수 마이클 펠프스(Michael Phelps)는 이미지 트레이닝(시각화)을 통해 경기를 준비한 대표적인 사례다. 그의 코치인 밥 보먼(Bob Bowman)은 어린 시절부터 펠프스에게 시각화 훈련을 시켰다. 펠프스는 매일 밤 침대에서 눈을 감고 자신의 경기를 상상했으며, 단순히 완벽한 레이스만을 시각화한 것이 아니라 경기 중 발생할 수 있는 다양한 상황을 모두 시뮬레이션했다. 물안경이 고장 나거나 예상치 못한 실수가 생길 경우도 상상해 실제 경기에서 발생할 수 있는 불안 요소를 대비한 것으로 유명하다. 이러한 시각화 훈련 덕분에 펠프스는 실제 경기에서 안정된 마음가짐을 유지할 수 있었다. 시각화는 단순한 기술이 아니라 그가 세계 기록을 깨고 수많은 메달을 획득하는 데 중요한 역할을 했다.

펠프스뿐만 아니라 골프황제 타이거 우즈(Tiger Woods), 전설적인 복서 무하마드 알리, NBA의 전설 코비 브라이언트(Kobe Bryant) 역시 이미지 트레이닝을 적극적으로 활용한 사례로 알려져 있다. 이미지 트레이닝을 활용하여 시각화하는 과정은 RAS를 자극하여 목표를 달성할 수 있도록 돕는다.

이처럼 RAS를 잘 활용하면 원하는 것을 이룰 수 있다. 우리가 설정한 목표에 따라 그와 관련된 정보를 자동으로 필터링하여 목표를 이루기 위한 기회와 정보를 더 많이 인식하게 돕는다. RAS를 효과적으로 활용하여 원하는 것을 얻는 것은 누구나 가능한 일이다. 중요한 것은 우리의 뇌가 이 강력한 시스템을 가지고 있다는 것을 인식하고, 이를 잘 활용하는 것이다. RAS는 우리의 인생을 바꾸는 열쇠다.

시각화의 힘

2022년 10월, 나는 전역을 한 달여 앞두고 있었다. 곧 있으면 사회로 뛰어들 내 모습에 두근두근 설레었다. 설레는 마음을 가득 안고 나는 블로그에 글 한 편을 썼다. 제목은 '미래 일기'라고 지었다. 일기는 통상 그날의 일을 쓰는 것인데, 미래에 관한 일기라니? 나는 미래 일기를 아직 일어나지는 않았지만 '반드시 이룰 일'을 쓰는 일기라고 정의했다.

언젠가 나에게 경제적 자유라는 생각의 씨앗을 품게 해 준 '청울림'이라는 분과 꼭 식사를 한번 하고 싶었다. 그와 식사를 하고 싶었던 이유가 2가지 있는데, 첫 번째는 내가 새벽 기상을 하고 경제적 자유를 꿈꾸며 나아가려는 열망에 가장 큰 영감을 준 것이 그의 영상과 책이었기 때문이다. 두 번째는 정상에 오르려면 '셰르파'를 만나야 하기 때문이다. 셰르파란 히말라야 고산지대에 거주하는 부족이다. 그들은 높은 고도에서 적응력이 뛰어나 에베레스트 정복을 돕기도 한다. 여기서 파생된 셰르파는 산악 원정을 돕는 사람을 뜻하기도 한다. 히말라야 원정대가 정상에 오르기 위해 셰르파가 필요하듯, 나 또한 나를 정상으로 이끌어 줄 누군가를 만나고 싶었다. 그 1순위는 단연 청울림 님이었다.

나는 그와 식사를 하고 싶은 마음이 간절해 인터넷에서 수강생과 식사를 하는 그의 사진을 캡처했다. 그리고 내 사진을 그 위에 덧붙였다. 더불어 블로그와 인스타그램에 이 글을 올린 시점으로부터 100일 안에 청울림 님과 반드시 식사하겠다고 선언했다. 확률을 높이기 위해 그가 진행하는 습관 커뮤니티인 '나인해빗'에 가입했다. 아주 열심히 활동했고 커뮤니티에서 하는 이벤트에도 참여했다. 그 중에는 '청울림과의 인생토크&런치타임'도 있었다. 내가 선언하고 한 달 뒤 나는 청울림과의 식사 이벤트에 당첨되었다. '간절히 원하면 이루어진다더니, 그게 진짜구나…….' 하고 느꼈다.

대망의 식사 날, 강남 파크 하얏트 호텔에 도착했다. 시간이 되어 청울림 님도 나타났다. 감격의 순간이었다. 그토록 만나고 싶던 분과 식사라니! 영상과 글로만 뵈었던 분이기에 나에게는 연예인 그 이상의 존재였다. 그날 식사를 하며 많은 교훈을 얻고 일어나려는 길, 청울림 님에게 물었다.

"제가 식사 이벤트에 당첨된 이유가 있을까요?"

"사실 회사에서 난리가 났었어요. 직원들이 저에게 와서 블로그 글을 보여 주더군요. "대표님 이 사람 좀 보세요! 열정이 대단하지 않나요? 대표님과 꼭 식사하고 싶다고 합성까지 해서 사진을 올렸더라고요. 이분과는 꼭 식사를 하셔야겠어요!" 하고요."

그렇다. 회사 직원들뿐만 아니라 청울림 님도 그 글을 이미 봤던 것이다. 그는 그 글을 보고 내가 어떤 사람인지 궁금해졌다고 하셨다. 이번 일을 통해 시각화하는 것의 힘을 다시 한번 느꼈다. 시각화한 것이 '사진 합성', 'SNS 게시', '커뮤니티 참여' 등의 행동을 낳았고 이로 인해 좋은 결과까지 찾아왔기 때문이다. 혼자만 알고 있는 것보다 내가 했던 방법처럼 SNS를 통해 세상에 알려 보기를 바란다. 이 글을 쓰는 2024년 끝자락 내 비전보드에는 내가 베스트셀러 작가가 되는 것과 월 1억 원을 벌어들이는 것이 합성 사진으로 시각화되어 있다.

나는 이제 시각화의 힘, 선언하는 것의 힘을 안다. 그것을 눈으로 보고 세상에 외쳤을 때, 내 마음 한구석에 불씨가 생긴다는 것을. 그리고 그 불씨를 잘 간직했을 때 내가 원하는 것에 옮겨붙어 더 큰 불씨가 된다는 것을. 이 책을 덮기 전에 반드시 당신의 꿈을 시각화하기를 바란다. 그리고 그 꿈을 세상에 외쳐 보기 바란다. 나처럼 가슴이 뜨거워지는 것을 꼭 느껴 보기를 바란다.

RAS 200퍼센트 활용하기

RAS는 우리가 설정한 목표나 생각에 따라 주변 정보를 필터링해 그와 관련된 기회나 신호를 더 쉽게 감지하게 만든다. 그래서 우리가 어떠한 목표를 설정하고 무엇에 집중하는지가 RAS 활용의 관건이 된다. 결국 우리가 어떤 생각을 자주 하고 얼마나 그 생각에 얼마나 몰입하느냐에 따라 RAS의 활용이 달라지기도 한다. RAS를 더 잘 활용할 수 있는 방법에는 무엇이 있을까?

첫 번째는 시각화 이미지를 여러 곳에 붙이는 것이다. 나 역시 이 방법을 적극적으로 활용하고 있다. 나의 휴대폰 배경화면에는 내가 목표로 하는 미래의 모습이 담겨 있다. 목표를 이루고 새로운 목표를 설정하면 배경화면도 교체된다. 사무실 책상 옆에도 내가 이루고자 하는 목표를 시각화한 '비전보드'를 붙여 두었다. 일을 하다가도 한 번씩 비전보드를 본다. 그러면 열정이 다시 살아나고 집중력도 향상된다. 이러한 비전보드는 사무실뿐만 아니라 집 서재와 현관문에도 붙여 두었다. 적어도 하루에 10번은 내 꿈을 눈으로 보게 되는 것이다.

반복적으로 원하는 것을 이룬 모습을 보면 우리의 뇌는 그 이미지를 점점 더 현실처럼 받아들이기 시작한다. 뇌는 상상과 현실을 구분하지 못하기 때문이다. 시각화는 단순히 꿈꾸는 것 이상으로 실제 목표에 도달할 가능성을 높여 주는 중요한 도구다.

두 번째는 확언을 통해 자신감을 북돋우는 것이다. RAS를 200퍼센트 활용하기 위해서는 자신의 능력에 대한 확고한 믿음이 필요하다. 이를 위해서는 확언을 사용하는 것이 효과적이다. 긍정적이고 자신감을 북돋우는 문장을 반복함으로써 나를 응원할 수 있기 때문이다. 나에게 가장 큰 응원을 줄 수 있는 것은 부모님도, 가족도, 친구도 아니다. 바로 나 자신이다. 내가 나를 못 믿는데 누가 나를 응원해 준다고 한들 무슨 소용이 있겠는가? 나는 매일 새벽 플래너를 쓰며 확언 한 줄을 적는다. 처음에는 어색할 수 있지만, 이것을 매일 반복하면 자신감과 자존감이 채워진다. '나는 할 수 있다.', '나는 충분히 가치 있는 사람이다.'와 같은 긍정적인 문장은 스스로에 대한 믿음을 강화하고, 어려움 속에서도 흔들리지 않는 내면의 힘을 키워 준다. 확언은 단순한 말이 아닌, 우리의 삶을 바꾸는 강력한 도구다.

마지막으로 두려움과 걱정을 자연스러운 반응으로 받아들이는 것이다. 확언으로 힘이 불끈 솟을 때도 있지만, 그 텐션을 그대로 유지하기란 쉽지 않다. 하루도 빠짐없이 확언하는 나조차 가끔은 두려움과 걱정을 느낄 때가 있으니 말이다. 하지만 이는 자연스러운 현상이다. 누구나 목표를 향해 나아가면서 두려움과 불안을 느낀다.

이때 중요한 것은 이 감정은 실패의 징조가 아니라 자연스러운 반응이라는 사실을 인식하는 것이다. 우리의 뇌는 새로운 상황에 직면할 때 두려움을 느낀다. 그래서 본능적으로 익숙한 것을 찾는다. 새로운 도전을 하거나 목표를 세우면 이 본능을 거스르는 것이기에 자연스럽게 두려움이 생기는 것이다. **두려움과 걱정 없이 성공한 사람은 단 한 명도 없다. 성공한 사람들은 두려움을 느끼지 않는 사람들이 아니라 두려움을 안고도 행동하고 부딪힌 사람들이다.** 두려움이라는 감정에 속아 도전을 포기하거나 꿈을 접지 말자. 두려움을 인정하고, 목표를 향한 과정의 일부로 받아들일 때 오히려 더 큰 성취를 이룰 수 있다. 두려움은 우리가 성장하고 있다는 신호다.

시각화, 확언, 두려움을 받아들이는 자세로 RAS를 더 효율적으로 활용하자. RAS는 우리의 목표를 달성하기 위한 강력한 도구다. 시각화를 통해 꿈을 눈앞에 생생히 그려 보고, 확언을 통해 자신을 북돋우며, 두려움과 걱정을 자연스러운 과정으로 받아들이는 것이야말로 RAS 활용을 극대화하는 방법이다. 우리가 무엇에 집중하고, 어떤 생각을 선택하느냐에 따라 우리의 뇌는 그 목표를 향해 방향을 잡고 나아간다. 두려움을 안고도 앞으로 나아갈 수 있다면 그 순간 내면의 잠재력과 기회는 더 커질 것이다. 이제 당신의 RAS를 최대한 활용하여 원하는 삶을 현실로 만들어 보자.

"원하는 것을 명확하게 생생하게 그려라.
답을 찾는 것은 우리의 뇌가 도와줄 것이다."

18 뇌를 바꿔야 인생이 바뀐다

《당신의 뇌는 최적화를 원한다》, 가바사와 시온

'와 이 방법을 알면 현명하게 그리고 슬기롭게 삶을 살 수 있겠는데?' 내가 이 책을 읽자마자 들었던 생각이다. 뇌를 똑똑하게 활용하는 방법이라니, 사람들의 관심도도 높을 거라고 생각했다. 아니, 관심도를 떠나 자기계발을 하는 사람에게 너무나 유용한 정보였다. 이에 나는 책의 핵심 내용을 추려서 '뇌를 망가트리는 8가지 습관'이라는 인스타그램 릴스 콘텐츠를 만들었고, 뇌에 안 좋은 습관과 뇌를 잘 활용할 수 있는 방법을 글로 풀어냈다. 내 예상은 적중했다. 이 콘텐츠를 공유한 사람은 5,000명이 넘었고, 조회 수는 무려 148만 회를 기록했다. 너무나도 유용한 정보이기에 이를 다시 한번 소개하며 뇌과학을 활용하는 방법을 공유하려고 한다.

《당신의 뇌는 최적화를 원한다》는 뇌 속 호르몬을 '최적화'시키는 구체적인 실천법을 알려 주는 안내서다. 의욕과 열정을 불러일으키는 행복물질 '도파민', 집중력과 기억력을 높여 주는 '노르아드레날린', 신체 능력과 몰입 에너지를 올려 주는 '아드레날린', 스트레스를 줄여 주는 '세로토닌', 재충전을 도와주는 수면물질 '멜라토닌', 일의 효율성을 높이는 뇌 속 천연 마약물질 '엔드로핀'까지 뇌 속의 대표적인 신경전달물질 7가지의 기능과 그 역할을 소개한다. 그리고 어떻게 하면 7가지 신경전달물질을 잘 활용하여 현명하게 뇌를 사용할 수 있는지 소개하고 있어 삶에 바로 적용할 수 있다. 이 책의 내용을 적용한다면 그저 열심히만 하는 것이 아닌 똑똑하고 효율적인 자기계발과 성장을 이룰 수 있을 것이다.

호르몬으로 인생을 바꾸는 방법

현대인들의 대부분은 뇌 내 물질의 균형이 불안정한 상태인데 과중한 업무 스트레스와 불규칙한 영양, 불균형한 식사, 수면 부족이 그 원인이라고 가바사와 시온은 말한다. 그렇다면 앞서 언급한 신경전달물질 7가지를 활용해서 어떻게 뇌 내 물질을 균형을 바로 잡을 수 있을까?

도파민은 '행복물질'로 불린다. 도파민은 내가 하는 일이 잘 풀려서 '해냈다!'라는 성취감을 느끼거나 보상이 있을 때 분비된다. 과도한 스마트폰 사용, 게임 중독 등으로 '도파민 중독' 사례를 심심치 않게 볼 수 있는데, 도파민은 과도하게 의존하거나 자극을 반복하지만 않으면 건강하고 생산적인 삶을 살도록 도와주는 고마운 호르몬이다. 나는 이 도파민을 긍정적으로 활용하기 위해 매달 목표를 세울 때, '성취 시 보상'을 같이 적는다. 가령 '이번 달 안에 책 쓰기 완료 시 신라호텔에서 1박 힐링'과 같은 형식으로 말이다. 특히 새로운 정보를 배우거나 행동을 익히는 과정에서 보상을 주면 도파민이 분비되며 그 학습 과정을 강화한다. 성취감으로 인해 기분도 좋아질 뿐더러 실질적인 학습효과까지 오르는 것이다.

두 번째는 노르아드레날린이다. 이는 적당한 긴장감, 압박감이 있을 때 혹은 가벼운 스트레스 상황에서 분비된다. 노르아드레날린이 분비되면 심박수가 오르고, 뇌와 골격근에 혈액이 퍼지는 동시에 각성도와 집중력이 오른다. 이를 가장 잘 활용할 수 있는 방법은 마감기한을 두는 것이다. 휴가 전날을 떠올려 보자. 아무리 많은 업무가 생겨도 휴가를 떠날 생각을 하면 순식간에 처리할 수 있다. 평소라면 엄두도 못 낼 업무량이라도 휴가를 생각하면 단기간에 해치울 수 있다. 즉 필요할 때 자신에게 긴장감과 압박감을 부여하면 집중력을 최대치로 끌어올릴 수 있다는 말이다. 단 이 방법은 장기간 지속해서 쓸 수 없으니 필요시에만 활용하자. 일상이 과도한 긴장감과 압박감으로 가득하면 오히려 피로가 누적되어 효율이 낮아지기 때문이다.

세 번째는 아드레날린이다. 아드레날린은 공포나 불안을 느낄 때 분비되는 호르몬이다. 혈액을 타고 방출되며 심박수와 혈압을 높여 근육에 혈액이 퍼지도록 돕는다. 이는 신체 능력을 극대화하고 스트레스를 관리하도록 돕는다. 조금 전 언급했던 노르아드레날린과 비슷해 보이지만, 노르아드레날린은 주로 뇌와 신경계를 중심으로 활약하는 반면, 아드레날린은 심장과 근육을 중심으로 영향을 미친다. 그렇다면 우리가 아드레날린을 잘 활용할 수 있는 방법에는 무엇이 있을까? '파이팅!'을 크게 외치는 행동은 몸에 긴장감을 주고, 뇌에 '지금은 중요한 순간'이라는 신호를 보낸다. 이로 인해 뇌는 더 깨어나게 되고, 집중력과 의욕이 높아진다. 용기가 안 나거나 에너지가 부족할 때는 '가자! 가자!' 혹은 '좋아! 할 수 있어!'를 외쳐 보자. 기운이 샘솟는 것을 느낄 수 있을 것이다.

네 번째는 스트레스 완화에 중요한 역할을 하는 세로토닌이다. 세로토닌이 분비되면 몸에 활력이 솟고 기분이 상쾌해지는데, 나는 새벽 러닝을 통해 세로토닌의 활성을 극대화한다. 기상 후 2~3시간이 뇌가 가장 활발하게 움직이는 '뇌의 골든타임'인데 이 골든타임에 무엇을 하느냐에 따라 하루 동안 할 수 있는 업무의 양과 질이 결정된다. 나는 기상 직후인 새벽 시간에 주로 러닝과 글쓰기를 한다. 러닝을 통해 잠을 깨우며 컨디션을 최적화하고, 집중력이 최대치인 시간에 내가 하는 일 중 가장 중요한 글을 쓰는 것이다. 안타깝게도 많은 직장인이 이 골든타임을 부랴부랴 출근하는 데에 활용한다. 더 아쉬운 것은 이 출근길에 스마트폰을 보면서 시간을 보내는 경우가 많다는 것이다. 우리의 뇌는 그보다 더 효과적으로 일을 할 준비가 되었는데 말이다.

다섯 번째는 멜라토닌이다. 멜라토닌은 지친 몸을 완벽하게 재충전시켜 주는 수면물질이다. 재충전이나 휴식 없이 자신을 갈아 넣으면 성공 전에 쓰러지거나 병에 걸릴 수도 있다. 차도 기름을 충전하지 않으면 멈춰 서 버리고 만다. 멜라토닌은 맥박, 체온, 혈압을 떨어뜨림으로써 잠을 유도하고 몸이 휴식모드로 들어가도록 돕는다. 멜라토닌을 더 잘 분비시키려면 불빛을 줄이고 주변을 어둡게 하는 것이 좋다. 그래서 나는 침실을 최대한 어둡게 조성하고, 자기 전 휴대폰을 최대한 사용하지 않는다. 현대인들의 수면장애를 유발하는 가장 큰 요인으로 늦은 밤까지 휴대폰을 사용하는 것이 밝혀지기도 했다. 특히 숏폼 중독으로 인해 많은 사람이 자기 전 1~2시간씩 휴대폰을 보다가 잠든다. 이러한 습관은 수면에 독약이다. 멜라토닌이 분비를 촉진하며 충분한 휴식을 취해야 하는데 자극적인 영상으로 인해 아드레날린 분비를 유도해 숙면을 방해하기 때문이다. 취침 전 최소 30분은 자극으로부터 떨어져 보자.

여섯 번째는 아세틸콜린이다. 아세틸콜린은 영감과 아이디어에 도움이 되는 호르몬이다. 아세틸콜린은 주로 근육을 움직이거나, 암기나 학습, 잠자리에 들어 몸이 이완될 때 분비된다. 우리가 더 많은 영감과 아이디어를 얻기 위해 아세틸콜린을 활용하고 싶다면 간단한 운동과 낮잠을 청해 보자. 계단 오르내리기나 앉았다 일어서기 같은 운동은 일하다가도 충분히 할 수 있는 행동이지 않은가. 또한 짧게 낮잠을 자자. 가장 효율적인 낮잠 시간은 26분이라고 하니 대략 30분 정도 알람을 맞춰 놓고 잠을 자는 것을 추천한다. 다만 낮에 60분 이상 자면 밤에 잠들지 못해 오히려 수면리듬에 악영향을 미칠 수 있으니 유의하자.

마지막 일곱 번째는 엔도르핀이다. 엔도르핀은 신체의 스트레스와 통증을 완화하는 역할을 한다. 그래서 뇌 속의 천연 마약물질이라고 불리기도 한다. 스트레스를 받을 때는 엔도르핀을 분비시켜 보자. 엔도르핀은 운동을 하거나 웃을 때 분비된다. 행복해서 웃는 것이 아니라 웃으면 행복해진다는 말이 사실인 것이다. 아침에 일어나 거울을 보며 미소를 지어 보자. 나는 아침에 일어나 양치를 할 때 항상 거울을 보며 한 번씩 씨익 웃는다. 1초짜리 웃음 한 번이면 왠지 모르게 기분이 좋아진다. 글을 쓰는 지금도 이 원리를 적용하려 한 번 씨익 웃어 보았다. 갑자기 글 쓰는 것이 감사하고 재미있게 느껴진다. 웃는 습관을 장착하여 엔도르핀을 원할 때 꺼낼 수 있다면 행복은 늘 우리를 따라다닐 것이다.

이처럼 7가지 신경전달물질을 이해하고 이를 의식적으로 활용한다면, 우리는 더욱 효율적으로 일하고, 과정을 즐기며 원하는 것을 이루어 나갈 수 있다. 신경전달물질을 효과적으로 다루는 법을 익혀 적용한다면 당신은 자기계발뿐만 아니라 일에서도, 일상에서도 더 나은 삶을 살아갈 수 있을 것이다.

도파민 중독 역으로 이용하기

많은 현대인이 스마트폰에 중독되어 있다. 나 또한 아무 생각 없이 숏폼을 넘기다 문득 숏폼 중독의 무서움을 느꼈다. 최근에 지인과 대화하는데 그는 더 심각했다. 매일 자기 전 숏폼을 보고, 어떨 때는 새벽 4시까지 영상을 보기도 한다는 것이다. 이처럼 많은 사람이 짧고 자극적인 영상에 중독되어 있다.

숏폼에 중독되는 이유는 짧고 강렬한 영상들이 뇌의 보상 시스템을 즉각적으로 자극하기 때문이다. 이는 '도파민 중독'과 관련이 있다. 도파민 중독은 뇌의 보상 시스템이 과도하게 자극될 때 발생하는 현상이다. 도파민은 보상과 동기부여에 중요한 역할을 하는 신경전달물질로, 긍정적인 경험이나 보상을 받을 때 분비되는데 스마트폰, 소셜 미디어, 게임과 같은 즉각적인 보상을 제공하는 활동을 할 때도 분비된다. 여기서 문제는 반복적이고 자극적으로 도파민을 분비시킴으로써 더 강한 자극에 중독되고 만다는 것이다.

도파민 시스템이 과도하게 자극되어 중독되면 주의력 저하, 불안, 우울증과 같은 정신 건강 문제가 발생할 위험이 크다. 뿐만 아니라 여러 연구에서도 도파민 중독이 심할 시 뇌가 망가진다고 언급한 바 있고, 심하게 중독되면 인지장애까지 초래한다고 한다.

하지만 도파민 중독의 메커니즘을 역으로 활용해 독서와 같은 유익한 활동에 똑같이 적용할 수도 있다. 방법은 간단하다. '작은 목표'를 정하고, '즉각적인 보상'을 주며 도파민을 자극하는 것이다.

이를 독서에 적용해 보자. 먼저 책을 읽기 시작할 때 무리한 양을 정하지 말고, 하루에 10분이나 10페이지 정도의 작은 목표를 세워 보자. 나는 독서를 처음 습관화할 때 하루 1페이지 읽기를 적용했다. 짧은 시간 내에 이룰 수 있는 목표를 설정함으로써 매일 작은 성공을 맛본 것이다. 적은 독서량이지만 작은 목표를 세움으로써 의지를 고취시킬 수 있다.

두 번째 방법은 보상 시스템을 도입하는 것이다. 지금은 독서 자체가 흥미롭고 재미있지만, 예전에는 그렇지 않았다. 그래서 나는 초반에 독서 목표를 달성할 때마다 나에게 소소한 보상을 주었다. 예를 들어, 일정한 분량을 읽은 후 좋아하는 취미로 하루를 마무리한다거나 작은 휴식을 취하는 식으로 도파민 분비를 유도하는 방식이다.

세 번째 방법은 자극적인 책을 선택하는 것이다. 자극적이라고 해서 잔인하고 폭력적인 내용이나 야한 콘텐츠를 말하는 것이 아니다. 자신에게 흥미를 줄 수 있는 책을 말하는 것이다. 나에게는 강한 동기부여를 줄 수 있는 자기계발서가 가장 흥미롭고 자극적이었다. 이렇듯 저마다 자신에게 자극을 주는 장르를 찾는 것이 중요하다. 뇌는 새로운 정보나 감정적인 자극에 도파민을 더 많이 분비하므로 처음에는 가볍게 읽을 수 있으면서도 흥미로운 책을 선택해 독서의 즐거움을 즐겨 보자. 재미를 붙인 뒤 점차 깊이 있는 책으로 확장해 나가면 된다.

끝으로는 성취를 기록하는 것이다. 책을 다 읽을 때마다 읽은 책 목록을 기록하거나 간단한 메모를 남기는 것도 도파민을 자극하는 방법이다. 기록된 성취는 시각적으로 확인할 수 있어 만족감을 준다. 시각적 성취는 지속하고 싶은 욕구를 자극하여 행동을 반복하도록 돕는다.

이처럼 도파민 중독의 원리를 이해하고 이를 긍정적인 활동에 적용하면 독서와 같은 유익한 행동을 습관으로 만드는 데 큰 도움이 된다. 도파민은 잘못 활용되었을 때는 중독을 넘어 자신을 갉아먹는 나쁜 존재가 될 수도 있지만, 이를 잘 활용하면 성장에 도움을 주는 역할로도 활용할 수 있다.

뇌 최적화하기

도로에 차가 몰리면 교통 흐름이 막히면서 과부하에 걸린다. 교통 체증이 발생하면 운전자는 더 많은 시간을 도로에서 보내야 하고, 연료도 더 많이 소비하게 된다. 이는 도로의 자원(공간과 시간)이 비효율적으로 사용되는 상황이다. 이를 해결하기 위해 다양한 최적화 전략이 사용된다. 예를 들어 교통 신호를 조정하여 특정 구간에서 차량의 흐름을 원활하게 하거나, 우회로를 만들어 차량이 한 곳에 몰리지 않도록 통제하는 것이 그 예다. 도로를 확장하거나 대중교통 시스템을 개선함으로써 도로의 과부하를 줄이고, 더 많은 차량이 동시에 효율적으로 이동할 수 있게 만드는 것도 교통 체증을 최적화하는 방법이다. 이렇게 교통을 최적화하면 동일한 도로에서도 더 많은 차량이 빠르고 효율적으로 이동할 수 있다.

이처럼 '최적화'란 주어진 자원이나 조건을 최대한 활용하여 가장 효율적이고 효과적인 결과를 얻는 과정을 말한다. 최적화의 개념은 뇌에도 적용할 수 있다. 뇌를 최적화함으로써 우리는 더 효율적, 효과적으로 원하는 것을 얻을 수 있다. 우리의 뇌를 최적화하기 위한 행동방식과 습관 5가지를 살펴보자.

첫 번째는 **규칙적인 운동으로 뇌 활성화하기**다. 운동은 신체를 건강하게 유지할 뿐만 아니라 뇌의 기능을 강화하는 중요한 요소다. 유산소는 뇌에 혈류를 증가시켜 기억력과 학습 능력을 향상시킨다. 하지만 많은 사람이 운동이 중요한 걸 알면서도 바쁜 일상 속에서 운동할 시간을 내기 어렵다고 느낀다. 사실 운동은 특별한 시간을 내지 않아도 일상에서 충분히 실천할 수 있다.

나는 새벽에 시간을 확보하여 러닝을 하고 있는데, 만약 비가 오거나 러닝이 어려운 날엔 엘리베이터 대신 계단을 이용한다. 계단을 오르내리는 것만으로도 1분당 8~11칼로리를 소모할 수 있다. 뿐만 아니라 뇌로 가는 산소 공급을 촉진한다. 짧게 산책을 하거나 일상적인 활동 중에 조금씩 몸을 움직이는 것도 뇌 활성화에 도움을 준다. 꼭 헬스장에 가지 않더라도 일상에서 할 수 있는 운동은 얼마든지 있으니 간단한 운동이라도 생활화해 보자.

두 번째는 **균형 잡힌 식단으로 뇌에 영양 공급하기**다. 뇌를 최적화하기 위해서는 적절한 영양이 필요하다. 오메가-3 지방산, 항산화물질, 비타민 B군 같은 영양소가 풍부한 식품을 섭취하면 뇌 기능이 향상된다. 반면 설탕이나 정제된 탄수화물은 뇌를 느리게 만든다. 이를 해결하기 위해서는 매일 식단에 소량의 견과류, 연어와 같은 건강한 지방을 포함하고, 과일과 채소를 간식으로 섭취하는 습관을 들이는 것이 좋다. 미리 계획된 간단한 식단 변경이 뇌를 영양적으로 지원할 수 있다. 나는 독서를 할 때 호두나 피칸정과를 즐겨 먹는데 졸음을 쫓을 뿐더러 집중에도 도움이 된다.

세 번째는 **충분한 수면으로 뇌 회복하기**다. 수면은 뇌가 하루 동안 받은 자극을 정리하고 재충전하는 시간이다. 수면 부족은 집중력과 문제 해결 능력을 저하할 뿐 아니라 감정 조절에도 부정적인 영향을 미친다. 나아가 면역력 감소, 치매 유발, 수명 단축에도 효과를 주니 반드시 관심을 가져야 한다. 세계적인 신경과학자이자 수면 전문가 매슈 워커(Matthew Walker)의 《우리는 왜 잠을 자야 할까》에서는 규칙적인 수면 패턴을 유지하고 하루 8시간, 적어도 최소 하루 7시간은 잠을 자라고 강조한다. 매일 새벽 4시 30분에 일어나는 나에게 사람들은 "어떻게 이렇게 조금 주무세요?"라고 질문하는데, 나는 평균 10시 정도에 자기에 잠이 그리 부족하지 않다. 그리고 최근에는 9시까지 당겨 최소 7시간 정도의 수면 시간을 확보하고 있다.

네 번째는 **명상으로 뇌 집중력 강화하기**다. 명상은 뇌를 최적화하는 강력한 방법 중 하나다. 명상은 정신을 안정시키고, 스트레스를 줄이며, 집중력과 감정 조절 능력을 향상시킨다. 나는 명상을 할 때 숨을 들이마시며 '모든 좋은 기운이 나에게 온다.'라고 생각하고, 내쉴 때 '나쁜 생각과 잡념이 빠져나간다.'라고 생각한다. 이렇게 1~3분 정도만 호흡해도 머리가 아주 맑아진다. 명상은 뇌의 집중력

뿐만 아니라 평정심을 유지하는 데 큰 도움을 주니 짧은 시간이라도 시도해 보기 바란다.

다섯 번째는 **지속적인 학습으로 뇌 자극하기**다. 뇌는 끊임없이 자극을 받을 때 활성화된다. 새로운 기술을 배우거나 독서, 퍼즐 풀기와 같은 활동을 통해 뇌를 자극하면 신경 가소성이 강화된다. 보통 시간이 없다는 이유로 학습을 미루는 경우가 많은데, 간단한 방법으로도 뇌를 자극할 수 있다. 예를 들어 출퇴근 시간 동안 오디오북을 듣거나, 매일 10분씩 책을 읽는 습관을 들이는 방식으로 하면 하루 10분이면 뇌를 지속적으로 업그레이드할 수 있다. 또한 새로운 환경을 접하는 것도 학습의 일부이니 새로운 장소에 가 보거나 해 보지 않은 것들에 도전하는 것도 좋은 방법이다.

뇌를 최적화하는 것은 아주 작은 생활 습관에서 시작된다. 운동, 식단, 수면, 명상, 학습과 같은 일상 속에서 실천할 수 있는 변화가 쌓여 우리 뇌의 성능을 끌어올려 준다. 뇌에 긍정적인 습관을 반복하면 더 나은 집중력, 창의성, 그리고 상상력이 발휘되어 당신의 잠재력을 일깨워 줄 것이다.

"뇌를 최적화하는 것은
당신의 상상력과 잠재력을 깨우는 지름길이다."

WORK BOOK

3장을 마치며

이번 장에서는 '생각'에 대한 여정을 마쳤다. '왜 저 사람은 하는 일마다 잘 되고 인생이 술술 풀릴까?' 싶은 사람이 있고, '왜 저 사람은 저렇게 안 풀릴까?' 싶은 사람이 있다. 전자의 경우 자신의 생각을 믿고 반드시 된다는 생각으로 '방법'을 찾는 사람이고, 후자의 경우 '과연 될까?' 하는 의심으로 힘들 때마다 '핑계'를 찾은 사람일 것이다. 이처럼 우리의 인생은 생각하는 대로 흘러간다. 다음의 워크북을 함께 해 보며 우리의 생각을 가다듬어 보자.

함께 해 봅시다

1. 이전에 가졌던 부정적인 생각이나 스스로 두었던 한계가 있다면 적어 보자.

2. 위 생각을 긍정적인 생각, 무한한 가능성으로 바꾸어 문장을 만들어 보자.

3. 2번에서 정리한 생각을 바탕으로 앞으로 실천할 구체적인 행동 3가지를 적어 보자.

① ______________________________

② ______________________________

③ ______________________________

PART

4

습관의 힘

습관은 일상 속에서 강력한 변화를 이끌어 내는 도구다. 처음에는 작은 행동 하나에 불과하지만, 그 행동이 반복되면서 점점 더 큰 결과를 만들어 낸다. 예를 들어 매일 아침 10분씩 독서를 하는 습관은 시간이 지남에 따라 엄청난 지식의 축적을 가져와 지성인을 만들고, 계단을 오르내리는 작은 운동 습관은 시간이 지나면서 건강과 체력에 큰 변화를 가져오며 건강한 삶을 살도록 도와준다. 소비를 줄이고 저축과 투자를 늘리는 습관은 부와 성공으로 이끌 것이다. 이처럼 습관은 시간이 흐를수록 엄청난 힘을 발휘한다.

성공한 사람들의 공통점 중 하나는 좋은 습관을 통해 자신을 지속적으로 발전시킨다는 것이다. 그들은 운동과 독서와 같은, 지금 당장 급하지는 않지만, 인생에 있어서 아주 중요한 습관들을 거르지 않고 해 나간다. 그리고 시간이 흐른 뒤 그들은 '성공'과 '원하는 삶'이라는 결과물을 거머쥐게 된다. 습관은 처음에는 작아 보이지만, 그들의 성공을 견인하는 핵심적인 시스템인 것이다.

습관은 의지가 아닌 시스템을 통해 형성된다. 처음에는 의지의 힘으로 행동을 시작할 수 있지만, 그것이 습관으로 자리 잡으면 더 이상 의지를 소모하지 않고도 행동을 지속할 수 있다. 원하는 것을 이루고 싶다면 습관을 만들어라. 강력한 의지만으로 며칠 무리하다 그만두는 과오를 범하지 않기를 바란다.

19 내면으로부터 시작하는 습관 접근법

《성공하는 사람들의 7가지 습관》, 스티븐 코비

모든 일을 우선순위 없이 처리하려고 하다가 지쳐 버리곤 했던 시절이 있었다. 더 최악인 것은 아등바등 열심히 살았으나 정작 하루가 끝날 때 보면 결국 중요한 건 손도 대지 못했다는 데 있었다.

이러한 나에게 큰 깨우침을 준 것이 바로 스티븐 코비(Stephen Richards Covey)의 《성공하는 사람들의 7가지 습관》에서 말하는 우선순위와 시간관리였다. 이 책은 나에게 중요한 일을 먼저 하고, 급하지 않지만 중요한 일을 우선 처리하는 법을 가르쳐 주었다. 코비의 사분면 이론은 효율적인 시간관리를 통해 중요한 것들은 해 나갈 수 있도록 도왔고, 더 큰 성과를 내는 데 큰 도움이 되었다.

이 책은 전 세계적으로 50개 언어로 번역되어 4,000만 부 이상 판매된 초대형 베스트셀러다. 판매량에 한 번 놀라고, 출간연도에 또한 번 놀랐다. 1989년도에 초판이 나온 뒤로 무려 36년(2025년 기준)이 흘렀으나, 여전히 많은 사람에게 회자되며 울림을 주고 있기 때문이다.

이 책은 승리자들의 7가지 습관을 소개한다. 첫 번째부터 세 번째 습관은 주도적인 삶의 의미를 강조하며 단단한 내면을 만드는 습관을 만들도록 한다. 네 번째부터 여섯 번째 습관은 긍정적인 대인관계를 만들도록 돕는다. 일곱 번째 습관은 앞선 6가지를 모두 아우르는, 끊임없는 쇄신을 통한 자기 훈련을 강조한다. 이 책은 내면을 챙기며 나아가는 성공습관뿐만 아니라, 외부적인 요인인 관계까지 아우르는 폭넓은 책이라고 말할 수 있다.

성공하는 사람들의 7가지 습관

성공하는 사람들에게는 어떤 습관이 있을까? 코비 박사가 밝혀 낸 습관들을 살펴보자. 먼저 그들의 첫 번째 습관은 **'자신의 삶을 주도한다는 것'**이다. 남이 시키기만을 기다리거나 남 탓을 자주 하는 등 문제가 외부에 있다고 생각한다면 당신은 끌려가는 인생을 살고 있을 확률이 높다. 문제를 외부에서 찾으면 일시적으로 마음이 편해질 수 있으나 장기적으로는 오히려 더 큰 불안을 야기한다.

삶의 주인공은 나인데 원인을 외부로 돌리는 습관에 길들여지면 삶에서 일어나는 모든 일에서 내가 빠지게 된다. 반면 성공한 사람들은 자신의 삶을 스스로 이끌고 모든 원인을 자신의 탓으로 여긴다. 모든 것은 나로부터 시작된 것이라는 생각을 가지기에 실패와 고난이 있더라도 통제할 수 있는 영역 내에서 발전을 위한 최선을 다한다. 결국 이러한 경험이 반복되며 내면이 단단한 사람이 되어 간다.

두 번째 습관은 **'끝을 생각하며 시작하는 것'**이다. 우리는 인생의 목적지가 어디인지 방향을 잡고 달려야 한다. 단 이 목적지는 타인이 정해 주는 것이 아닌 마음속 깊은 곳에서 뻗어 나온 것이어야 한다. 코비 박사는 "자신의 마음으로부터 끝에 대한 정답을 더 잘 찾기 위해 마치 자신이 죽은 것처럼 상상하라."라고 조언한다.

당신이 자신의 장례식장에서 몸과 영혼이 떨어져 나가는 것을 바라보고 있다고 상상해 보라. 당신은 주변 사람들로부터 어떠한 평가를 받고 싶은가? '성실했던 사람?', '가족을 위해 헌신했던 사람?' 아니면 '위대한 업적을 남긴 사람?'. 이러한 상상은 의미 없는 몽상이 아니라 당신이 진정으로 추구하는 삶의 가치를 발견하기 위한 생각법에 해당된다. 장례식에서 듣고 싶은 말들은 곧 당신이 살아가며 이루고 싶은 목표와 남기고 싶은 흔적을 반영한 것일 테니 말이다. 당신의 내면 깊은 곳에서 우러나는 진짜 목적과 목표는 무엇인가?

세 번째 습관은 **'소중한 것을 먼저 하는 것'**이다. 거의 모든 일은 4가지로 나뉜다.

1. 급하고 중요한 것
2. 급하지만 중요하지 않은 것
3. 급하지 않지만 중요한 것
4. 급하지 않고 중요하지 않은 것

이 중 우리가 관심 가져야 할 일은 '급하지 않지만 중요한 일'이다. 하지만 많은 사람이 이와 반대로 '급하지만 중요하지 않은 일'을 하며 많은 시간을 보낸다. 마감 시간이 촉박하기에, 그 일이 자신에게 중요한지 그렇지 않은지는 생각조차 하지 않는다. 급하지만 중요하지 않은 일만 하는 것의 가장 큰 단점은 정작 내 삶에 도움이 되는 것들이 아니라는 것이다. 우리 일상에서 매일 마주하는 메일 회신, 불필요한 회의 참여, 누군가의 부탁과 같은 것들로 하루를 채운다면 시간이 흘러 당신에게 무엇이 남아 있겠는가?

성공한 사람들과 자수성가한 부자들은 급하지 않지만 중요한 일에 사용하는 시간이 많다. 예를 들어 운동, 독서 등 자신의 건강이나 성장에 시간을 기꺼이 투자한다. 당장 하지 않는다고 해서 큰일이 나는 건 아니지만, 장기적으로 보았을 때 어려움이 닥친다는 것을 알기 때문이다. 이것을 하지 않으면 발전 없이 제자리에 머무는 격이다. 이는 뒤에서 조금 더 자세히 다루겠다.

네 번째 습관은 **'승-승을 생각하는 것'**이다. **나에게도 도움이 되고, 상대방에게도 도움이 되는 윈윈(Win-Win) 효과를 누**

려 보자. 이를 위해서는 풍요의 심리가 받쳐 줘야 한다. 이 세상에는 이미 모든 것이 풍부하게 존재하기 때문에 내가 갖고 싶은 어떤 것을 타인이 가져갈지라도 내 것을 잃는 것은 아니다. **그러므로 파이가 하나만 있다는 생각을 버려야 한다. 그렇지 않으면 누군가가 큰 조각을 얻을 때 나는 그만큼 덜 갖게 된다는 부족의 심리를 갖게 된다. 이 세상에 부와 기회는 무한하다.**

다섯 번째 습관은 **'먼저 이해하고 다음에 이해시켜라'**다. 이는 성공한 사람들, 특히 부자들이 공통적으로 실천하는 강력한 커뮤니케이션 전략이다.

한 손님이 안경점에 방문했다. 안경사는 자신이 10년간 썼던 안경을 손님에게 건네주었다. 손님이 이 안경은 자신과 맞지 않는다고 거절하자, 안경사는 "왜 그렇죠? 나한테는 잘 맞는데, 다시 써 봐요."라고 응수한다. 이 황당한 이야기는 많은 사람이 대화에서 흔히 범하는 오류를 상징적으로 보여 준다. 성공한 사람들은 이와 반대로 상대방의 이야기를 진심으로 경청하고, 그 속에서 니즈를 파악하고 신뢰를 쌓는다. 특히 성공한 사업가들은 이러한 대화법을 기반으로 신뢰를 쌓는 것에 능한데, 어쩌면 이것이 다양한 관계 속에서 성공할 수 있는 핵심 열쇠인지도 모른다.

여섯 번째 습관은 **'시너지를 내는 것'**이다. 성공한 사람들은 '혼자'보다 '함께'의 가치를 잘 이해하고 활용한다. 그들은 서로의 차이를 인정하고, 서로 다른 관점과 강점을 결합할 때 기존의 한계를 뛰어넘을 수 있다는 사실을 잘 안다. 수학적으로는 1+1이 2겠지만, 현실에서는 보이지 않는 것들이 추가되어 10 이상의 결과를 만들어 내곤 한다.

시너지는 차이를 기회로 삼는 태도에서 시작된다. 성공하는 사람들이 자신의 생각만을 고집하지 않고, 타인의 관점에서 배울 점을 찾으며 그들의 상상력을 더해 더 큰 기회를 만든다. 우리도 차이에서 기회를 포착하는 안목을 길러야 한다.

2023년 연말, 나는 지인 6명과 함께 강연을 진행했다. 2022년에 서로를 처음 알게 된 우리는 '나중에 성장하여 멋진 강연을 해 보자!'라는 꿈을 키웠고, 최고의 시너지 효과를 낼 방안을 모색했다. 나를 포함한 7명은 자기계발, 브랜딩, 마케팅, 커뮤니티 등 각자 가진 색깔이 모두 달랐다. 그건 우리는 신뢰, 마음, 이해를 바탕으로 강연을 기획했고, '셀프 플레이어로 살아간다.'라는 주제로 강연을 열었다. 결과는 대성공이었다. 200석의 객석은 빠르게 매진되었고, 7인7색의 강연을 들은 사람들의 반응과 후기도 뜨거웠다. 혼자 했더라면 절대 이와 같은 결과를 얻을 수는 없었을 것이다. 참여자들 역시 하나의 성공방식이 아닌 7가지의 성공방식을 들을 수 있었기에 더 다양한 방식으로 자신의 삶을 꾸려나갈 수 있을 것이다.

이처럼 시너지효과를 활용하면 더 큰 결과물을 만들어 낼 수 있다. 당신 또한 신뢰, 마음, 이해 3가지의 무기를 장착하여 시너지효과를 어떻게 낼지 고민해 보자.

마지막 일곱 번째 습관은 **'끊임없이 쇄신하는 것'**이다. 자기쇄신이란 재충전을 위해 톱날 가는 시간을 할애하는 것을 말한다. 책에서는 한 이야기를 통해 메시지를 전달한다.

한 사람이 우연히 산에 갔다가, 나무를 베고 있는 사람을 마주친다. 그 사람은 한참을 톱질을 한 것처럼 보였으나 톱날이 뭉툭해 진전이 없었다. 그래서 나무를 베는 사람에게 잠시 시간을 내서 톱날을 가는 것을 제안한다. 날카로운 톱날을 사용해 나무를 베면 훨씬 쉽고 빠르게 나무를 벨 수 있으니 말이다. 그러나 그 사람은 "내게 톱날을 갈 시간이 없어요. 나는 톱질하느라 너무 바쁘기 때문이지요."라며 거절한다. 어떤가? 뭉툭한 톱으로 나무를 베고 있는 사람의 태도가 답답하지 않은가? 그러나 우리 또한 무언가에 매몰되어 톱날을 갈 생각은 하지 못하고 베는 행위에만 빠진 것처럼 쇄신하지 못하는 우를 범하고 있을 수 있다.

성공하는 사람들은 다음의 4가지 쇄신을 통해 삶은 균형적으로 관리한다. 그들은 신체적 쇄신을 위해 운동과 스트레스 관리를 꾸준히 하며, 정신적 쇄신을 위해 책을 손에서 놓지 않고 늘 계획을 수립한다. 또한 영적 쇄신을 위해 몰입 및 명상을 했으며, 사회적 쇄신을 위해 내적 안정을 찾고 봉사를 한다. '성공한 사람들은 여유가 있으니 당연히 그런 것도 할 수 있겠지.'라고 비아냥거릴 수 있겠지만, 그들은 성공한 이후에 쇄신을 시작한 것이 아니라 쇄신하다 보니 성공에 도달한 것이다. 이 사실을 기억하자.

지금까지 7가지 습관에 대해 알아보았다. 성공하는 사람들의 7가지 습관은 단순히 부와 성공만을 위한 습관이 아니라 삶의 모든 영역에서 균형과 성장을 이루기 위한 실천적인 지침이다. 이 습관들은 개인의 내면을 변화시키고, 타인과의 관계를 개선하며, 궁극적으로 더 나은 삶의 모습을 만들어 낸다. 세월이 흘러도 변하지 않는 성공하는 7가지 습관을 장착하여 우리 삶에 도움이 되는 무기로 활용해 보자.

급하지 않지만 중요한 일

이 책의 세 번째 습관에서는 일의 사분면이 나온다. 사분면은 긴급도와 중요도에 따라 급하며 중요한 일, 급하며 중요하지 않은 일, 급하지 않으며 중요한 일, 급하지 않으며 중요하지 않은 일로 나뉜다. 각각 예를 들어 보자면 다음과 같다.

급하며 중요한 일: 마감일이 다가온 중요한 프로젝트

급하며 중요하지 않은 일: 갑작스러운 친구의 부탁으로 간단한 도움을 주는 일

급하지 않으며 중요한 일: 건강관리를 위한 운동, 성장을 위한 독서

급하지 않으며 중요하지 않은 일: TV를 시청하거나 SNS 콘텐츠를 소비하는 일

이 4가지 중 우리가 생각해 볼 필요가 있는 것은 급하며 중요하지 않은 일과 급하지 않지만 중요한 일이다. 급하고 중요한 일은 마땅히 해야 할 일이고, 누가 강조하지 않아도 스스로 해결하려 든다. 급하지 않고 중요하지 않은 일은 그곳에서 헤어나오지 못할 뿐 스스로 끊어 내야 할 습관이라는 것을 알 것이다.

삶을 변화시키거나 성공으로 나아가고 싶다면 급하고 중요하지 않은 일을 줄이고, 급하지 않지만 중요한 일을 더 많이 해야 한다. 결국 나에게 남는 것은 급하지 않더라도 중요한 일이기 때문이다. 급하고 중요하지 않을 일을 줄이기 위해 우리는 거절을 배워야 한다. 거절하지 못하면 부탁한 사람에게는 고맙고 친절한 사람이 될 수 있지만, 상황을 고려하지 않고 부탁을 모두 수락하다가는 남들 것만 해 주다가 정작 내 것은 못 하는 상황이 닥친다. 거절로 인해 타인에게 미움받는 것을 두려워하지 말자. 만약 거절로 인해 질타를 받는다면 그것은 내 문제가 아니라 남에게 요청하고 그것을 당연하게 생각하는 사람의 탓이다.

나는 인스타그램에서 도서 및 자기계발 분야에 인지도를 쌓은 뒤 많은 연락을 받고 있다. 그중에는 일방적인 부탁도 상당하다. 영향력이 생겼으니 도움을 받고 싶어 하는 사람들이 연락해 오기 시작한 것이다. 오랫동안 연락 없던 선후배가 자신의 일을 홍보해 달라고 연락해 오기도 하고, 일면식 없는 작가들이 도서 홍보를 요청하기도 한다. 물론 내가 계정에서 전하는 메시지와 부합할 때에는 기꺼이 도와줄 수 있으나, 그렇지 않으면 오히려 계정에도 안 좋은 영향을 끼칠뿐더러 팔로워분들도 달가워하지 않을 것이다. 뿐만 아니라 나에게 들어오는 모든 부탁을 들어준다면 나는 내 일조차 제대로 해낼 수 없을 것이다.

따라서 나는 급하지만 중요하지 않은 일들, 특히 결이 안 맞는 요청은 과감히 거절한다. 계획된 일들로 인해 도움을 드리지 못해 죄송하다고 정중히 말씀드리면 대체로 수긍하며 오히려 무리한 부탁을 드려 죄송하다고 한다. 그리고 나는 계획대로 급하지 않지만 중요한 일에 시간을 할애한다. 그것이 진정 나를 위한 시간이고, 내 미래를 더 훌륭한 모습으로 만드는 시간이기 때문이다. 그중 대표적인 것은 운동과 독서다. 운동은 몸매가 아닌 건강을 위한 운동을 즐겨 한다. 새벽에는 간단한 러닝을 하며 땀을 내고, 매주 한 번씩은 스포츠를 즐긴다.

독서는 자투리 시간을 자주 활용하되, 오디오북을 통해 시간의 효율을 극대화한다. 시간을 별도로 할애해야 하는 독서와 달리 오디오북을 활용한 독서는 집안일, 산책, 운전 등 다른 활동을 하면서도 할 수 있다. 티끌 모아 태산이라고 했던가. 최근에 세어 보니 내가 약 2년간 자투리 시간을 활용해 읽은 오디오북만 278권이었다. 물론 요약 오디오북도 포함되어 있겠지만, 실로 어마어마한 숫자다.

이처럼 나는 급하지 않지만 중요한 일에 우선순위를 두며 나만의 성장을 쌓아 가고 있다. 많은 사람이 급하고 중요하지 않은 일에 발목을 잡히며 진정 중요한 것들을 뒤로 미루곤 한다. 우리가 진정으로 원하는 삶을 만들기 위해서는 '급하지 않지만 중요한 일'을 꾸준히 해야 한다. 이런 일들은 당장은 그 성과가 눈에 보이지 않을 수 있지만, 시간이 지날수록 그 가치가 드러나 우리 삶을 바꾸어 놓는다.

습관은 하루아침에 만들어지지 않는다. 그러나 일단 습관을 만들고 나면, 그 습관이 곧 나를 만들어 간다. 작은 변화가 쌓이고, 그 변화가 더 큰 변화를 이끌어 낸다. 그러니 우리는 매일의 선택 속에서 급하지 않지만 중요한 일을 꾸준히 해 나가야 한다.

우선순위와 시간관리

성공습관을 갖고자 하는 독자들에게 가장 강조하고 싶은 것은 바로 우선순위와 시간관리다. 하루의 시작에 앞서 딱 5분만 시간 내 다음 내용을 실행해 보기를 권한다.

잠자는 시간을 제외하면 우리는 하루를 약 16시간 정도 살아간다. 그중 5분을 할애하여 오늘 해야 할 일의 우선순위를 구분하고, 그 일에 대한 시간을 대략 나눠 보는 것만으로도 하루의 밀도가 달라진다. 지금까지 흘러가는 대로 살았다면 계획을 세움으로써 주도적으로 이끌어 가는 하루를 살게 될 것이다.

당장 내일부터 딱 5분만 일찍 일어나 보자. 그리고 확보된 5분에 '플래너' 혹은 '타임박스'를 써 보자. (타임박스에 관해서는 318페이지에서 자세하게 그 방법을 다루겠다.) 플래너를 쓸 때는 반드시 우선순위를 구분하자. 우선순위대로 적거나 혹은 시간 순서대로 적더라도 우선순위가 높은 일은 별도의 표시를 해 놓아야 한다.

그렇게 우선순위를 세우고 나면 하루의 흐름이 자연스럽게 정리되고 중요한 일들에 집중할 힘이 생긴다. 여기서 강조하고 싶은 것은 우선순위가 높은 일에 먼저 에너지를 쏟아야 한다는 것이다. 아침에 집중력과 에너지가 높은 상태에서 가장 중요한 일부터 처리하면 나머지 시간은 덜 중요한 일에도 여유를 갖고 임할 수 있다. 나는 새벽 5~7시 정도에 가장 우선순위가 높은 일을 하는데, 이렇게 하면 남들이 보통 눈을 뜨는 7시부터 뿌듯함과 성취감을 느낄 수 있다.

타임박스를 활용해도 좋다. 타임박스는 해야 할 일에 대한 시간을 정함으로써 '마감 시간'이라는 것을 갖게 만들어 준다. '파킨슨의 법칙(Parkinson's Law)'이라는 것을 들어 본 적이 있는가? 이는 '일은 주어진 시간을 모두 채울 때까지 늘어난다.'라는 뜻으로, 어떤 일을 하는 데 걸리는 시간은 그 일에 주어진 시간에 비례해서 늘어난다는 법칙이다. 마감 시간을 갖지 않으면 당신이 하는 모든 일의 시간은 계속 늘어질 것이고, 자연스럽게 다른 일에도 영향을 미치게 될 것이다. 타임박스를 통해 시간을 분배하고, 최대한 그 시간 내에 일을 처리하도록 노력하자. 이러한 노력은 당신의 집중력을 끌어올려 줄 것이다.

나는 우선순위와 시간관리의 중요성을 크게 깨달은 뒤 플래너와 타임박스를 직접 만들어 매일 하루의 시작에 사용한다. 이러한 습관을 꾸준히 실천하면, 하루가 달라지고 나아가 삶 전체가 변화하기 시작한다. 처음에는 다소 어색하거나 번거롭게 느껴질 수 있지만,

시간이 지나면 당신의 목표에 한층 더 가까워지고 있는 자신을 발견하게 될 것이다.

결국 하루를 어떻게 보내느냐가 우리의 미래를 결정짓는다. 매일 5분을 할애하여 당신의 하루를 설계하고, 보다 나은 삶을 향해 한 걸음씩 나아가 보자.

"성공한 사람과 그렇지 못한 사람의 차이는
시간을 어떻게 활용하는지에 달려 있다."

---

20 불가능을 뛰어넘어라

《보도 섀퍼의 이기는 습관》, 보도 섀퍼

보도 섀퍼(Bodo Schafer)는 "사람은 누구나 위너(Winner)의 삶을 살 권리가 있다."라고 말한다. 나는 그 말이 꼭 나에게 하는 말 같았다. 몇 년 전까지만 하더라도 나는 내가 성공을 한다거나 위너가 될 거라는 생각은 전혀 하지 못했다. 막연히 '잘 살고 싶다.'라는 꿈은 있었지만, 성공한 나의 모습은 그려지지 않았다. 그런 나에게 《보도 섀퍼의 이기는 습관》은 성공 가능성에 대한 불을 지펴 줌과 동시에 나도 위너가 될 수 있다는 희망을 준 책이다.

이 책은 보도 섀퍼가 4,000권의 책을 읽고, 부유한 사람 200명을 만나며 집필한 책이다. 이 책은 악조건을 딛고 일어나 성공을 거둔 위너들의 지혜와 비결을 담고 있다. 그가 만난 '위너'들은 현실에 안주하지 않고 변화와 도전을 두려워하지 않는다는 공통점을 가지고 있었는데, 보도 섀퍼는 이러한 긍정적인 공통점을 모아 30가지의 습관을 제시한다. 이는 그의 베스트셀러 《보도 섀퍼의 돈》, 《열두 살에 부자가 된 키라》, 《멘탈의 연금술》 등에 담긴 모든 성공 공식을 30가지로 추린 것이라 할 수 있다. 그는 책의 서문에 "모든 아이 안에는 천재가 숨어 있다."라는 아인슈타인의 말을 빌려 평범한 사람도 누구나 '위너'가 될 수 있고 '위너'의 삶을 살 권리가 있다고 말한다.

삶은 합산이다

보도 섀퍼는 삶의 모든 일은 '합산'으로 나타난다고 말한다. 빚, 몸에 안 좋은 음식, 시간을 낭비하는 것은 가난, 비만, 삶의 정체를 불러온다. 반면 저축, 과일, 독서는 부, 건강, 지식으로 이어진다. 이것이 지금 무엇을 쌓을 것인가, 또는 무엇을 끊을 것인가를 신중히 택해야 하는 이유다.

빚에 허덕이는 사람 중 많은 이들이 신용카드로 인해 밑바닥까지 가게 되었다. 신용카드를 과다하게 써서 신용불량자가 된 사람 중에 처음부터 카드로 수천, 수억 원의 소비를 한 사람은 거의 없다. 지금 즉시 원하는 걸 가질 수 있다는 생각, 당장은 돈이 없지만 추후에 갚으면 된다는 달콤함을 이기지 못하고 몇만 원 혹은 몇십만 원의 첫 결제를 했을 것이다.

하지만 그 달콤함에 중독되면 별 고민 없이 다음 결제, 또 그다음 결제를 하게 된다. 그러다 더 좋은 물건, 더 비싼 물건에 계속 눈이 가게 되고 결국 자신의 능력을 벗어난 물건까지 사게 되는 것이다. 여기서 절제할 수 있다면 당장 정신을 차리고 신용카드를 잘라 버리겠지만, 아쉽게도 일부 사람들은 그렇지 못한다. 이러한 악순환이 계속되면 결국 신용불량, 파산까지 이르게 된다.

합산이 마이너스가 되는 사람들이 있는 반면, 플러스가 되는 사람도 많다. 매달 저축을 한다거나, 남들이 놀 때 투자 공부를 해 자산을 조금씩 쌓아 가는 사람들이 그렇다. 물론 시작은 미약하다. 초반에는 '티끌 모아 봤자 티끌'이라는 생각이 들기도 할 것이다. 하지만 낙심하기에는 이르다. 투자의 귀재 워런 버핏이 주장하는 '스노볼 효과(Snowball effect)'가 있기 때문이다.

스노볼 효과란 작은 눈덩이가 비탈을 구르며 주변의 눈들을 집어삼키고 거대한 눈덩이로 불어나듯 초기에 축적된 자본을 지속적으로 투자함으로써 투자 이익을 계속해서 늘리는 것을 말한다. 우리나라에서는 '눈덩이 효과' 혹은 '복리 효과'라고 한다. 이와 비슷하게 《돈의 속성》의 저자 김승호 회장은 "돈은 중력과 같다."라고 말하며, 돈이 많으면 많을수록 다른 돈을 끌어들인다고 주장한다. 대부분 돈이 1억, 2억, 3억, 4억, 5억과 같은 순서로 모일 것이라고 생각하지만, 아니다. 돈이라는 것은 같은 노력을 들이더라도 1억, 2억, 4억, 8억의 순서로 늘어난다. 규모가 커질수록 끌어당기는 힘이 세지기 때문이다.

당신은 이제 어느 방향으로 합산할 것인가 고민하고 결정해

야 한다. 마이너스로 하든 플러스로 하든 초반에는 큰 차이가 없지만, 시간이 지나고 횟수가 반복됨에 따라 둘의 차이는 극명하게 벌어진다. 자, 이제 선택해라. **당신은 어느 방향으로 눈덩이를 굴릴 것인가?**

나쁜 습관 끊어 내기

어떻게 하면 더 좋은 습관을 만들까 고민하기 이전에 나쁜 습관을 먼저 끊어 내야 한다. 더하기만큼 중요한 게 빼기이기 때문이다. 보도 섀퍼는 '계획을 세울 때 방해 요인을 제거할 것'을 강조한다. 당신도 이루고 싶은 것을 방해하는 습관 혹은 행동이 무엇이 있는지 되돌아볼 필요가 있다. 나는 성공으로 나아가기 위해 총 5가지를 끊어 냈다.

먼저 술장을 없애고 서재로 바꾸었다. 군 생활할 때부터 내게는 작은 술장이 하나 있었다. 군대에서는 술을 면세로 살 수 있다. 때문에 나 역시 고가의 양주를 3만 원이면 살 수 있었다. 매일 술을 마시지는 않아도 모아 놓고 보는 재미가 있었다. 그러던 어느 날, 부자들의 집에는 공통적으로 큰 서재가 있다는 사실을 알게 되었다. 생각해 보니 책은 술보다 훨씬 더 큰 가치를 가지고 있는데 술보다 저렴했다. 그 후로 술을 치우고 책을 모으기 시작했다. 이제 내 집에서 술장은 자취를 감췄고 대신 수백 권의 책이 있는 서재를 갖게 되었다. 계속 술을 모으고 마셨으면 허리 둘레가 늘어났겠지만, 다행히 책을 선택해 지식이 늘게 되었다.

두 번째로 끊어 낸 것은 일어나자마자 출근하는 습관이다. 예전에 내게 아침이란 출근하느라 정신 없는 시간이었다. 특히 과음한 다음 날은 어떻게 출근했는지도 모를 정도로 정신이 없었다. 좀비처럼 출근하는 삶을 끊어 내고 30분 일찍 일어나기 시작했다. 이 30분의 차이가 하루를 모조리 바꾸어 놓았다. 이리저리 끌려다니느라 바쁘던 아침이 하루를 계획하는 시간이 되었다. 출근 전 아침의 크기와 가치를 깨닫고 나서는 그 시간을 당기고 당겨 4시 반 기상까지 오게 되었다.

세 번째로 끊어 낸 것은 뉴스 시청이다. 전에는 뉴스를 봐야 지성인이라고 생각했다. 하지만 뉴스는 세상의 변화와 유용한 정보를 전하는 매개체라기보다는 사건사고, 이슈의 집합체다. 90퍼센트 이상이 부정적인 내용, 사건사고, 범죄로 가득 차 있다. 부정적인 내용을 계속 접하니 세상이 온통 부정적으로 보였다. 사람들을 의심하기 시작했고 세상은 흉흉한 곳이라고 인식하게 되었다.

그래서 뉴스 대신 신문을 보기 시작했다. 신문에도 물론 사건사고가 실리지만, 자극적인 것만 내보내는 뉴스에 비해 골라 읽을 수 있는 유용한 정보가 많았다. 그리고 나에게 필요한 부분만 읽으니 시간도 절약할 수 있었다.

네 번째로 끊어 낸 것은 '잦은 회식'이다. 직업군인이었던 나는 유독 회식이 잦았고, 내가 주도해서 술자리를 만들기도 했다. 그게 사회생활을 잘하는 것이고 일적으로 유능한 것이라고 생각했다. 굉장히 큰 착각이었다. 하지만 술자리를 끊어 내고 나에게 집중하기 시작하니 잦은 회식이 부질없다는 사실을 알게 되었다. 예전에는 회식에 빠지는 사람들을 좋지 않게 생각했으나, 그건 나의 편협한 생각이었다. 그들은 과거의 나보다 '자신을 더 사랑할 줄 아는 사람', '온전히 나만의 시간을 갖는 사람'이었다.

다섯 번째로 끊어 낸 것은 '남 탓하기'다. "저 사람만 아니었으면……". "누가 나에게 이렇게 해 줬더라면……", 과거의 나는 늘 이유를 남에게서 찾았다. 그러니 나에게서 일어나는 변화는 없었다. 남들이 바뀌어야 한다는 생각이 만연했기 때문이다. 생각을 180도 바꿨다. "모든 건 내 탓.", "모든 것은 나로부터 시작된다."라고 말이다. 그러자 모든 일에서 교훈을 얻을 수 있었다. 그 교훈을 통해 매일 조금씩 발전하는 나를 발견할 수 있었다.

안 좋은 습관과 행동을 끊어 내자 자연스레 좋은 습관들이 스며들기 시작했다. 그리고 좋은 습관이 만드는 것보다 버리고 싶은 습관을 먼저 끊어 내는 것이 우선이라는 깨달을음 얻었다. 잔에 물을 더 담고 싶어도 이미 가득 찬 잔이라면 채워지지 않듯이 우리의 습관과 행동도 마찬가지다. 채우고 싶은 게 있다면 먼저 버려라. 우리의 에너지와 시간을 소모하는 나쁜 습관이 사라지면 그 자리에 긍정적인 습관들이 자리 잡을 공간이 생길 것이다.

한 번에 한 그루의 나무만 키워야 한다

원하는 것을 얻고 싶다면 쓸모없는 것들을 인생에서 뽑아 버려야 하며, '폭을 넓히기 보다는 좁히고, 깊게 파고들어야 한다.'. 보도 섀퍼는 마당에 무화과나무도 심고 복숭아나무도 심고 감나무, 소나무도 심으면, 보기에는 좋을지 몰라도 그중 한 그루조차 제대로 키워 낼 수 없을 것이라고 말한다. 안 좋은 습관들을 뽑아 냈다면 이제 좋은 습관으로 한 그루의 나무를 키우는 데에 집중해야 한다.

이를 위해서는 남을 따라 하는 것이 아닌 내 목표를 이루는 것과 직접 연관된 습관을 만들어야 한다. 성공하는 사람들의 습관을 따라 하는 것은 좋으나, 그것이 내 목표를 이루는 데 관련 있는지 먼저 생각해 봐야 한다.

예를 들어 책 쓰기가 목표인 사람이 있다고 가정해 보자. 독서, 글쓰기와 같은 습관은 직접적인 도움이 될 수 있으나, 투자 공부나 헬스와 같은 활동은 목표와 직접적인 연관이 없다. 물론 전반적인 자기계발에 도움은 되는 습관은 맞지만, 당장 많은 시간을 확보해야 하는 습관은 아니다. 오히려 책 쓰기라는 구체적인 목표와는 다소 거리가 있다.

따라서 좋은 습관이라는 포장지에 쌓인 모든 행동을 할 필요는 없다. 좋은 습관 10가지를 10분씩 행하는 것보다 내 목표와 관련 있는 습관을 하루 60분 하는 것이 더 효과적이다. 앞서 언급했듯 **무화과나무도 심고 복숭아나무도 심고 감나무, 소나무도 심으면 보기에는 좋을지 몰라도 그중 한 그루조차 제대로 키워 낼 수 없다.**

지금 당장 추천하는 행동이 있다면, 하루에 확보할 수 있는 시간을 계산해 보고 목표와 관련 있는 습관, 즉 내가 해야 할 행동들을 리스트업해 보는 것이다. 내가 확보할 수 있는 시간이 출근 전 1시간, 취침 전 2시간이라고 하면, 그 시간에 리스트업된 행동을 넣어보자. 목표와 연관된 행동을 하는 시간이 확보되는 순간, 우리의 삶은 근본적으로 변화하기 시작한다.

일정한 시간에 반복되는 행동은 우리의 뇌에 새로운 패턴을 형성하게 만든다. 매일 같은 시간에 목표를 위한 행동을 하다 보면, 우리의 뇌는 그 시간을 '목표 달성'의 시간으로 인식하고 집중력을 극대화한다. 이로 인해, 목표와 관련된 일을 할 때마다 더욱 몰입하게 되는 상태를 경험할 수 있다.

취침 전 2시간을 독서와 글쓰기에 할애한다고 가정해 보자. 처음엔 어렵고, 글을 쓰는 것도 그다지 잘 되지 않을 수 있다. 하지만 꾸준히 그 시간을 지키다 보면, 어느 순간부터 글이 술술 써지기 시작하고, 독서 속도와 이해력 또한 향상될 것이다. 그야말로 '취침 전 2시간=글 쓰는 시간'이라는 것이 습관으로 자리 잡혀 최상의 효율을 내기 시작하는 것이다. 습관화가 이루어지면 변화의 속도에 불이 붙기 시작할 것이다. 그때부터는 변화를 즐기고 하나씩 목표를 이루며 다음 단계, 그다음 단계로 나아갈 수 있게 된다. 그리고 어느새 습관의 위력을 깨닫는 나를 마주할 수 있을 것이다.

**"원하는 것을 이룰 수밖에 없는,
반드시 그렇게 되도록 만드는 습관을 가져 보자."**

21 습관이 나를 만든다

《아주 작은 습관의 힘》, 제임스 클리어

내 좌우명이자 내가 가장 좋아하는 말은 "처음에는 내가 습관을 만들지만, 나중에는 습관이 나를 만든다."라는 말이다. '평범한, 아니 평범 그 이하인 나도 습관을 통해 삶을 바꿀 수 있고 성공할 수 있다.'라는 희망이 생겨서 이 말에 더욱 끌렸던 것 같다. 그래서 나는 '습관'이라는 단어를 진심으로 사랑하고, 습관과 관련 책도 정말 좋아한다. 내가 읽은 수많은 습관 관련한 책 중 단 하나만 꼽으라면 바로 《아주 작은 습관의 힘》을 꼽을 것이다.

이 책은 저자 제임스 클리어(James Clear)가 고등학교 시절 당한 사고로부터 시작한다. 저자는 촉망받는 야구 선수였으나 연습 중 날아온 동료의 야구 배트에 얼굴을 맞아 얼굴 뼈가 30조각이 났고 심정지가 3번이나 일어났다. 그럼에도 저자는 좌절하지 않고 매일 걷기 연습을 했고, 6개월 만에 다시 운동을 할 수 있게 되었다. 심지어 6년 후에는 대학 최고의 남자 선수가 되었다. 이 책은 그가 좌절의 늪에서 벗어날 수 있었던 이유로 습관을 꼽으며 생물학, 뇌과학, 심리학의 최신 연구 결과를 기반으로 설명한다. 인지과학 및 행동과학을 통합한 책이지만, 굉장히 친근하게 다가와 쉽게 읽을 수 있다. 어떻게 하면 습관을 들이고 실천할 수 있는지에 대한 수많은 인사이트가 담겨 있지만, 이를 어렵지 않게, 담백히 풀어낸 최고의 습관 바이블이다.

습관을 무기로 만드는 4가지 법칙

습관과 관련된 책 중 세계에서 가장 대표적인 2가지를 뽑자면 찰스 두히그(Charles Duhigg)의 《습관의 힘》과 제임스 클리어의 《아주 작은 습관의 힘》이다. 찰스 두히그의 책은 일상과 삶을 변화시키는 데 있어서 습관의 중요성을 강조하며, 습관이 형성되는 과정을 '신호(cue)-반복 행동(routine)-보상(reward)'이라는 3가지 요소로 분석했다. 제임스 클리어의 《아주 작은 습관의 힘》은 여기에 조금 더 보태 실생활에서 누구나 쉽게 적용할 수 있도록 '신호(cue)-열망(craving)-반응(response)-보상(reward)'이라는 4가지 습관 모델을 제시했다. 4가지 요소에 대해 하나하나 살펴보면 다음과 같다.

신호란 '분명하게 만드는 것'이다. 독서하는 습관을 들이고 싶다고 가정할 때 모호하게 '책 읽어야겠다.'가 아닌, '출근 전 매일 20분씩 책을 읽어야지.'와 같이 구체적이고 분명하게 생각하는 것이다. 해야 할 행동을 모호하게 생각하는 것과는 달리 분명하게 하면 뇌가 행동을 시작하게끔 자극을 준다. '맛있는 것 먹고 싶다.'라고 생각할 때보다 '지글지글 끓는 돼지고기 김치찌개를 먹고 싶다.'라고 구체적으로 생각할 때 더 군침이 고이지 않는가? 우리는 분명할 때 더 큰 자극을 느낀다.

두 번째는 열망으로, '매력적으로 만드는 것'이다. 매력이 없으면 동기부여가 일어나지 않고, 열망이 깨어나지 않는다. 해야 할 이유와 끌림이 없는데 어찌 적극적으로 실행하고 반복하겠는가? 독서를 하는 목적을 생각해 보자. 나와 같이 부의 마인드를 새기고, 성공으로 나아가기 위함일 수도 있고, 마음의 양식을 쌓거나 안정을 취하고 싶은 목적일 수도 있다. 독서를 통해 목표로 나아가는 모습, 느낌, 감정을 떠올린다면 강한 열망을 느낄 수 있을 것이다.

세 번째는 반응이다. 반응은 '하기 쉽게 만드는 것'이다. 즉 마찰과 저항의 정도를 줄이는 것이다. 행동에 착수할 때 난이도가 높거나 엄두가 안 난다면 시도를 주저하게 된다. 초보자 기준으로 매일 2시간씩 독서하기, 혹은 하루 한 권 읽기와 같은 습관을 정한다면 아마 3일도 가지 못할 것이다. 습관은 반드시 자신의 수준을 고려해 해낼 수 있는 난이도로 만들어야 한다. 그래야 반응이 일어난다.

네 번째는 보상이다. 보상이란 '만족스럽게 만드는 것'이다. 습관을 만들어 열심히 행하고, 목표를 하나하나 이뤄가는 데 보상이 없다면 금방 지치고 말 것이다. 당근은 없고 채찍만 주는 셈이다. 원하는 양의 독서를 해냈다면 자신이 좋아하는 것을 한다거나 작은 선물을 해라. 나는 사람 만나는 것을 좋아하는데, 독서와 자기계발에 입문했을 때 내가 정한 양의 공부를 마쳤거나 성과를 달성할 때마다 동료들과 어울리곤 했다. 그리고 그 보상은 내가 정한 기준치를 달성하고 받은 것이기에 달콤했고 놀면서도 마음이 편안했다.

제임스 클리어는 이 4가지를 '행동 변화의 4가지 법칙'이라고 부른다. 이것을 활용하면 습관을 만드는 것은 굉장히 수월하고, 역으로 이용하면 나쁜 습관들을 없앨 수도 있다. 신호-열망-반응-보상을 똑같이 적용하되, 위 행동 법칙과 반대로 생각하는 것이다. 먼저 보이지 않게 만들고, 매력적이지 않게 만들며, 하기 어렵게 하고, 보상이 아닌 불만족스럽게 만드는 것이다.

예를 들어 스마트폰을 덜 사용하고 싶다면 먼저 신호를 감추는 것이 중요하다. 눈에 잘 보이지 않게 스마트폰을 치워 두거나 알림을 모두 꺼 버리는 것이 그 첫 단계다. 그다음으로는 매력적이지 않게 만들어야 한다. 스마트폰에 중독되어 눈이 퀭해지는 것과 같은 모습처럼 매력적이지 않은 모습을 그려 보는 것이다. 나아가 스마트폰 중독이 되면 기억력, 인지력이 떨어져 매번 깜빡깜빡하고 수면장애를 겪어 다크서클이 무릎까지 내려온 모습을 떠올려 볼 수 있다. 다음은 마찰을 늘려 반응에 부담을 주는 것이다. 반응을 어렵게 만들려면 스마트폰을 사용할 때마다 복잡한 잠금 해제를 추가하거나 특정 장소에서만 사용하도록 제한하는 것도 효과적이다. 휴대폰을 꺼내기 어려운 보관함에 넣거나 '숏폼은 반드시 외부에서만 본다.'라는 불편한 규칙을 만들면 반응은 어려워진다. 마지막으로 보상을 주는 것 대신 보상을 빼앗아야 한다. 스스로에게 패널티를 주는 것이다. 이처럼 신호-열망-반응-보상을 활용해 습관을 만들 수도 있고, 이를 역으로 활용해 끊어 낼 수도 있다.

제임스 클리어가 제시한 4가지 법칙을 바탕으로 좋은 습관을 만드는 방법, 나쁜 습관을 끊어 내는 방법에 대해 이야기해 보았다. 이 4가지를 자신의 삶에 적용해 만들고 싶은 습관을 얻어 가고, 끊어 내고 싶은 습관을 정리하기를 바란다. 이 과정을 통해 당신은 좋은 습관을 지닌 사람으로 변모할 것이고, 이 습관들을 당신을 더 나은 사람으로 만들어 줄 것이다.

아주 작은 습관의 힘

나는 이 책의 제목이 정말 마음에 든다. 나 역시 '아주 작은 습관의 힘'을 느껴 봤기 때문이다. 습관의 힘을 느껴 봤거나, 습관을 통해 삶을 바꾼 사람이라면 이 말에 크게 공감할 것이다.

나는 몇 년 전 '세바시(세상을 바꾸는 시간 15분)' 유튜브 채널을 통해 '야나두' 김민철 대표의 강연 영상을 봤다. 그 영상은 내 인생을 바꿔 준 터닝포인트 중 하나인데 오프라인으로 들었던 그 어떤 강연보다

임팩트가 강했다. 제목부터 끌렸다. '100퍼센트 성공하는 법'. '100퍼센트라고? 얼마나 자신 있길래 99퍼센트도 아닌 100퍼센트 성공하는 법이라고 말하지?', '섬네일이니까 자극적으로 정했겠지.' 등을 생각했다. 하지만 강연을 들어 보니 생각이 달라졌다. '아…… 정말 100퍼센트 성공하는 방법이 있구나.'라고 말이다.

그의 메시지는 간단했다. **'주변에 있는 아주 작은 것부터 성공하라.'**라는 것이다. 그리고 그는 90퍼센트, 95퍼센트도 아닌 100퍼센트 성공할 수 있는 일을 해 보라고 말한다. 하루 3번 양치하기 같은 사소한 것부터 말이다.

나는 그의 말을 일상에 적용해 보기로 했다. 일단 내가 만들고 싶은 습관을 생각해 보았다. 독서와 운동이 떠올랐다. 100퍼센트 성공할 수 있을 정도로 아주 쉬운 난이도의 독서와 운동 습관에는 무엇이 있을까? 이마저 실패하면 스스로 질타해도 될 만큼 아주 쉬운 습관 말이다. 나는 '하루 책 1쪽 읽기'와 '하루 1개 팔굽혀펴기'라는 습관을 만들었다. 그리고 이것을 해 보기 시작했다.

일단 첫날, 가뿐히 성공했다. 사실 첫날은 기쁘지 않았다. 그냥 '했네.'라는 생각이 들 정도였다. 이틀, 사흘, 나흘……, 며칠을 하자 이런 생각이 들었다. **'어? 오늘도 성공했네?'** 아주 작지만 성공의 감정이 느껴지기 시작했다. 그 습관을 이어가던 중 어떤 날은 이런 생각이 들었다. **'읽는 김에 조금 더 읽어 볼까?', '하는 김에 팔굽혀펴기 10개만 더 해 볼까?'**

아주 작은 습관은 조금 더 큰 습관을 불러왔다. 그리고 시간이 점점 더 흐름에 따라 재미있어졌다. '나는 매일 성공하는 사람이다.'라는 생각이 들었기 때문이다. 시간이 더 흐르자 이 '흐름'을 깨기 아쉬워졌다. 한 번만 실패해도 연속성이 깨지는 것이기 때문이었다.

약 100일 정도가 지나자 나는 김민철 대표가 왜 100퍼센트 성공할 수밖에 없는 습관을 만들라고 했는지 깨닫게 되었다. 그리고 이듬해 나는 그 양을 늘리기로 했다. 하루 1쪽 책 읽기와 하루 1개 팔굽혀펴기는 나에게 일상이 되었고, 그보다 조금 어려운 난이도도 100퍼센트 성공할 수 있는 사람이 되었기 때문이다. 그렇게 나는 독서와 운동에 관한 습관을 조금씩 늘려 갔고, 어느새 독서와 운동이 일상이 되었다. 그야말로 습관화가 된 것이다.

습관을 만들고 싶다면, 아주 쉬운 난이도의 습관을 만들어라. 중간 난이도로 50퍼센트를 성공하는 것보다 최하위 난이도더라도 100퍼센트 성공할 수 있는 습관을 추천한다. 그리고 매일 성공의 감정을 느껴라. 이 과정에서 당신이 느끼는 성취감과 성공 경험은 당신을 더 큰 성공으로 이끌 것이다. 이를 1년 반복하게 된다면 '아주 작은 습관의 힘'이라는 말이 왜 사랑스럽다고 했는지 공감하게 될 것이다.

습관을 만드는 방법

습관을 형성하기 위해서는 며칠 동안 반복해야 할까? 일주일? 한 달? 연구에 의하면 21일 동안 반복하면 습관이 형성된다고 하고, 또 다른 연구에서는 66일을 반복하면 습관이 형성된다고 한다. 2009년 런던대학교에서 실시한 연구에 따르면 새로운 습관을 들이는 데는 평균 66일이 걸리지만, 그 편차는 18일에서 254일까지 다양했다고 밝혔다. 18일과 254일은 무려 10배도 훌쩍 넘을 정도로 크다. 결국 습관이 형성되는 데 정해진 기간은 없다는 것을 알 수 있다. 습관의 난이도에 따라, 개인의 환경에 따라, 그리고 그 당시의 의지에 따라 천차만별이기 때문이다. 특정 기간을 버텨 내야 하는 게 아니라면 습관을 만드는 최고의 방법은 무엇일까? 바로 마찰을 줄이는 것이다.

우리는 좋은 습관을 만들겠다고 생각하면서도 이를 실행으로 옮길 때 '부딪힘', 즉 마찰을 겪는다. 넷플릭스나 드라마 대신 책을 선택해야 하는 마찰, 따뜻한 전기장판에서의 휴식하는 대신 몸을 일으켜 세워 책상 앞 의자에 앉아야 하는 마찰 등 의지가 강하더라도 마찰이 많아질수록 실행이 어려워진다. 어떻게 하면 마찰을 줄일 수 있을까?

그 해답은 '시작의 장벽'을 허무는 것이다. 질문을 하나 던져 보겠다. 화장실을 청소하기에 가장 좋은 시간은 언제일까? 제임스 클리어는 '샤워하기 직전이 화장실 청소하기에 가장 완벽한 시간'이라고 말한다. 화장실 청소를 하다 보면 옷에 물이 튈 수도 있고 땀이 나 찝찝해질 수도 있다. 이러한 마찰 때문에 '다음에 하자.'라며 자꾸 미루게 되는 것이다. 하지만 샤워를 하기 직전에는 이 2가지 마찰이 사라진다. 어차피 샤워를 해야 하니 옷에 물이 튄다거나 땀이 나도 아무렇지 않다.

우리는 이 원리를 활용해서 장벽을 허물 수 있다. 가령 퇴근 후에 영어 공부하는 습관을 만들고 싶다고 가정해 보자. 퇴근 후에 씻고 나면 배가 고프기도 하고 피곤하니 침대에 누워 휴대폰이나 보고 싶은 마음이 간절하다. 각종 유혹으로 인해 책이나 노트북을 꺼내 영어공부를 할 엄두가 영 나지 않는다. 유혹을 뿌리치는 것, 책을 꺼내는 것, 책상 앞에 앉아 노트북을 켜는 것 등 장벽이 마찰로 다가온다.

이 장벽을 무너뜨려 보자. 식사하거나 씻기 전에 미리 공부할 책 혹은 노트북을 책상에 올려 두는 것이다. 가능하다면 책을 펼쳐 놓고 펜을 꺼내 놓는다거나, 강의를 켜 시작 화면에 맞춰 놓으면 더욱 좋다. 이렇게 다음 할 일의 일부를 준비해 놓으면 마찰이 줄어든다. 책상에 모든 것이 이미 준비되어 있기에 밥을 먹고 책상 앞에 앉는 것만으로도 영어 공부를 바로 시작할 수 있는 환경에 들어선 것이다.

장벽을 무너뜨리는 것에 익숙해졌다면 이제는 '습관 쌓기'를 해 보자. '디드로 효과'에 대해 들어 본 적이 있는가? 17세기에 프랑스 철학자 드니 디드로(Denis Diderot)라는 사람이 있었다. 어느 날 그에게 큰돈이 생겼다. 그는 돈이 생기자 마음에 드는 주황색 망토를 하나 샀다. 하지만 그 망토는 자신이 가진 다른 물건들과는 전혀 어울리지 않았다. 망토는 우아하지만 다른 옷, 물건들이 이를 따라오지 못했던 것이다. 그래서 디드로는 소지품은 물론 양탄자, 장식품, 집안 가구들을 바꾸었다. 여기서 유래된 것이 디드로 효과다. 즉 새로운 무언가를 사면 그것으로 인해 연쇄적으로 다른 것을 사게 되는 효과 말이다. 물욕이 크게 없는 나도 디드로 효과를 종종 경험한다. 셔츠를 사거나 선물로 받으면 그에 맞는 바지는 뭘 사야 하나 생각이 들기도 하고, 최신 노트북을 사면 그와 색상, 디자인이 비슷한 마우스, 키보드를 찾게 된다.

과연 디드로 효과는 물건을 사는 데에만 적용될까? 아니다. 디드로 효과는 모든 행동에 적용된다. '습관 쌓기 공식'도 만들 수 있다. 습관 쌓기 공식이란, 현재의 습관을 하고 다음 습관을 하는 것이다. 'A를 하면 바로 B를 한다. B를 한 뒤 C를 한다.'와 같은 공식을 만드는 것이다. 나를 예시로 들어 보자면, 나는 새벽 알람이 울리면 알람을 끄고 바로 정수기 앞으로 간다. '알람을 끈다→정수기 앞으로 간다.'가 내가 쌓은 습관인 것이다. 이후에도 '정수기 앞으로 간 후 물 한 잔과 영양제를 먹는다', '물과 영양제를 먹은 후 책상 앞에 앉아 목표와 플래너를 쓴다'와 같이 연결되는 습관 공식이 있다.

꼭 나와 같은 새벽 루틴이 아니더라도, '습관 쌓기'를 활용하면 원하는 것을 얻는 시스템을 만들 수 있다. 가령 운동과 식단을 통해 다이어트를 하고 싶다면 다음과 같은 습관 쌓기를 만들 수 있다. '퇴근 이후에는 샐러드를 준비한다. 샐러드를 먹은 뒤에는 운동복으로 갈아입는다. 운동복으로 갈아입은 후에는 30분 정도 집안일을 한다. 30분 집안일을 마치면 헬스장으로 간다.' 이렇게 말이다. 운동, 공부, 자기계발, 재테크, 기분전환 등 모든 분야에 습관 쌓기를 적용할 수 있다.

장벽 허물기와 습관 쌓기를 잘 활용하면 새로운 행동을 시작하는데 필요한 결심과 의지력을 최소화할 수 있다. 사람은 결정하는 순간마다 에너지를 소모하기 때문에 습관을 쌓아 다음 행동을 자연스럽게 이어지게 하는 것이 중요하다. 이미 몸에 익숙한 행동과 다음에 해야 할 행동을 연결함으로써 마찰을 줄이고, 힘을 들이지 않고도 원하는 결과를 얻을 수 있다. 이처럼 습관 쌓기와 마찰을 줄이는 전략을 함께 사용하면, 어느새 좋은 습관이 자리 잡게 될 것이다.

"작은 습관이 삶의 위대한 변화를 만들어 낸다."

22 인생이 바뀌는 새벽 기상

《변화의 시작 5AM 클럽》, 로빈 샤르마

만약 누군가가 "저 이제는 정말 달라지고 싶어요. 지금까지는 흘러가는 대로 살았지만, 그 누구보다 뜨겁게! 주체적으로 인생을 살고 싶다고요!"라고 한다면 나는 1초의 망설임 없이 새벽 기상을 해 보라고 권하겠다. 피곤한 새벽에 몸을 일으켜 무언가를 한다는 것은 굉장히 강한 의지가 필요한 일이기에 의지를 테스트해 볼 수 있고, 평소의 루틴에 확실한 변화를 주어 생각, 행동이 바뀌기에도 좋다. 새벽 기상에 도전해 보고 싶은 사람들에게 가장 추천하고 싶은 책이 바로《변화의 시작 5AM 클럽》이다.

이 책은 로빈 샤르마(Robin Sharma)의 저서로, 그는 이탈리아, 남아프리카공화국, 캐나다, 스위스, 러시아, 브라질, 모리셔스를 옮겨 다니며 무려 4년에 걸쳐 이 책을 집필했다. 그렇게 완성된 이 책은 그가 20년 넘게 기업가, 회사의 최고 경영자, 스포츠 슈퍼스타, 왕족들을 가르쳐 엄청난 성공을 거둔 개념과 방법을 담고 있다. 저자는 이를 소설 형태로 풀어냈으며, '아침을 지배하라. 인생을 도약시켜라.'라는 메시지를 던지며 독자들의 마음에 불을 지핀다.

20/20/20 공식

《변화의 시작 5AM 클럽》은 위기에 놓인 사업가와 성공을 꿈꾸는 화가가 기이한 끌림이 있는 노인을 만나며 시작된다. 삶에 변화가 필요한 두 사람은 우연한 기회로 노인과 함께 여행을 떠난다. 노인은 위대한 업적을 이룬 사람들의 공통점을 기반으로 창조와 변화를 이끄는 새벽 5시에 관한 이야기를 한다. 노인은 '20/20/20 공식'이라는 새벽 루틴을 강조하며 부와 성공을 이끄는 교훈을 전한다. 20/20/20 공식을 하나하나 살펴보자.

첫 20분은 운동을 하는 구간이다. 땀이 날 때까지 격렬한 운동을 하면 행복감을 주는 화학물질인 세로토닌과 동기유발 신경전달물질인 도파민이 분비된다. 이후 수분 섭취와 심호흡까지 하면 집중력이 향상되고 뇌가 말 그대로 최적화된다. 일어난 지 20분 만에 컨디션이 최상이 된다니, 매일 20분 이상 비몽사몽 찌뿌둥하게 하루를 시작하는 사람이라면 꼭 한번 도전해 보기 바란다. 나는 현재 새벽에 러닝을 하고 있지만, 이전에는 아침 잠을 깨기 위한 아주 간단한 운동을 했다. 팔굽혀펴기 20개와 스트레칭이 그 루틴이었는데 꼭 땀이 나지 않아도 잠을 깨고, 혈액을 돌게하는 데 큰 도움이 된다.

다음 20분은 숙고의 시간이다. 숙고의 시간은 마음을 재정비하고 명료하게 만드는 과정이다. 현대인은 수많은 정보와 자극에 노출되어 있어 자기 자신과 대화할 시간을 거의 갖지 못한다. 오늘 하루 자신과의 대화를 나누거나 내면을 다지는 시간을 가졌는가? 아마 많은 사람이 답을 하지 못할 것이다. 숙고의 시간은 자신과 대화를 나누고 내면을 강화하는 유일한 기회다.

하루를 시작할 때 숙고의 시간을 가져야 하는 이유는 하루의 첫 시간을 어떻게 활용하느냐에 따라 인생의 방향이 결정되기 때문이다. 이 중에서도 특히 확언, 명상, 하루 계획 세우기를 강력히 추천한다. 아침 확언은 긍정적인 메시지를 되새기며 신념을 강화하도록 도와주고 자기 효능감을 올려 준다. 명상은 내면을 정리하고 혼란한 마음을 평온하고 고요하게 함으로써 하루를 집중된 상태로 시작하게 돕는다. 끝으로 계획을 세우는 습관은 하루를 주도적으로 설계하는 데 핵심적인 역할을 한다.

마지막 20분은 성장의 구간이다. 부자 및 성공한 사람들은 배움과 성장을 무척 좋아한다. 그들은 대부분 이 시간에 목표와 현재 상황을 중간점검하고 독서를 하거나 새로운 기술을 습득한다. 자신의 가치를 더하는 시간을 갖는 것이다. 많은 현대인이 바쁘다는 핑계로 성장의 기회를 놓치는데, 20분이라는 짧은 시간을 통해 성장한다면 남들이 따라올 수 없는 격차를 만들 수 있다.

책에서는 20/20/20 공식이라는 이름으로 새벽 5시부터 새벽 6시까지의 루틴을 제시했지만, 꼭 이와 같지 않아도 좋다. '10/10/10 공식', '5/5/30 공식'과 같이 자신의 입맛에 맞게 변경해도 된다. 중요한 것은 운동을 통한 생산성 향상, 숙고를 통한 내적 성숙, 자기계발을 통한 성장을 얻고 변화의 시작에 씨앗을 뿌리는 것이다.

새벽 기상을 통해 달라진 것

처음 새벽 기상을 하게 된 계기는 고정 시간을 확보하기 위해서였다. 당시는 평생 가난하게 살 수 없다는 생각에 부동산 투자 공부를 할 때였는데 야근이나 당직 근무 혹은 부대 동료들과의 약속 등을 빼면 공부할 시간이 도저히 확보되지 않았다. 때마침 읽던 책에서 공통적으로 '성공한 사람들은 새벽을 활용한다.'라고 말하는 것을 보고 나도 적용해 보기로 했다.

다음 날부터 새벽 6시에 일어나기 시작했다. 로빈 샤르마가 제안한 새벽 5시보다는 늦지만, 그래도 평소보다 1시간 이상 일찍 일어나는 도전이었다. 며칠을 해 보고 이런 생각이 들었다. '성공한 사람들에게 속았다!' 나와는 통 맞지 않았다. 새벽에 공부를 한다는 것에 대한 뿌듯함이 들고 고정 시간이 확보된다는 점은 좋았지만, 점심시간쯤 되면 피로가 몰려왔다. 오후 업무 중에는 병든 닭처럼 꾸벅 꾸벅 졸았고, 회의 때 졸다가 과장님께 "나와서 잠 깨고 와라."라고 한 소리를 듣기도 했다.

그리고 시간이 더 지나자 이런 생각도 들었다. '뭐야. 왜 변화가 없어? 새벽에 일어나면 성공한다며!' 그렇다. 큰 변화가 없었다. 문득 오기가 생겼다. 포기하기보다 더 진하게 도전해 보기로 한 것이다. 나는 '내가 이기나 네가 이기나 보자.' 하는 마음으로 새벽 4시 30분에 일어나기를 택했다. 그럼 출근 전 2시간 이상이 확보되고, 공부 시간도 2배 이상 늘었기에 변화가 더 빨리 찾아올 거라고 생각했다.

새벽 4시 반에 일어나자 하루가 정말 길어졌다. 이틀을 사는 듯한 느낌이 들었다. 특히 퇴근 시간이 되면 "어라? 이렇게 길게 하루를 보냈는데, 아직도 저녁 시간이 남아 있네?" 하는 생각이 들었다. 그리고 지식의 습득 속도도 상당히 빨라졌다. 새벽 6시에 일어날 때는 출근 전 공부하는 시간이 1시간이었을지언정 다른 생각으로 빠지는 시간, 화장실 가는 시간 등 이것저것 빼면 공부하는 시간이 많지 않았는데, 4시 반에 일어나자 확실히 긴 시간 동안 공부할 수 있었다. 2시간 이상이 확보되었다.

어느덧 새벽 기상 7년 차가 되었다. 여전히 원하는 것을 모두 이루지는 못했고, 원하는 곳까지 가려면 아직 갈 길이 멀다. 하지만 그동안 매일 새벽에 했던 노력의 흔적들이 쌓여 있고, 새벽에 했던 공부와 독서가 지식으로 새겨졌다. 또한 매일 새벽 느낀 뿌듯함과 성취감은 나에게 자신감과 자존감을 크게 높여 주었다. 무엇보다 마인드와 마음의 성숙도는 이전과 비교할 수 없이 성장했다.

새벽 기상을 선택하고 하루아침에 내 모습이 달라지지는 않았다. 이는 너무도 당연한 결과다. **하루아침에 변하는 것은 날씨밖에 없다. 성장에는 시간과 노력이 필요하다.** 하루하루를 쌓을 당시에는 변화를 느끼지 못하지만, 이를 다 거친 뒤 되돌아보았을 때는 나의 수많은 발자국이 보일 것이다. 변화를 택하고, 하루하루를 주도적으로 시작할 때 운명의 수레바퀴는 돌아간다는 사실을 기억하자.

의지의 표현

새벽 기상은 의지의 표현이자 강력한 염원이 들어간 행동이다. MKYU 김미경 학장은 '살다가 안 풀리는 문제가 있으면 무조건 새벽 4시 30분에 일어나라. 그러면 다 해결된다.'라는 믿음을 가지고 있다고 한다. 그녀가 강사가 되고 싶다고 했을 때, 주위 사람들은 하나같이 말렸다. 평생 음악만 했던 그녀가 강의를 어떻게 한다고 저러나 싶었기 때문이다. 하지만 그녀에게는 믿음이 있었다. '4시 30분에 일어나서 공부하고 노력하면 무조건 성과가 있을 거다.' 그 힘을 믿고 그녀는 강사의 길에 뛰어들었고, 서른다섯 살부터 마흔두 살까지 7년 동안 매일 새벽에 일어나 공부하고 강의를 준비했고 대한민국 최고의 강사가 되었다.

나도 이것을 믿어 보려 한다. 2019년에 만든 새벽 6시에 기상하는 습관은 2020년부터 4시 30분 기상으로 바꾸었고, 김미경 학장처럼 '4시 30분에 일어나면 안 될 게 없다.'라는 막연한 믿음을 가지게 되었다. 모두가 단잠을 자고 있을 4시 30분에 매일 일어나는 의지를 가지고 있는 나인데 못 해낼 게 뭐가 있겠는가? 특히 새벽 5시 하천을 달리며 불 꺼진 아파트들을 볼 때면 마음이 더욱 불타오른다. 모두가 잠들어 있는 이 세상에 나 혼자 밝은 빛을 내며 떠오르는 기분이랄까? 자신감이라는 긍정의 감정이 솟구쳐 오른다.

많은 사람이 나에게 도전에 관한 불안함이 없는지 묻는다. 왜 없겠는가? 하지만 불안함이 고개를 들 때마다 이를 극복할 방법을 가지고 있다. 당신에게도 다음과 같은 방법을 제시한다. **딱 하루만 아무도 일어나지 않는 이른 새벽에 일어나 달리기를 해 보아라. 그리고 동이 트기 전 땀을 흘리는 자신의 모습을 보아라. 이 세상을 가질 수 있을 것 같은 마음과 '나도 한 번 진하게 살아 보자.'라는 생각이 들 것이다.**

이 글을 읽은 다음 날 딱 하루만 새벽 러닝을 해 보아라. 만약 잘 맞지 않는다면 더는 하지 않아도 좋으니 한 번쯤은 꼭 경험했으면 한다. 또한 삶에 변화를 주고 싶다면, 꼭 러닝이 아닌 다른 방식이라도 좋으니 꼭 새벽을 맞이해 보기를 강력히 추천한다. 물론 내가 그랬던 것처럼 처음에는 잘 맞지 않을 것이다. 모든 변화는 처음에는 힘들고, 중간에는 혼란스러우며, 마지막에는 아름답다. 힘들고 혼란스러운 시기를 거치면 머리와 마음이 풍요로워지며, 이것이 삶까지 바꾸는 아름다운 광경을 목격하게 될 것이다.

"하루의 시작을 지배하는 자는
어느새 인생을 지배하고 있을 것이다."

23 하루를 주도적으로 시작하라

《미라클모닝》, 할 엘로드

하루를 주도적으로 살고 싶다면 반드시 해야 할 것이 바로 '미라클모닝'이다. 미라클모닝은 기상 후 자신만의 루틴을 통해 하루를 설계하고 주도적인 삶을 만들어 가는 것을 목표로 한다. 단순히 아침 일찍 일어나는 것이 아니라 내면과 외면을 모두 성장시키는 시간으로 활용하는 데 초점을 맞춘 생활방식인 것이다. 우리나라에서도 미라클모닝은 국내 인스타그램에 해시태그만 해도 200만 개가 넘을 정도로 많은 사람이 참여하고 있다.

하지만 이 미라클모닝은 많은 관심만큼이나 많은 오해를 사고 있다. '잠을 줄여야 한다.', '새벽에 일어나야 한다.'와 같은 오해들 말이다. 저자가 이 책을 통해 진정으로 강조하는 것은 시간이 아닌 루틴의 질이다. 이를 위해 명상, 확언, 시각화, 운동, 독서, 기록이라는

6가지 루틴을 제시했고, 최근에는 확장판으로 출간되어 자기 전 해야 하는 '미라클이브닝'에 관한 내용도 담았다. 당신도 이 책을 통해 미라클모닝을 접하고 삶의 주도권을 되찾아 미라클라이프로 나아가기를 바란다.

미라클모닝에 관한 오해

미라클모닝에 관한 아주 큰 오해가 있다. 그건 바로 '그저 일찍 일어나는 것'이라고 여기는 것이다. 미라클모닝은 새벽 기상과는 엄연히 다르며, 잠을 줄이라는 이야기는 더더욱 아니다. 미라클모닝은 하루를 주도적으로 시작하는 것에 그 의의를 두고, 간단한 루틴들로 하루를 이끌어 갈 수 있도록 돕는다.

미라클모닝에는 'SAVERS'라고 불리는 6가지 습관이 있다. 아침에 단 1시간만 투자하면 이를 통해 하루를 주도적으로, 그리고 성공적으로 시작할 수 있다는 것이다. 'SAVERS'는 Silence(명상), Affirmations(확언), Visualization(시각화), Exercise(운동), Reading(독서), Scribing(기록하기)의 앞글자를 딴 루틴이다.

첫 번째는 **명상**이다. 아침에 눈을 뜨고 나서 바로 휴대폰을 확인하거나 서둘러 일상에 뛰어들기보다는, 잠시 명상의 시간을 가지며 마음을 차분히 정리하는 것이다. 생각 정리를 할 수도 있고, 하루를 준비할 수 있는 내적 에너지를 모을 수도 있다.

두 번째는 **확언**이다. 자신에 대한 긍정적인 확언을 통해 스스로에게 힘을 불어넣는 것이다. “나는 할 수 있다.”, “나는 가치 있는 사람이다.”와 같은 확언은 자신에 대한 믿음을 강화하고 긍정적인 에너지를 하루 내내 유지할 수 있게 해 준다. 이는 스스로에게 매일 아침 격려의 말을 건네는 것과 같다. 이러한 긍정적인 확언은 무의식 속에 자리 잡아 우리의 행동과 태도를 더욱 긍정적인 방향으로 이끌어준다.

세 번째는 **시각화**다. 자신이 원하는 목표를 눈앞에 그려 보는 것이다. 이미 목표를 달성한 자신의 모습을 생생하게 상상하고, 그 과정에서 느낄 감정까지도 구체적으로 그려 보는 것이다. 이렇게 시각화된 이미지는 목표를 더 현실적으로 받아들이게 만들고, 그 목표를 이루기 위한 구체적인 계획을 세우는 데 큰 힘을 준다.

네 번째는 **운동**이다. 미라클모닝에서는 간단한 스트레칭이나 산책, 혹은 짧은 시간이라도 집중해서 몸을 움직이는 운동을 권장한다. 신체가 깨어나면 정신도 활력을 되찾으며, 하루를 활기차게 시작할 수 있는 준비가 된다. 이 운동은 반드시 격렬한 것이 아니라 몸을 깨워 주는 가벼운 동작만으로도 충분하다.

다섯 번째는 **독서**다. 하루의 시작에 짧게나마 독서를 통해 새로운 지식이나 영감을 얻는 것이다. 아침에 읽은 작은 글귀나 아이디어가 하루의 방향을 바꾸거나 더 나아가 인생의 중요한 지침이 될 수도 있다. 사회적, 경제적으로 성공을 거둔 사람들의 공통적인 습관 중 하나가 독서이기에 하루에 몇 페이지라도 책을 읽는 것은 매우 가치 있는 투자라고 볼 수 있다.

마지막은 **기록하기**다. 자신의 생각, 목표, 혹은 하루 동안 느낀 점을 기록하는 습관은 자기 성찰을 돕고, 자신이 나아가는 방향을 더 명확하게 해 준다. 작은 생각이나 아이디어일지라도 글로 남겨 두면 그것이 나중에 큰 통찰로 이어질 수 있다. 기록을 통해 자신을 돌아보고 계획을 점검하는 과정은 성장을 위한 필수적인 단계다. 그러니 어떤 방식으로든 메모하고 기록하는 습관을 가져라.

여기서 주의할 점은 이 6가지 습관을 모두 실천하려는 강박을 갖지 않아도 된다는 것이다. 특히나 처음 습관을 정착하려는 사람들이 그런 강박을 갖게 되면 오히려 미라클모닝, 자기계발에 대한 안 좋은 인식이 생길지도 모른다. 가짓수와 시간에 대한 강박과 부담을 내려놓자. 이 6가지 중 단 한 가지만 해도 좋고, 6가지를 모두 실천하는 데 항목당 1~2분 정도만 반영해 10분만에 끝내는 것도 좋은 방법이다. 뿐만 아니라 여기에 제시되어 있지 않은 습관이라도 하루를 주도적으로, 활기차게 시작할 수 있다면 뭐든 좋다.

중요한 건 '나에게 맞는 적용'이다. 뱁새가 황새 따라가다가 가랑이가 찢어진다는 말이 있듯이 처음부터 무리한 루틴을 적용한다면 탈이 날 것이다. 처음부터 모든 습관을 한꺼번에 적용하려 하기보다는 한 가지부터 시작해 점차 확장해 나가자. 작은 변화가 결국 더 큰 변화를 불러일으키는 법이니까.

미라클모닝의 적용

이제 SAVERS 루틴을 삶에 적용해 보자. 먼저 내가 적용하고 있는 것들과 그에 관한 느낀 점을 전할 테니 이 글을 읽으며 당신만의 루틴을 만들어 보기를 바란다. 나는 명상, 확언, 시각화, 운동, 독서, 기록 6가지를 모두 적용하고 있는데, 나의 루틴에 대해 조금 더 자세히 이야기해 보겠다.

먼저 나는 SAVERS를 적용하기 전, 알람을 끈 뒤 양치를 하고 물을 한 컵 마신다. 우리는 잠을 자면서 밤새 수분을 잃는데 기상 후 물 한 컵으로 충분히 보충할 수 있다. 뿐만 아니라 아침에 마시는 물은 신진대사를 촉진시켜 더 많은 에너지를 사용할 수 있도록 돕는다.

이후 책상에 앉아 내가 만든 비전보드를 보며 짧게 시각화를 하고 목표를 글로 한 번 적는다. 이때 입가에는 살짝 미소를 지으며 목표를 이루었을 때를 상상하고 즐긴다. 참 행복한 상상이다. 다음은 10분 정도 명상을 한다. 이 순간에는 영화 「인터스텔라」의 OST로 쓰였던 'First Step'을 들으며 크게 심호흡을 한다. 이는 온전히 나의 호흡을 느끼는 유일한 시간이다. 마음이 차분해져 주변을 이루는 모든 것들에 감사해진다.

명상이 끝나면 하루를 계획하기 시작한다. 직접 제작한 플래너를 펼치고, 각 칸을 작성한다. 내가 만든 성공 플래너는 '하루의 목표, 감사일기 3가지, 확언'으로 구성되어 있다. 오늘 할 일을 우선순위대로 나열하고, 감사한 일 3가지를 적는다. 하루도 빼놓지 않고 감사일기를 적으면 매일매일 적을 만한 게 있냐고 묻는 사람이 많은데, 일상의 모든 것이 감사라고 생각하면 그 글감은 무한하다. 간밤에 편하게 잘 수 있도록 도와준 침대에게 감사하기도 하고, 맑은 공기를 마실 수 있음에 감사하며, 앞을 볼 수 있다는 것, 글을 쓸 수 있다는 것, 몸이 건강하다는 것 등 수많은 감사할 사항이 있다.

다음은 확언을 적는다. 확언은 나에게 주는 영양제이자 가장 든든한 서포터다. 열정적으로 삶을 살아가다 보면 지칠 때도 있는데 그럴 때 '나는 할 수 있다.'와 같은 간단한 확언이 큰 힘이 된다. 가족, 친구, 지인들이 응원해 주는 것도 힘이 되지만, 내가 나를 믿고 응원해 주는 것만큼 큰 힘이 되는 것도 없다.

이후 새벽 산책 혹은 러닝을 하며 땀을 내고, 인스타그램에 접속해 스토리에 기상 인증샷과 동시에 간단한 기록을 남긴다. 처음에는 나를 위한 글이었지만, 내 글을 보고 힘을 내고 있다는 연락을 많이 받고 있어서 이 기록이 더욱 즐거워졌다.

마무리로는 독서 또는 글쓰기 등 나를 성장시킬 수 있는 시간을 갖는다.

나의 루틴은 새벽 4시 30분에 시작해 대략 8시 정도에 끝난다. 이른 시간임에도 많은 것들을 해냈다는 뿌듯함과 내 삶을 내가 이끌어 간다는 자부심에 미소가 지어진다.

내 루틴은 약 6~7년 정도 발전을 거듭하며 자리 잡은 것이다. 이러한 루틴은 지금도, 그리고 앞으로도 계속 변할 것이다. 기상 시간에 변화가 생길 수도 있고, 하는 일에 변화가 생길 수도 있다. 변하지 않는 것이 하나 있다면 이 시간은 그 누구에게도 방해받지 않는 시간이며, 더 나다운 삶을 살기 위한 시간이라는 것이다. 당신도 꼭 당신 고유의 루틴을 만들어 보기를 바란다. 나와 마주하는 시간, 나를 성장시키는 시간이 생길 때 당신은 삶을 더욱 주도적으로 살아갈 수 있으며, 끌려 가는 삶이 아닌 이끌어 가는 삶이 무엇인지 깨닫게 될 것이다.

미라클모닝에 앞서 미라클이브닝

새벽 기상 7년 차로 접어드는 지금, 나도 새벽 기상과 미라클모닝 루틴이 어려울 때가 있다. 언제일까? 동기부여가 줄어들 때? 반복에 지쳐 번아웃이 왔을 때? 그건 바로 전날과 관련이 있다. 음주를 하거나 늦게 잘 때다.

새벽 기상 혹은 미라클모닝 루틴을 더 잘하기 위해서는 전날 밤이 달라져야 한다. 미라클모닝 확장판에서는 이를 '미라클이브닝'이라고 표현한다. 내가 적용하는 미라클이브닝은 총 3가지인데, 독자들도 꼭 적용해 보기 바란다. 아마 다음 날 아침이 달라져 있을 것이다.

첫 번째이자 가장 중요한 것은 역시 취침 시간이다. 새벽 기상이나 미라클모닝을 할 때 꼭 피해야 하는 것이 '잠 줄이기'다. 잠을 줄이면 신체적, 정신적, 감정적 모든 영역에서 건강에 안 좋은 영향을 끼친다. 잠을 줄이면 심혈관 질환 위험이 증가하며, 인지 기능이 저하될 뿐만 아니라 짜증이 늘거나 우울 및 불안으로 이어질 확률이 크다. 권장되는 수면 시간은 연구에 따라 다르지만, 성인에게 가장 적합한 수면은 7~8시간이라고 한다. 나도 종종 못 지킬 때가 있지만, 되도록 밤 10시 이전에는 잠자리에 든다.

두 번째는 휴대폰 차단이다. 많은 현대인이 침실로 휴대폰을 가져가 잠들기 직전까지 사용한다. 블루라이트 노출은 우리 뇌에서 멜라토닌이라는 수면 호르몬 분비를 억제한다. 멜라토닌은 몸에 '잘 시간이 다가왔다.'라는 신호를 보내는데, 블루라이트에 노출되게 되면 뇌는 시간을 낮으로 착각을 하게 된다. 그래서 나는 항상 휴대폰을 거실에 둔다. 스마트폰 알람을 맞추고 거실에 두면 블루라이트를 피할 수 있어 잠이 잘 올 뿐만 아니라, 아침에 알람을 끄러 거실까지 가야 하기 때문에 기상에도 엄청난 도움을 준다.

세 번째는 다음 날을 계획하는 것이다. 특히 새벽 기상을 하는 나는 새벽에 대략 무엇을 할지 정해 둔다. 가령 책을 읽는다면 어떤 책을 어느 정도 읽을지 정해 두는 것이다. 나는 이를 '행동 명분'이라고 부른다. 아침에 일찍 일어날 명분이 없는데 어떻게 피곤한 몸을 일으키겠는가? 전날 플래너에 대략적으로라도 다음 날 아침에 할 일을 적어 두면 기상이 달라진다. '조금 더 자자.'가 아닌 '오늘은 이걸

하기로 했지.'라는 생각이 들며 잠에서 깨게 되는 것이다.

전날 밤의 작은 변화가 다음 날 아침의 행동과 활력을 결정한다. 따라서 여러분이 더 나은 하루를 만들고자 한다면, 미라클이브닝을 통해 먼저 저녁 습관을 개선해 보자. 더 나은 아침, 더 나은 내일 아침이 당신을 기다리고 있을 것이다.

"주도적인 하루는
아침을 어떻게 보내는지에 달려 있다."

24 부자들의 습관을 훔쳐라

《타이탄의 도구들》, 팀 페리스

성공으로 나아가는 가장 빠른 방법은 무엇일까? 그건 바로 성공한 사람들의 습관, 마인드, 행동을 따라 하는 것이다. 론 프리드먼(Ron Friedmon)의 《역설계》에 따르면, 내가 하려고 하는 일에 대해 성과를 낸 사람들을 모방하다 보면 안목이 생기고, 그 안목은 곧 내 실력이 된다고 한다. 그리고 이를 '암묵적 학습'이라고 표현한다. 《타이탄의 도구들》은 성공에 대한 암묵적 학습을 위한 책이라고 할 수 있다. 이 책에는 저자 팀 페리스(Tim Ferriss)가 세상에서 가장 지혜롭고, 가장 부유하고, 가장 건강한 사람이라고 평가받는 인물(타이탄)들을 통해 배운 인생의 정수가 담겨 있다. 타이탄에게는 공통점이 있다. 책에서는 많은 공통점이 제시되지만, 5가지 정도로만 요약하자면 다음과 같다.

1. 타이탄의 대다수는 가볍게라도 매일 명상을 한다.
2. 그들은 독서를 생활화하고 세계적인 명저를 즐겨 읽는다. 예를 들어 유발 하라리의 《사피엔스》, 찰스 멍거의 《불쌍한 찰리 이야기》, 로버트 치알디니의 《설득의 심리학》, 빅터 프랭클의 《죽음의 수용소에서》, 헤르만 헤세의 《싯다르타》 등.
3. 고도의 집중력이 요구되는 창의적인 작업 때 특정 노래를 반복해서 듣는다.
4. 그들은 실패에 좌절하지 않고 경험으로 여긴다.
5. 자신의 '약점'을 받아들이고 이를 오히려 기회로 바꿔 낸다.

저자는 타이탄들의 공통적인 습관을 담은 이 책을 통해 우리에게 다음의 2가지 메시지를 던진다.

첫 번째, 성공은 당신이 그걸 어떻게 정의하든 올바른 경험으로 얻어진 믿음과 습관들을 쌓아가다 보면 반드시 성취할 수 있다. 즉, 우리도 좋은 습관들을 쌓아 나가다 보면 타이탄들처럼 성공할 수 있다. 단, 그것을 생각하는 것에만 그치는 것이 아니라 행동으로 옮겨야 한다.

두 번째, 당신 마음속에 떠오르는 슈퍼히어로들(기업가, 억만장자, 최고의 하이퍼포머 등)은 모두 걸어 다니는 결점투성이다. 그들이 모든 면에서 완벽할 것 같지만, 그렇지 않다. 그들도 평범한 사람이다. 다만, 좋은 습관들을 쌓아 왔기에 특정 분야에서 성공을 거두었고, 막대한 부를 이뤘을 뿐이다. 그러니 그들을 마치 신처럼 완벽한 존재라고 생각하고, '나는 그렇게 될 수 없어.'라며 자책해선 안 된다. 그들 또한 그들보다 앞선 타이탄들을 따라 성공궤도에 올랐듯, 우리도 타이탄들의 도구를 습득하여 원하는 무대로 올라서 보자.

성공한 사람들의 아침 습관

당신은 아침에 하는 루틴이나 의식이 있는가? 팀 페리스는 수백 명의 타이탄을 만날 때마다 다음과 같은 질문을 했다.

"당신들은 아침에 일어나면 뭘 합니까?"

팀 페리스는 타이탄들의 대답을 바탕으로 타이탄들이 아침에 하는 일을 5가지로 압축했고, 이 중 3가지만 해내도 훨씬 충만한 삶을 살 수 있을 거라고 말한다. 타이탄들은 하루의 첫 60분을 굉장히 중요하다고 강조하는데, 그들이 하는 5가지 행동은 다음과 같다.

1. 잠자리 정리(3분)
2. 명상(10~20분)
3. 한 동작 5~10회 반복(1분)
4. 차 마시기(2~3분)
5. 아침 일기 쓰기(5~10분)

첫 번째는 잠자리 정리다. 오사마 빈 라덴 체포 작전을 진두지휘했던 미 해군 제독 윌리엄 맥레이븐(Willam mcRaven)의 '잠자리를 정리하라!'는 강연은 수천만 조회 수를 기록하며 전 세계로 뻗어 나갔다. 이는 텍사스대학교 졸업식 연설 영상인데, 여러 유튜브 채널에 소개되었다. 그는 매일 아침 잠자리를 정돈하기를 강조한다. 별 것 아닌 것 같은 잠자리 정리가 뭔가 해냈다는 성취감, 자존감으로 이어지기 때문이다. 단순히 이불 정리를 넘어 기분과 감정에 영향을 미치는 것이다.

두 번째는 명상이다. 타이탄들은 현재 상황을 직시하고, 침착한 태도를 유지하기 위해 명상을 한다. 팀 페리스는 세계적인 수준에 오른 수많은 타이탄들과 인터뷰를 했는데, 그들의 가장 일관된 패턴은 단연 '명상'이라고 말한다. 명상을 하면 한 걸음 뒤로 물러난 '목격자의 관점'을 얻을 수 있다. 마치 내가 나를 3인칭에서 바라보고 있는 것과 같은 느낌 말이다. 자신을 먼 곳에서 바라볼 수 있는 관점은 생각의 크기를 확장하는 데 큰 도움이 된다.

세 번째는 한 동작을 5~10회 약 1분 정도 반복하는 것이다. 팀 패리스는 나와 같이 팔굽혀펴기를 한다고 하고, 《네 안에 잠든 거인을 깨워라》의 저자 토니 로빈스는 30~60초간 찬물 샤워를 한다고 한다. 방법은 저마다 다르지만, 운동 선수들이 중요한 경기 전 자신만의 고유한 루틴을 하듯, 하루를 시작할 때 자신만의 고정 루틴을 가져 보자.

네 번째는 차를 마시는 것이다. 아침에 마시는 차는 에너지 충전

뿐 아니라 건강에도 도움을 준다. 대중적이면서도 아침에 마시면 좋은 차에는 녹차, 레몬생강차, 페퍼민트차, 마테차, 루이보스차, 홍차 등이 있는데, 완전히 몸이 깨어난 상태가 아니므로 가급적 따뜻한 차를 마셔 보자.

다섯 번째는 아침 일기를 쓰는 것이다. 그들은 아침에 오늘을 기분 좋게 만드는 것, 오늘의 다짐에 대해 적는다. 나는 그중에서도 감사일기를 강력 추천하는데, 사소한 것에 감사함을 느끼는 것만으로도 삶에 감사하게 되고, 행복지수가 오르기 때문이다. 나는 매일 3개의 감사일기를 쓰는데, 최소 이틀에 한 번씩은 아내에 관한 감사함을 적는다. 아내는 내 인생에 가장 소중한 사람이자, 나와 평생을 함께할 반려자이기 때문이다. 아내에 대한 감사함을 매일 혹은 이틀에 한 번씩 적으니, 사이가 좋을 수밖에 없다. 그녀의 단점이 아닌 장점을 계속 찾는 생각이 머릿속에 자리 잡기 때문이다. 아내와의 행복은 나의 삶을 더 풍요롭게 해 주고, 일도 더 잘되게 도와준다. 독자들도 감사일기를 쓰되, 자신의 삶에 가장 중요한 사람에 대한 감사도 자주 적어 보기를 추천한다.

팀 페리스가 만난 사람들은 앞선 5가지와 같은 공통점이 있었다. 여기서 나는 그들의 공통적인 습관과 성공의 인과관계를 생각해 볼 필요가 있다고 본다. 과연 그들은 이 습관을 실행하며 성공으로 나아간 것인지 혹은 성공한 이후부터 이러한 습관을 하기 시작했는지 말이다. 답은 역시 습관을 통해 성공으로 나아간 것이 틀림없다. 그들은 매일 반복적으로 실천하는 습관을 통해 자신을 성장시키고, 목표에 가까워지도록 행동했기에 지금의 위치에 도달할 수 있었다. 중요한 점은 이 습관들이 거창한 것이 아니라 누구나 실천할 수 있는 단순한 행동이라는 것이다. 그들은 그저 꾸준히, 의식적으로 반복했을 뿐이다. 부자가 되는 가장 빠른 방법은 그들의 행동을 답습하는 것이니 그것들을 하나씩 나의 도구로 만들어 보자.

부자들의 독서 습관

부자들의 공통습관 중 하나는 역시 독서다. 세계 부자 순위 1, 2위를 다투는 테슬라의 일론 머스크와 아마존의 제프 베이조스도 입이 닳도록 독서를 강조한다. 머스크는 "내가 로켓을 발명할 수 있었던 비결은 바로 책에 있다."라고 말했고, 제프 베이조스는 "독서보다 중요한 것은 없다."라고 말했다.

나 또한 이미 성공한 사람들이 추천하는 습관인 독서를 생활화하고 있으며, 실제로 독서를 통해 삶이 변화하는 것을 느끼고 있다. 독서를 하면 원하는 것을 이룰 확률이 기하급수적으로 오르는 것은 어쩌면 당연한 일이다. 우리가 겪는 모든 문제나 고민은 이미 누군가가 겪어 봤을 테고, 그리고 그 문제와 고민을 슬기롭게 해결하고 성공을 이룬 사람들의 해답지가 책이라는 매개체에 담겨 있기 때문이다.

나는 부자들을 찾아다니며 조언 듣는 것을 좋아하는데, 내가 만난 모든 부자들도 독서를 생활화하고 있었다. 이미 어느 정도 부를 이룬 사람들도 예전보다는 독서량이 줄었지만 여전히 독서를 게을리하고 있지 않는다고 말했고, 또 어떤 이는 오디오북을 통해 출퇴근 시간에는 반드시 독서를 한다고 말했다. 그들은 투자, 사업으로 부를 쌓는 데에 있어 책으로부터 많은 도움을 받았다고 말했다.

누군가는 책을 읽어도 변화가 없다고 말한다. 왜 누군가는 책을 통해 성공하고 부자가 되었다고 말하고, 누군가는 책을 아무리 읽어도 변화가 없다고 말할까? 그건 바로 '적용'의 차이다. 나도 읽은 내용을 삶에 적용하기 전에는 변화를 느끼지 못했다.

책상 위에 콜라가 한 병 있다. 우리는 콜라는 옮기는 방법에 관한 글을 읽는다. 두 번, 세 번, 열 번 읽는다. 그런다고 해서 이 콜라가 저절로 옮겨질까? 아니다. **콜라를 옮기려면 그것을 직접 들어서 옮기는 '행동'을 해야 한다.**

나는 어느 날 독서를 통해 이 원리를 깨달았다. 아무리 성공하는 방법, 부자가 되는 방법을 100권, 1,000권 읽어도 내 삶에 적용하지 않으면 달라지지 않는다는 것을 말이다. 책에서 '성공한 사람들을 만나라.'라고 말한 것을 적용해야겠다면 적어도 성공한 사람에게 연락이라도 한 통 하거나, 주변 사람을 통해 성공한 사람을 수소문하는 노력이라도 해야 한다. 만나지 못해서 실패할지언정 그 시도를 함으로써 깨달음을 얻는 것이 있을 것이다.

나는 독서에서 적용할 점을 찾아내고 적용하기 위해 '아웃풋 독서노트'를 직접 제작했다. 책을 그냥 읽는 것이 아니라 읽으며 와닿은 구절은 필사하고, 필사한 글로부터 얻은 영감이나 당시에 들었던 생각은 그 옆에 적는다. 그리고 책 한 권을 다 읽으면 나의 영감을 종합하여 적용할 점을 3가지 정도 찾아내 적용할 점에 적고 반드시 실행한다. 이것이 내가 다음 책으로 넘어가는 기준이다.

이러한 독서 습관이 쌓이니 나는 '실행하는 독서가'가 되었다. 단순히 읽는 것에만 집중하는 것이 아닌 게임 캐릭터를 키우듯 실행을 통해 내 삶을 업그레이드하는 것이다. 책에서 도출된 교훈을 통해 실행하고, 또 그 실행을 통해 나의 레벨이 점점 오르는 모습을 보며 독서의 재미는 배가 된다.

이제 당신도 독서를 통해 얻은 지혜를 단순히 머릿속에 저장하는 데 그치지 말고, 이를 직접 실행에 옮겨 자신의 삶을 한 단계 끌어올려 보라. 독서하는 습관에 실행까지 결합된다면 당신의 성장 속도에는 부스터가 달릴 것이다.

그들의 습관을 답습하자

성공한 사람들의 습관을 답습해야 하는 이유는 간단하다. 그들의 습관이 바로 그들을 성공으로 이끈 핵심 요인이기 때문이다. 성공한 사람들은 특별한 재능이나 운만으로 그 자리에 올라간 것이 아니다. 그들에게 가장 강력하게 작용한 힘은 쌓이고 쌓인 그들의 꾸준한 습관이다.

그러므로 그들의 습관을 따라 하면 시행착오를 확연히 줄일 수 있다. 성공한 사람들의 습관은 수백 년 수천 년에 걸쳐 검증된 방법이다. 이 책에서 제시하고 있는 습관들은 그중에서도 가장 효과가 큰 습관이다. 우리는 그들의 습관을 답습함으로써 그들이 겪었던 수많은 시행착오는 겪지 않고 그들이 걸어온 성공의 길만을 따라 걸을 수 있다. 빠르게 성공할 수 있는 지름길을 안내받는 셈이다.

또한 그들의 습관을 답습함으로써 시간과 에너지를 효율적으로 사용하는 법을 배울 수 있다. 습관은 들이는 데에는 시간이 걸리지만, 한 번 들여놓으면 그 이후에는 자동적으로 행동이 이루어진다. 즉 초반에는 에너지가 많이 들지만, 그 이후에는 숨을 쉬듯, 길을 걷듯 그저 자연스러운 행동이 된다는 것이다. 습관을 통해 우리는 시간 낭비를 줄이고 중요한 일에 더 많은 에너지를 집중할 수 있게 된다.

끝으로 그들의 습관을 답습하면 마인드셋을 개선할 수 있다. 성공한 사람들의 습관은 단순한 행동의 반복을 넘어, 그들의 사고방식과 마인드셋을 반영한다. 긍정적인 확언을 외치는 습관에는 '무엇이든 해낸다.'라는 그들의 마인드가 담겨 있다. 그들의 습관에 담긴 이러한 마인드셋을 습득한다면 우리는 더 큰 도전에도 주저하지 않고, 실패를 두려워하지 않으며, 자신의 목표에 더 확신을 갖고 나아갈 수 있다.

결국 성공한 사람들의 습관을 답습하는 것은 단순한 모방이 아니다. 그들의 삶에서 성공으로 이어진 중요한 원칙들을 우리의 삶에 적용하는 것이다. 성공은 우리가 매일 반복하는 작은 행동들로 이루어진다. 때문에 그들의 습관을 우리 자신의 습관으로 만들어 실천한다면 우리도 어느새 타이탄이 되어 있을 것이다.

"성공한 사람들의 길을 답습하는 것이
성공으로 가는 최고의 지름길이다."

WORK BOOK

4장을 마치며

좋은 습관이든 나쁜 습관이든 몸에 밴 습관은 바꾸기 어렵다. 반대로 말하면 성공하는 습관을 장착했을 때 좀처럼 이 또한 꾸준히 유지된다는 말이다. 그리고 이 습관이 반복되었을 때의 힘은 가히 놀랍다. 삶은 합산으로 이루어지는 법이다. 내가 그리는 미래로 나아갈 수밖에 없는 습관을 쌓자. “처음에는 내가 습관을 만들지만, 나중에는 습관이 나를 만든다.”

함께 해 봅시다

1. 내가 원하는 것을 이루기 위해 끊어내야 할 습관과 가져야할 습관을 적어 보자.

■ 끊어 내야 할 습관	■ 가져야 할 습관

2. 원하는 것을 이루기 위해 만든 습관에 시간을 배정해 보자.

예: 독서-일일 30분, 헬스-주 3회 1시간씩 등

3. 앞의 두 사항을 고려하여 나만의 루틴을 만들어 보자.

시간	습관
예) 05:00~05:30	하루 계획 및 명상
05:30~06:30	독서
06:30~07:00	스트레칭 및 간단한 운동
12:30~13:00	경제 신문 읽기
21:30~22:00	일기 쓰기 및 다음날 짐 챙기기

PART

5

실행의 힘

어느덧 이 책의 마지막 장이다. 들어가기에 앞서 이 글을 읽는 독자들에게 박수를 보낸다. 이번 장의 타이틀인 '실행'의 벽을 넘고 있는 사람들이기 때문이다. 부와 성공을 얻기 위해서 독서를 하는 것의 중요성은 누구나 인지하고 있지만, 막상 책을 사는 사람은 많지 않다. 그리고 책을 사더라도 끝까지 읽는 사람은 더더욱 적다. 하지만 지금 이 글을 읽는 사람들은 이 2가지 관문을 모두 통과했다. 적어도 실행력이 상위 1퍼센트 이내에는 든다. 지금 당신의 그 실행력을 당신이 원하는 것을 이룰 때까지 꼭 가져갔으면 한다. 부와 성공에 대해 깨닫고, 그럴싸한 목표를 세운 뒤, 훌륭한 마인드와 루틴을 설정한다고 한들 실행이 빠지면 말짱 도루묵이기 때문이다.

이번 장으로 책을 마무리하며 독자들의 실행력을 10배, 100배 끌어올리고 싶다. 그리고 변화하는 삶을 함께 누리고 싶다. 실행을 통해 변화하는 독자들의 모습을 아주 간절히 바라며, 마지막 챕터를 시작한다.

25 실행에 앞서 덜어 내기

《신경 끄기의 기술》, 마크 맨슨

'실행', '성공'과 같은 진취적인 단어를 떠올리면 "무엇부터 해야 할까?"라는 생각이 먼저 든다. 경제적 자유로 나아가며 느끼는 점은 이러한 생각에 함정이 있다는 것이다. 사람들은 기존에 하던 것에 무엇을 더하면 성장할 수 있을지 고민하지만, 사실 무언가를 더하기란 쉽지 않다. 사람은 쉽게 변하지 않고, 더한다고 하더라도 실행의 양에 한계가 있다. 그런 함정에 빠진 우리에게 해답을 주는 책이 있다. 바로 《신경 끄기의 기술》이다.

이 책은 '무엇을 더 해야 할까?'가 아닌 '무엇을 버려야 할까?'에 집중하게 한다. 진짜 중요한 것에 신경 쓰려면 다른 것들은 포기하거나 적당히 신경 끄는 기술이 필요하기 때문이다. 무언가를 얻기 위해서는 다른 무언가를 포기해야 하는 법이다. 결국 신경 끄기의 기술은 단순히 삶의 복잡함을 줄이자는 메시지뿐만 아니라 실행력을 높여 주고, 성공으로 나아가는 여정에서 필수적인 선택과 집중의 기술을 알려 준다.

포기와 거절의 중요성

우리는 흔히 "성공을 위해 무엇을 더 해야 할까?"라는 질문을 자주 던지곤 한다. 새로운 목표를 세우고 더 많은 일을 하려는 노력이 곧 성과의 비결이라고 믿기 때문이다. 그러나 《신경 끄기의 기술》에서 제시하는 교훈은 바로 이 사고방식을 전환하는 데 있다. 성공을 위해 무엇을 더할지 고민하는 대신 무엇을 포기할지, 무엇을 거절할지 먼저 결정하는 것이 진정한 실행력을 높이는 첫걸음이라는 것이다.

무엇을 그만두고 거절할 것인가? 우리의 시간과 에너지는 한정되어 있다. 모든 것을 성공할 수 없다는 사실을 깨닫는 순간, 우리는 보다 중요한 것을 선택하게 된다. 더 많은 일을 목록에 추가하는 것은 오히려 실행력을 저하할 수 있다. 과도한 목표 설정과 해야 할 일 목록은 결국 우리가 집중해야 할 중요한 일들로부터 시선을 분산시킬 뿐이다.

다시 말해 포기와 거절은 선택의 문제다. 마크 맨슨(Mark Manson)은 이 책에서 우리가 진정 중요한 것에 집중하기 위해서는 나머지 불필요한 것들은 과감히 포기해야 한다고 강조한다. 거절은 단순히 어떤 일을 하지 않는 게 아니라, 나 자신이 가진 에너지와 자원을 가장 중요한 일에 몰입하기 위해 다른 것을 선택적으로 배제하는 행위다.

삶의 우선순위는 포기에서 시작된다. 예를 들어 일상에서 "시간을 더 잘 관리하고 싶다."라는 목표를 세운다고 가정해 보자. 이 목표를 이루기 위해 우리는 생산성 있는 도구를 찾거나 더 많은 습관을 추가하려고 든다. 그러나 이때 진짜 필요한 것은 새로운 것을 더 하는 것이 아니라, 현재 우리의 시간을 빼앗는 비생산적인 활동을 포기하는 것이다. 예를 들어 친구와의 잦은 술자리, 소셜 미디어에서의 과도한 시간 소모, 스트레스를 주는 인간관계 등에서 과감하게 물러나야 한다.

실제로 성공한 사람들은 그들이 신경 쓰지 않기로 선택한 것들 덕분에 높은 성과를 거두었다. 신경 끄기의 기술에서 설명하듯이, 우리 인생에서 더 중요한 것에 집중하기 위해서는 불필요한 것들에 신경을 끊는 용기가 필요하다.

포기는 실패를 의미하는 것이 아니다. 오히려 포기는 실행력을 극대화하는 강력한 도구다. 선택과 집중을 통해 핵심에 몰입할 기회를 만든다. 우리는 모두 한정된 시간 안에서 많은 것을 이루려 하지만, 결국 우리를 움직이게 하는 것은 '포기'라는 선택이다. '무엇을 할까?'가 아니라 '무엇을 하지 않을까?'에 대한 명확한 기준이 있어야만 실행력을 진정으로 높일 수 있다. 성공은 무언가를 더하는 것보다, 덜어 내는 용기에서 시작된다.

오늘부터 당신의 할 일 목록을 다시 한번 들여다보자. 그중 정말로 중요한 것들은 무엇인가? 나머지는 과감히 포기하라.

끈기의 시작은 끊기

'끈기의 시작은 끊기'라는 말이 있다. 무언가를 꾸준히 실행하기 위해서는 끊어 내는 것으로부터 시작하라는 말이다. 나는 경제적 자유를 이루기로 결심하고 '무엇을 끊어 내야 할까?' 생각했다. 그리고 잠시 끊어 낼 2가지를 정했다. 바로 친구와 회식이었다.

나는 사람 만나는 것을 워낙 좋아하는데 그중에서도 친구들 만나는 것을 참 좋아했다. 학창시절에도 365일 중 친구를 안 만나는 날이 없었으며, 어떤 날은 아침, 점심, 저녁 무려 하루 3개의 약속을 잡기도 했다. 이렇게 친구들 만나는 것을 좋아하는 나를 비꼬아 "너 무슨 정치인이냐?" 하고 농담 섞인 비아냥을 던지는 짓궂은 친구들도 있었다.

직업군인 생활을 하며 친구들과 물리적으로 거리가 멀어져 만나는 빈도는 자연스레 줄었으나, 그래도 종종 친구들을 만나 술 한잔을 하곤 했다. 그러던 중 필요성을 느껴 이 친구들을 끊어 내기로 한 것이다. 친구를 끊어 낸다는 것은 절교한다거나 그들을 밀어 낸다는 의미는 아니다. 다만 내가 목표를 이루기 위해 전력투구하는 동안은 만남을 잠시 멈춰야겠다고 생각했다.

전역을 준비하는 2022년에는 친한 친구의 결혼식 이외에는 일절 친구들을 만나지 않았다. 술 한잔하자는 친구들의 연락에도 "요즘 군대 업무 하랴 전역 준비하랴 바빠서 어려울 것 같아. 미안해." 하고 거절했다. 처음에는 "뭘 그렇게 튕겨! 네가 그렇게 바쁘냐?" 하고 핀잔을 주는 친구도 있었지만, 내가 무엇에 도전하고 몰두하고 있는지 그 상황을 아는 친구들은 모두 이해해 주었다. 설령 이해를 못 하는 친구가 있더라도, '이 친구가 나의 상황과 절실함을 이해 못 해 주는구나.' 하고 생각하기로 했다.

두 번째로 끊어 낸 것은 군대 회식이었다. 직장인이라면 회식에 관한 고충이 있을 것이다. 나 또한 그랬다. 전역 준비 전에는 회식을 반가워하고 즐겼다. 사람들과 어울리는 것을 워낙 좋아했으니까. 하지만 전역 준비를 하면서는 책을 읽고 콘텐츠를 만들기에 바빴다. 부대 회식을 다 따라다니다가는 이도 저도 안 될 것만 같았다. 친구들과의 약속은 편하게 거절할 수 있었지만, 부대 회식, 특히 상급자가 제안하는 회식은 거절하기가 어려웠다.

고민 끝에 나는 거짓말을 선택했다. 책을 읽고 콘텐츠를 만든다는 이유로 회식을 거절하기에는 어려울 것 같아서 퇴근 후에 수업을 들어야 한다고 했다. 수업료가 비싸서 빠지기에는 좀 그렇다고 약간의 거짓말까지 섞었다. 상급자가 대신 그 돈을 내 줄 수도 없는 터였다. 처음에는 거짓말을 한다는 생각에 찜찜했지만, 가장 수월한 거절 방법이었고 상급자 입장에서도 기분 나쁜 거절이 아니었기에 미래를 위한 약간의 속임수 정도로 생각했다.

2가지를 끊어 내니 저녁 또한 자기계발 시간이 됐다. 나는 이렇게 얻은 시간을 실행에 활용했다. 매일 저녁 식사를 마치는 대로 콘텐츠를 제작했고, 이것이 꾸준히 쌓여 현재의 나를 만들었다.

지금 생각해 보면 집중해야 할 시기에 필요하지 않다고 생각하는 것들을 잠시 끊어 낸 것은 최고의 선택이었다. 만약 내가 친구와 회식을 끊어 내지 않았다면 지금의 내 모습, 경제적 자유로 나아가기 위한 기반은 없었을 것이다. 그리고 사실 그들과 시간을 보내며 술을 몇 잔 먹었다고 한들 그들과의 관계가 더 나아졌을 것 같지는 않다. 내가 할 일을 잘 해내면서 관계를 유지하는 것이 친구관계든 직장동료관계든 더 건강한 관계지 술을 함께 자주 마신다고 건강한 관계는 아니기 때문이다.

나는 여전히 친구들과도 잘 지내고 있고, 이전 부대 동료들과도 종종 연락하며 지낸다. 그 당시에는 거절을 하며 속으로 조마조마하고 걱정도 했지만, 그들은 모두 나를 이해하고 있었다. 무엇을 끊어 낸다는 것은 마이너스로 가는 길이 아니다. 그것은 내가 진정으로 집중해야 할 목표를 위해 불필요한 것들을 정리하고, 우선순위를 명확히 하는 과정이다. 친구나 회식 같은 것들은 언젠가 다시 돌아올 수 있는 것들이다. 하지만 내 목표와 꿈을 위해 내릴 수 있는 결정은 지금 이 순간뿐이다.

진하게 결국 끊어 낸 것들은 나를 구속하지 않았고, 오히려 더 넓은 길로 나아가게 해 주었다. 이 경험을 통해 나는 포기와 거절의 용기가 성장의 필수 단계임을 깨달았다.

끊어내는 것에 관한 기준

포기, 끊어 냄, 신경 끄기의 중요성을 깨달았다면 이제는 실천할 때다. 우리는 무엇을 끊어 내야 할까? 나는 이 질문의 답을 '워런 버핏의 20/5 법칙'에서 찾았다. 이는 워런 버핏이 자신의 개인 비서인 마이크 플린트에게 제안하면서 널리 알려졌으며, '성공적인 삶을 위해 어떻게 해야 할 일을 줄이고 가장 중요한 것에 집중할 수 있는가?'에 대한 가이드라인을 제공하는 법칙이다.

이 법칙의 핵심은 '덜 중요한 목표를 포기하는 것'에 있다. 먼저 이루고 싶은 목표 25가지를 적는다. 커리어에 관한 목표도 좋고, 삶에 관한 목표도 좋다. 그리고 이 중에서 가장 중요한 5가지를 고민해 선택한다. 이 5가지는 당신이 가장 먼저 달성하고 싶고 가장 큰 의미를 두는 것이다. 나머지 20가지의 의미가 참 신선했는데, 이 20가지는 다름 아닌 포기하는 것이다. 워런 버핏은 이 20가지를 '철저히 피해야 할 목표'로 간주한다. 한편으로는 중요한 목표처럼 보이지만 실제로는 가장 중요한 5가지 목표를 방해하는 요인이기 때문이다.

다음으로는 내가 자주 하는 행동, 내가 자주 만나는 사람, 내가 자주 가는 곳 등 내가 주로 하는 것들을 나열한다. 그리고 이것들이 내가 뽑은 5가지와 연관이 있는지 평가해 본다. 평가 끝에 만약 그렇지 않다면 끊어낼 것으로 분류한다. 당장은 중요하지 않지만, 삶에서 필요한 것들이라면 영원히 끊어 내는 것보다 일시적으로 줄이는 것을 추천한다. 내가 약 1년 정도 친구들과의 만남을 멀리했던 것처럼 말이다.

그러면 당신이 해야 할 일과 끊어 내야 할 일이 구분될 것이다. 중요한 것은 실제로 이를 끊어 내는 것이다. 이 방법대로 끊어 내야 할 일을 찾는 것은 크게 어렵지 않지만, 실제로 내 삶에서 이를 멀리하고 줄이는 것은 의지의 차이다. 만약 의지가 약하다면 끊어 내는 기간을 짧게 설정하자. 한 달 혹은 두 달 정도로 말이다. 시스템적인 도움을 받는 것도 좋다. 내가 끊어 내야 하는 것이 숏폼 중독인데 도저히 어렵다면 스마트폰 설정에서 '어플 시간 제한'을 설정한다거나 스마트폰 보관함을 구매하는 것도 좋은 방법이다.

끝으로, 그럼에도 해야 할 일과 끊어 내야 할 일을 구분하지 못하겠다면 모든 일과 문제를 우선 통째로 쓰레기통에 던져 버리고 새롭게 시작하라고 말하고 싶다. 선택이 너무 어렵다면 모든 것을 끊어 내고 백지화해 보는 것이다. 겁먹지 않아도 된다. 복잡하게 꼬여 있는 실타래를 풀려고 안간힘을 쓰는 것보다 새로운 실타래로 처음부터 시작하는 것이 더 나은 대안이 될 수 있다.

이렇게 기준과 시스템을 바탕으로 끊어 내는 시도를 한다면 훨씬 수월하게 시간을 확보할 수 있을 것이다. 무엇보다 그 빠져나간

공간을 바탕으로 당신이 원하는 것을 채울 수 있을 것이다. **이제 더 이상 불필요한 일에 시간과 에너지를 빼앗기지 말고 진정 중요한 목표에 에너지를 쏟자. 하나씩 끊어 내면 당신의 삶에는 중요한 일만 남을 것이고, 당신의 실행과 집중에는 불씨가 당겨질 것이다.**

"실행력은 무엇을 더할지가 아니라
무엇을 끊어 낼지 결정하는 것으로부터 나온다."

26 대체 언제까지 누워 있을 것인가

《시작의 기술》, 개리 비숍

제목부터 뺘를 때리듯 채찍질하는 책이 있다. 우리나라에서는《시작의 기술》이라는 제목으로 순화되어 발간되었지만, 이 책의 원제는《Unfuck Yourself》다. 저자의 의도와 메시지를 살려 표현하면 '엉망이 된 너를 바로 잡아 봐.', '그 상황에서 좀 벗어나 봐.' 정도로 표현할 수 있겠다. 번역된 책의 표지에도 "이제 네 인생 좀 그만 망쳐!"라는 문장이 나온다. 한국어판 제목이 순화되었을 뿐이지 저자가 말하려는 메시지는 아주 얼얼하다. 요즘 말로 말하면, '매운맛', '마라맛'이다. 실제로 저자는 '낯간지러운 표현은 못하겠다.'라고 솔직히 표현하기도 했다.

이 책은 침대에 누워서 머릿속으로 걱정만 하다 핸드폰을 보며 잠이 드는 사람들에게 일침을 가한다. 이 책 "《시작의 기술》은 더 이상 숨을 틈을 주지 않는 따귀 한 대와 같다."라고 표현될 정도로 정신이 번쩍 들게 한다. 이 책은 시작, 행동하는 방법에 대해서 7가지 기술을 알려 준다. 처음에는 독립 출판으로 출간되었다가, 입소문이 퍼지면서 이내 열성적인 팬들을 만들어 냈고 '하퍼콜린스'라는 대형 출판사에서 재출간되며 미국에서만 100만 부 이상 판매되면서 단숨에 세계적인 베스트셀러가 되었다.

완벽주의 버리기

우리는 늘 다짐한다.

"이번엔 제대로 해 볼 거야. 완벽하게 준비된 후에 시작할 거야."

하지만 정작 침대에 몸을 묻고 핸드폰을 들여다보며 시간을 보내는 자신을 발견할 때가 많다. 해야 할 일이 머릿속을 맴돌지만, '아직 준비가 안 됐어.'라는 생각이 발목을 잡는다. 결국 그렇게 오늘도 아무것도 하지 못한 채 하루를 마무리한다.

왜 시작은 항상 어려울까? 이유는 간단하다. 우리는 늘 완벽을 추구하기 때문이다. 모든 것을 완벽하게 준비하고 실수 없이 시작해야만 성공할 수 있다고 믿는다. 그러나 이 생각이야말로 가장 큰 함정이다. 완벽을 기다리다 보면 우리는 영원히 시작할 수 없다.

개리 비숍은 삶이 늘 완벽할 수는 없다고 말하며 우리에게 완벽을 기다릴 필요가 없다는 메시지를 던진다. 우리는 실수를 두려워하고, 모든 것이 완벽해져야만 시작할 수 있다고 믿지만, 현실은 그렇지 않다. **완벽하지 않은 상태에서도 일단 시작해야 한다.**

나 또한 제품을 개발하면서 100퍼센트 만족만을 고집했던 시절이 있었다. 아무리 시간이 흘러도 제품이 완벽하다고 느껴지지 않으면 출시를 미루고 또 미뤘다. 그 결과는 어땠을까? 다음에도, 그다음에도 런칭하지 못했다. 더 완벽한 제품을 만들고 싶다는 강박은 오히려 생산성을 떨어뜨렸고, 정작 중요한 기회를 놓치는 경우가 많았다. 만약 내가 계속 100퍼센트를 추구했다면 여전히 나는 나만의 제품을 만들지 못했을 것이다. 그러고는 "더 완벽한 게 떠오르겠지."라고 스스로 위안하며 오랜 시간, 어쩌면 평생 결과물을 내지 못했을지도 모른다. 완벽주의가 때로는 도움을 주지만, 지나치게 집착하면 생산성의 가장 큰 방해 요소가 된다는 것을 깨닫게 되었다.

그 이후 나는 마음을 바꾸었다. 80~90퍼센트 정도 만족스럽다면 그걸로 충분하다고 결론을 내렸고, 그렇게 독서노트, 플래너, 타임박스 메모지 등을 연이어 출시하게 되었다. 물론 나는 여전히 마음속으로 '조금 더 완벽하게 할걸.', '그거 하나 더 추가할걸.' 같은 생각이 들기도 했다. 하지만 그건 나의 생각일 뿐이었다. 소비자들의 시선은 달랐다. 내가 생각했던 작은 결점은 소비자들의 눈에는 전혀 보이지 않았고, 오히려 그들은 나의 상품을 아주 좋게 평가해 주었다. 모든 상품이 5점 만점에 5점, 평균 4.9점을 받았을 때, 나는 확신했다. 내가 느끼는 결점을 소비자들이 눈치채지 못한다는 것을 말이다.

우리는 완벽하지 않다는 이유로 시작을 미루는 경우가 많다. 하지만 시작하지 않으면 어떤 변화도 일어나지 않는다는 것을 기억하자. 행동이 곧 변화를 만든다. **80퍼센트의 완성도로도 충분히 성공할 수 있다. 그 첫걸음을 내디디면 나머지 20퍼센트는 실행 과정에서 자연스럽게 채워지기 마련이고 보완을 거쳐 100퍼센트에 가까워지면 된다. 중요한 건 완벽하게 준비된 순간이 아니라, 그저 지금 당장 행동하는 데 있다.**

더 이상 침대에 누워서 "아직 준비가 덜 됐어."라고 스스로를 속이지 말자. 머릿속에서 완벽한 계획을 세우고 행동으로 옮기지 않는다면 그 계획은 아무런 가치를 가지지 못한다. 오늘 내딛는 작은 한 걸음이 내일의 큰 성공을 만든다. **중요한 것은 완벽이 아니라 실행이다.** 나 또한 완벽주의에서 벗어나자 수많은 기회를 잡을 수 있었다. 당신도 충분히 그럴 수 있다.

지금 당장 결단을 내려라. 당신의 80퍼센트는 세상에 100퍼센트로 보일 수 있다. 더 이상 미루지 말고, 행동으로 당신의 미래를 만들어 가라. 완벽을 기다리는 대신 80퍼센트의 자신감으로 성공을 향한 첫걸음을 내딛는 당신이 되길 바란다.

30년을 따라다닌 게으름 끊어 내기

게으름은 마치 그림자처럼 우리 곁을 떠나지 않는다. 하루를 마무리할 때 "내일은 다르게 살아야지."라고 결심하지만, 막상 그날이 오면 똑같이 침대에서 뒹굴며 시간을 흘려보내는 나 자신을 발견한다. 이런 패턴을 끊어 내는 건 결코 쉽지 않다. 하지만 나는 30년 넘게 따라다닌 이 게으름을 끝내 극복할 수 있었다. 그 과정을 통해 깨달은 5가지 방법을 소개하고자 한다.

첫 번째는 '가장 사랑하는 사람을 생각하기'다. 게으름이 몰려올 때, 나는 항상 사랑하는 사람들을 떠올렸다. 사랑하는 아내, 그리고 나를 위해 평생 고생하신 어머니. 그들이 더 행복하게 살 방법은 내일에 최선을 다해 더 나은 삶의 단계로 올라서는 것이었다. 이들을 떠올리면 게으름에 빠질 수 없다. 그들의 행복을 위해서라도 내가 더 열심히 살아야 한다는 책임감이 나를 일으켰다. 사랑하는 사람들을 위해, 나태함이 아닌 책임감으로 하루를 보내자.

두 번째는 '애매하게 쉬지 않기'다. 지친 우리에게는 휴식이 필요하다. 하지만 애매하게 쉬면 안 된다. 일도 쉼도 아닌 모호한 상태로 시간을 보내면 오히려 피로만 쌓일 뿐이다. 온전히 쉬는 것과 온전히 일하는 것을 분명히 구분해야 한다. 나 역시 새벽 기상을 포기하는 날에는 알람 없이 몸이 원할 때까지 잠을 잤다. 그렇게 깊이 쉼을 누린 후, 다시 일상으로 복귀하면 훨씬 더 활력이 넘쳤다. 충분한 휴식이 새로운 에너지를 선물한다는 것을 기억하자.

세 번째는 '보상 준비하기'다. 아무리 노력해도 그 끝에 보상이 없다면 지치기 마련이다. 나는 스스로 작은 보상을 마련했다. 내가 가장 좋아하는 취미는 아내와 함께 여행을 가는 것이다. 여행은 언제나 즐겁지만, 한편으로는 부담도 된다. 한 번 여행을 다녀오면 그만큼 일에서 멀어지고, 비용도 꽤 들기 때문이다. 그래서 나는 여행을 보상으로 설정했다. 한 달 목표를 달성했거나 주간 목표를 완수했을 때 여행을 계획하는 것이다. 목표를 이루었을 때만 누릴 수 있는 보상이 있으면 일에 대한 동기부여가 더 강해진다. 보상으로 인해 얻게 되는 기쁨은 그동안의 노력을 충분히 보상해 준다.

네 번째는 '미래의 나를 그리기'다. 과거의 나는 지금의 나를 만들었고, 지금의 나는 미래의 나를 만든다. 따라서 지금 내가 어떻게 행동하느냐가 미래에 어떤 사람으로 살게 될지를 결정짓는다. 나는 가끔 나의 3가지 미래를 그려 보곤 한다. 게으르게 산 나, 지금과 같은 상태로 산 나, 그리고 조금 더 열심히 살았을 때의 나. 이 3가지 모습을 떠올리면 나는 자연스럽게 더 열심히 살고 싶다는 생각이 든다. 미래의 나를 더 나은 사람으로 만들기 위해 오늘 하루의 선택이 중요하다. 내일의 나를 위해, 오늘 나는 무엇을 할 것인가?

마지막으로는 '나보다 더 열정적인 사람과의 만남'이다. 책에서 영감을 받을 수도 있지만, 가장 큰 자극은 사람에게서 온다. 나보다 더 열심히 살고, 더 열정적으로 목표를 향해 나아가는 사람들과의 만남은 나에게 큰 동기부여가 되었다. 느슨해졌다고 느낄 때, 나는 열정적인 사람들을 만난다. 특별히 나를 가르치지 않아도, 그들의 열정적인 삶의 모습은 나에게 커다란 자극이 된다. 그들의 이야기를 듣고 그들의 열정을 곁에서 느낄 때, 나 또한 다시 일어서고 싶어진다.

게으름과 열정은 항상 싸우고 있다. 게으름이 이길 때도 있지만, 그 싸움에서 열정이 더 자주 이겨야 목표를 이룰 수 있다. 나는 그 싸움에서 나태함에 지지 않기 위해 스스로에게 동기를 부여하는 방법을 찾아왔고, 이를 통해 마침내 30년을 따라다닌 게으름을 끊어낼 수 있었다. 당신도 할 수 있다. 오늘이 그 변화를 시작하는 날이 되기를 바란다.

'탓'은 이제 그만

시작하기 위해서는 그만두어야 할 것이 있다. 개리 비숍(Gary J. Bishop)은 운, 타인, 환경, 어린 시절, 이웃 등 외부를 탓하는 일을 그만두라고 강조한다. 남 탓하기에 빠져서는 절대 안 된다는 것이다. 탓하는 사고방식은 엄청난 독약이다. 남 탓은 실행 앞에 큰 벽을 설치하는 것과 같다. 무언가를 시작하려는 사람들이 가장 많이 하는 핑계 중 하나는 '그건 이미 있어서 안 된다.'라는 말과 '레드오션이라 안 된다.'는 말이다.

내가 인스타그램을 처음 시작했던 2022년 봄, 누군가가 나에게 이렇게 말했다.

"인스타그램 이제 시작하게? 이미 팔로워가 몇만, 몇십 만인 인플루언서들이 있는데?"

이후 유튜브를 시작하려고 하니 이런 반응을 보이는 사람도 있었다.

"야, 유튜브는 진짜 레드오션이래……."

이런 생각을 가진 사람은 무엇이든 절대 시작할 수 없다. 스스로 철벽을 치고 있는 셈이니 말이다. 이미 잘하고 있는 사람이 있다는 것은 시장성이 있다는 뜻이고, 레드오션이라는 것은 그것을 소비하는 고객이 많다는 것을 의미한다. 그 속에 들어가 방법을 찾으며 나만의 무기를 갈고닦으면 된다.

혹시 습관처럼 '~때문에'라는 표현을 사용했다면 당장 그 습관을 버려라. 레드오션을 탓하는 사람이라면 블루오션에 가더라도 "왜 아무도 없지? 여기에는 기회가 없나 봐." 하고 또다시 핑계를 댈 것이다. 그런 사람에게 칭기즈 칸의 이야기를 들려주고 싶다.

칭기즈 칸은 몽골 제국의 건국자이자 초대 황제로 인류 역사상 가장 넓은 영토를 정복한 인물이다. 그는 어린 나이에 가족을 책임져야 했고, 유목 생활을 하는 등 열악한 환경에 있었다. 목에 칼을 쓰고 탈출한 일도 있었고, 뺨과 가슴에 화살을 맞은 적도 있었다. 그러나 그는 끝내 제국을 건국한 황제가 되었다. 그는 자신의 경험을 바탕으로 '숨을 쉴 수 있는 한 희망을 버리지 말라.'라고 말했다. 적은 밖에 있는 것이 아니라 우리 안에 있기 때문이다.

어떠한가? 우리가 평소에 했던 핑계를 다시 떠올려 보자. 핑계를 댄 자신이 부끄러워지지 않는가? 핑계란 없다. 어떠한 상황에서도 극복할 방법은 있고, 핑계를 떠올릴 시간에 해답을 떠올리는 것이 현명한 선택이다.

핑계는 결국 나 자신이 만들어 낸 장해물이다. 외부 탓을 하는 순간, 우리는 그 장해물에 스스로 갇힌다. 그 벽은 내가 쌓은 것이기에 나만이 허물 수 있다. 인생의 주인은 남이 아니라 나다. 모든 것은 내가 책임지고, 내가 이겨 낼 수 있는 문제들이다. 그 누구도, 그 어떤 상황도 핑계가 될 수 없다. 핑계라는 덫에서 벗어나 실행을 늘리자. 칭기즈 칸이 자신의 환경을 극복하고 제국을 건설했듯, 우리 앞에 마주하는 어려움을 극복하고 더 큰 성취를 얻을 수 있을 것이다.

"지금 당장 버려야 할 것: 게으른 완벽주의, 남 탓."

27 시간과 자신을 관리하라

《피터 드러커의 자기경영노트》, 피터 드러커

실행 파트에 꼭 넣고 싶었던 분야가 있다. 바로 '시간관리'다. 시간은 대체할 수 없는 귀중한 자원으로, 시간을 지배하고 장악하는 것이 곧 실행을 훌륭히 해내는 것이기 때문이다. 시간관리 파트에 어떤 책을 소개할 것인지 오랜 고민을 했는데 《피터 드러커의 자기경영노트》 만한 책이 없다는 확신이 들었다.

《피터 드러커의 자기경영노트》는 현대 경영학의 아버지라 불리는 피터 드러커(Peter F. Drucker)가 남긴 자기 경영에 관한 핵심 통찰을 모아 놓은 책이다. 이 책은 시간관리를 넘어 삶 전체를 경영하는 방법을 설명하며, 개인의 삶과 업무에서 최고 성과를 내기 위한 전략을 제시한다. 특히 "중요한 일을 먼저 하라."라는 드러커의 철학을 중심으로, 업무의 우선순위 설정과 효율적인 시간 활용에 대한 구체적인 방법들을 다룬다. 이 책은 개인의 생산성을 극대화하고 자신의 잠재력을 발휘하는 데 필요한 실질적인 도구를 제공하며, 조직 내 리더십뿐만 아니라 자기 자신을 어떻게 관리할지 그 지침까지 폭넓게 다루고 있다.

시간을 관리하라

시간은 세상에서 가장 희소한 자원이자 대체 불가능한 자원이다. 모든 사람은 동일하게 하루 24시간, 일주일 168시간을 부여받지만, 그 시간의 활용은 하늘과 땅 차이다. 누군가는 하루 24시간을 그저 물을 흘려보내듯 무의미하게 바라만 보고 있고, 누군가는 그 시간을 쪼개고 쪼개 마치 48시간인 것처럼 산다.

뛰어난 성과를 내는 사람들은 모두 시간관리를 잘한다. 그들은 시간관리를 통해 일상, 업무 뿐만 아니라 삶의 모든 영역을 관리한다. 피터 드러커의 "무언가를 관리하려면 먼저 시간을 관리해야 한다."라는 말처럼 시간관리는 첫 단추다. 드러커가 말하는 시간관리는 크게 3단계로 나뉜다.

첫째, 시간을 기록하는 것이다. 우리는 하루를 어떻게 보내는지 정확히 알지 못한 채 시간을 낭비하는 경우가 많다. 자신이 실제로 시간을 어디에 사용하고 있는지 확인하는 첫걸음은 시간을 기록하는 것이다. 이를 위해 하루 동안 하는 모든 활동을 기록하는 시간을 가지는 것이 중요하다. 스마트폰을 사용하는 시간이나 업무 사이에 소모되는 짧은 휴식 시간도 빠짐없이 기록한다. 가급적이면 10분, 20분 짧은 단위로 틈틈이 기록해야 한다. 하루 이틀 정도만 시간을 기록해 봐도 충분하다.

시간을 기록하면 불필요한 활동들이 눈에 띄면서 효율을 높일 수 있는 부분을 찾을 수 있다. 한 연구에서는 자신의 시간을 기록한 사람들은 그렇지 않은 사람들보다 생산성이 15퍼센트 이상 향상되었다고 한다. 시간을 투명하게 파악하는 것이 시간관리를 시작하는 첫 단계다.

둘째, 시간을 관리하는 것이다. 기록된 시간을 바탕으로 불필요한 시간을 제거하고, 필수적인 활동을 재조정해야 한다. 보통 중요한 일보다 덜 중요한 일에 많은 시간을 할애하는 경우가 있는데, 이를 없애는 것이 중요하다. 핵심은 '시간은 한정되어 있고, 모든 일을 할 수 없다.'라는 사실을 깨닫는 것이다. 마감 기한을 정하고, 자신만의 일정 관리 도구를 활용해 시간을 통제하는 것이 도움이 된다. '뽀모도로(Pomodoro) 기법'과 같은 시간관리 방법을 도입해 보는 것도 좋다. 뽀모도로 기법은 1980년대 후반에 프란체스코 시릴로(Francesco Cirillo)가 개발한 시간관리 기법으로, 작업 시간을 짧은 단위로 나누어 집중력을 극대화하는 방식이다. 이 기법은 25분 동안 한 가지 일에만 집중하고, 그 뒤에 5분의 짧은 휴식을 취하는 구조로 이루어져 있다. 짧은 시간에 강하게 집중하는 특성을 살려, 한 번의 긴 집중보다 더 효과적으로 일을 처리할 수 있게 도와준다.

뽀모도로 시간관리의 기본적인 원리는 매우 간단하다. 먼저 작업할 일을 정한 후 타이머를 25분으로 설정한다. 이 25분 동안은 오직 한 가지 일에만 몰두해야 하며, 스마트폰이나 다른 방해 요소는 모두 차단한다. 타이머가 울리면 잠깐 휴식 시간을 갖고, 이 과정을 4번 반복한 뒤에는 15~30분 정도 긴 휴식을 취한다. 이와 같은 사이클을 반복함으로써 체력과 집중력을 유지하면서 업무 효율을 높이는 것이다.

뽀모도로 기법의 장점 중 하나는 집중력을 유지하는 데 도움을 준다는 점이다. 많은 사람이 긴 시간 동안 작업에 몰입하기 어려워하는데, 25분이라는 상대적으로 짧은 시간 동안만 집중하면 되기 때문에 심리적인 부담감이 적고 집중이 쉬워진다. 또한 자주 짧은 휴식을 취함으로써 피로를 덜 느끼고, 작업에 대한 동기부여를 유지할 수 있다.

셋째, 시간을 통합하는 것이다. 단편적으로 분산된 시간을 하나의 덩어리로 모아 생산성을 극대화하는 것을 의미한다. 이는 서로 관련된 업무를 연속적으로 배치하여 집중력을 유지하고, 중요한 작업에 몰입할 수 있는 시간을 확보하는 것이다. 매일 자잘한 일에 시간을 뺏기지 않도록 '집중 시간'을 설정해 한 번에 처리하거나, 비슷한 성격의 일들을 묶어서 일괄적으로 처리하는 것이 여기에 해당한다. 시간을 통합하는 과정에서 가장 중요한 것은 '집중 흐름'을 방해하는 요소들을 차단하는 것이다. 이러한 시간 통합 전략을 사용하면 그렇지 않은 사람들에 비해 더 깊은 몰입 상태를 경험할 수 있고, 작업 효율이 40퍼센트 이상 향상된다.

시간관리는 단순히 일과를 정리하는 것이 아니라 인생 전반을 설계하는 중요한 도구다. 우리가 가진 가장 귀한 자원인 시간을 어떻게 사용하느냐에 따라 결국 우리의 성공과 실패가 좌우된다. 시간을 기록하고, 불필요한 시간을 제거하며, 집중할 시간을 통합하는 3가지 단계만으로도 우리는 더 큰 성과를 낼 수 있다. 시간을 잘 관리하는 사람은 매 순간을 의미 있게 보내고, 그렇지 못한 사람은 시간을 쫓아다니며 허덕이게 된다.

결국 시간관리는 자신이 진정으로 중요한 것에 집중할 수 있게 하며 목표를 달성할 수 있는 발판을 마련해 준다. 이제는 시간을 흘려보내지 말고, 시간을 주도적으로 통제해야 할 때다. 오늘부터 내 시간의 주인으로서 의식적으로 시간을 관리해 보자.

시간은 나는 것이 아니라 내는 것

시간관리의 중요성을 아는 사람들조차 입에 달고 사는 말이 있다. '시간이 없어.'라는 말이다. 아마 이 글을 읽는 독자들도 심심치 않게 한 말이거나 자주 들어봤을 것이다. 모든 사람에게 시간은 동일하게 주어지는데 왜 누군가는 시간을 내고, 누군가는 시간이 없다고 할까?

나는 SNS를 통해 브랜딩을 하고 성장하는 수강생들을 보며 그 이유를 찾아냈다. 나는 SNS 중에서도 인스타그램 계정을 브랜딩하고 성장시키는 데 대한 강의를 하고 있다. 수강생 중 인플루언서로 성장한 사람들이 많은데, 그들의 공통점은 시간을 내어 배운 대로 끊임없이 시도했다는 것이다. 반면 내 강의를 똑같이 들어도 지지부진한 성과를 내는 사람들이 있다. 능력이 부족해서? 절대 그렇지 않다. 오히려 인플루언서가 된 사람들보다 훨씬 더 뛰어난 능력을 가진 사람들도 많기 때문이다. 지지부진한 성과를 내는 사람들의 공통점은 바로 '시간이 안 난다.'라는 말을 반복적으로 한다는 것이다.

내가 어떠한 미션을 주면 "이번 주에는 너무 바빠서 시간 안 나요."라고 한다. 그리고 "다음 주에 해 볼게요."라며 미룬다. 과연 그다음 주에는 시간이 날까? 아니다. 한 번 시간이 안 난다고 말한 사람은 대체로 그다음 주에도, 다다음 주에도 시간이 안 난다. 반면 시간을 내어 어떻게든 미션을 수행하는 수강생들은 시간을 낸다. 이들이 미션을 하지 않는 사람들보다 덜 바쁜 것이 아니다. 가끔은 수강생 중 유독 바빠 보이는 사람이 있어 묻곤 한다.

"○○님, 이번 주에 미션 하실 수 있겠어요? 보니까 요즘에 많이 바쁘신 것 같던데요……."

"에이, 그래도 할 건 해야죠."

그렇다. 시간은 나고 안 나고의 차이가 아니라 마인드의 차이이다. 시간을 내고자 하는 사람은 어떻게든 시간을 확보할 수 있다. 반면 핑계를 찾고자 하는 사람은 절대 시간을 낼 수 없다. 결국 시간은 의지가 만드는 것이다. 시간을 낼 것인가, 그렇지 않을 것인가는 그 사람의 마음가짐과 효율적인 시간관리에 달려 있다. **성공한 사람들과 그렇지 못한 사람들의 차이는 재능이나 운에 있지 않다. 그들은 같은 시간 속에서 더 중요한 것에 집중하고 우선순위를 명확히 정하며 시간을 자신이 원하는 방향으로 활용할 뿐이다.**

우리는 더 이상 '시간이 없다.'는 말을 핑계로 삼아서는 안 된다. 그 말은 결국 내가 우선순위를 잘못 정했다는 뜻이기 때문이다. 시간을 관리하는 것은 우리의 인생을 관리하는 것이다. 시간을 통제할 수 있을 때, 비로소 우리는 목표를 달성하고, 원하는 삶을 살아갈 수 있다. 지금부터 시간을 주도적으로 관리하고, 내가 정말 중요한 일에 시간을 쏟기로 하자. 그러면 시간이 나를 위해 흐르고, 내가 원하는 결과에 도달할 수 있을 것이다.

타임박스로 시간을 보호하라

많은 사람이 하루가 끝나갈 때 느끼는 감정이 있다. "시간이 왜 이렇게 빠르게 갔지?" 하는 것이다. 어쩌면 이는 시간을 통제하지 못하고 흘러가는 대로 두어 생긴 공허함일 수 있다. 나도 예전에는 이런 감정을 느꼈지만, 타임박스를 활용하면서부터는 오히려 하루가 길어졌다고 느낀다.

타임박스는 특정 작업에 시간을 미리 정해 두고 그 시간 동안만 작업에 몰입하는 방식으로 시간을 나누어 쓰는 방법이다. 나는 시간을 10분 단위로 쪼개 사용할 수 있는 타임박스를 만들었고, 하루 시작 전 플래너 작성과 동시에 타임박스를 적는다. 할 일 목록을 정리하고 이를 표 형태의 타임박스 할당한다.

타임박스						
	00	10	20	30	40	50
4:00						
5:00						
6:00						
7:00						
8:00						
9:00						
10:00						
11:00						
12:00						
13:00						
14:00						
15:00						
16:00						
17:00						
18:00						
19:00						
20:00						
21:00						
22:00						
23:00						
24:00						

중요한 것은 내가 할당한 그 시간에는 절대로 다른 일들이 들어오지 않게 막는 것이다. 나는 타임박스를 철갑을 두른 방탄 장갑차라고 생각하며, 어떠한 총알이 날아와도 튕겨 내려고 노력한다. 불필요한 알림과 SNS 등의 방해를 이겨 내기 위해 휴대폰을 치워 두던가 데이터를 꺼두기도 하고, 아내에게도 이 시간은 무엇을 하고 오겠다고 미리 말해 둔다.

처음에는 하루를 이렇게 촘촘하게 나누는 것이 과연 가능할까 의문이 들었다. 하지만 실행에 옮기니 오히려 더 많은 자유와 여유를 느끼게 되었다. 시간을 미리 계획하고 그 시간 안에 몰입하면 더 효율적으로 일을 하게 되었고 오히려 시간을 확보할 수 있었다. '시간이 부족하다.'라는 느낌이 사라지고, 오히려 시간이 많다고 느끼게 되었다.

타임박스 활용의 장점은 집중력 향상에 있다. 시간이 제한되어 있다는 압박감이 업무의 몰입도를 높인다. 특히 '약간 버겁다.' 혹은 '살짝 숨이 찬다.'고 느낄 정도로 설정하면 효율은 더욱 극대화된다. 실제로 이 기법을 도입한 후 내 하루는 이전보다 최소 20~30퍼센트 더 효율적으로 운영되고 있다. 동시에 멀티태스킹을 하며 정작 하나도 제대로 이루지 못하는 과오에서도 벗어날 수 있었다.

내가 타임박스를 사용하면서 느낀 가장 큰 장점 중 하나는 우선순위를 명확히 할 수 있다는 점이다. 하루의 계획을 세우고, 각 작업에 할당할 시간을 설정하다 보면 자연스럽게 가장 중요한 일이 무엇인지 파악하게 된다. 그래서 급하지 않거나 중요하지 않은 일에 시간을 빼기지 않는다. 덕분에 하루의 구조가 명확해지고, 중요한 일들을 미루지 않고 처리할 수 있다.

타임박스 활용이 처음에는 조금 불편할 수 있다. 하지만 시간이 지나면 시간과 에너지를 보호하고 무엇을 먼저 해야 하는지 분명하게 보여 주는 매우 효과적인 방법임을 깨닫게 될 것이다. 시간은 우리의 가장 소중한 자원이다. 시간을 어떻게 쓰느냐에 따라 성과와 삶의 질이 결정된다. 타임박스는 그 시간을 철저하게 보호하고, 나아가 우리가 목표를 향해 정확하게 나아갈 수 있도록 돕는 강력한 도구다.

이제 나만의 타임박스를 만들어 시간을 지켜 보자. 시간을 흘려보내는 대신, 그것을 통제하고 주도적으로 활용함으로써 당신의 삶과 목표가 명확해질 것이다. 타임박스를 통해 우리는 더 이상 "시간이 없다."라는 말을 하지 않을 수 있다. 시간을 철저히 보호하고, 그 안에서 자유와 성과를 동시에 누려 보자.

"시간을 관리하지 못하면 아무것도 관리할 수 없다."

28 기적을 만들어 내는 5초

《5초의 법칙》, 멜 로빈스

누구나 귀찮은 순간, 미루고 싶은 순간이 있다. 특히 아침에 일어날 때는 더욱 그렇다. '5분만…… 10분만…….', '그냥 계속 자고 싶다.' 하는 생각이 든다. 이처럼 게으름을 이겨 내면 상관없지만, 여기에 지배되면 지각을 하거나 해야 할 일을 못 하는 등 차질이 생긴다. 이때 필요한 것이 바로 《5초의 법칙》이다.

《5초의 법칙》은 제목 그대로 '5초'라는 짧은 시간에 간단한 방법으로 행동 변화를 이끌어 내는 방법이다. 해야 할 행동이 떠오른 순간, 그 행동을 시작하는 데 5초 이상의 시간을 허용하지 않는 원칙이기도 하다. '5, 4, 3, 2, 1' 하고 카운트다운을 하면서 즉시 행동으로 옮기는 것이다. 생각을 행동으로 연결하는 데 필요한 시간을 줄임으로써 두려움이나 미루는 습관을 극복하는 방법이며, 이 법칙을 통해 수많은 사람이 인생을 변화시켰다. 5초의 법칙으로 당신의 실행에 날개를 달아보자.

인생을 바꾼 5초

더 나은 인생을 살기 위해서는 실행력을 높이고, 하루를 더 생산적으로 보내야 한다는 것을 모두가 알고 있다. 하지만 이 간단한 사실을 행동으로 옮기기란 쉽지 않다. 우리는 종종 스스로에게 이렇게 말한다.

"조금 더 자도 돼."
"내일부터 제대로 하자."
"지금은 너무 피곤하니까 내일 하자."

이렇게 계속 미루다 보면 어느새 삶의 방향이 엉켜 버리고, 아무것도 변하지 않은 채 하루하루가 지나간다. 여기에도 삶이 엉킨 사람이 있었다. 바로 《5초의 법칙》의 저자 멜 로빈스(Mel Robbins)다. 당시 마흔한 살이었던 그녀는 알람이 울려도 하루를 시작하고 싶지 않았다. 집은 저당이 잡혀 있었고, 잔고는 마이너스였으며, 남편과의 관계도 좋지 않았다. 직장 또한 잃을 위기에 처해 있었다. 이 모든 상황 속에서 그녀는 해야 할 일을 알면서도 전혀 실행하지 못하는 무기력함에 사로잡혀 있었다. 제시간에 일어나는 것조차 불가능했고, 이런 악순환은 점점 더 깊은 좌절로 그녀를 끌어내렸다.

그러던 어느 날, 그녀는 TV에서 로켓 발사 장면을 보게 되었다. 그리고 생각했다. '나도 저렇게 행동해 볼 수 있지 않을까?' 그녀는 그날 밤 결심했다. **'내일 아침 알람이 울리면 주저하지 않고, 5초를 센 뒤 일어나자.'** 그다음 날, 알람이 울리자 그녀는 그 결심을 실행했다. '5, 4, 3, 2, 1.' 카운트다운이 끝나자마자 그녀는 바로 침대에서 일어났다. 그 작은 행동이 인생을 변화시키는 시작이었다.

그녀는 5초 안에 결정을 내리고 행동하는 방법을 삶에 적용했다. 운동을 미룰 때, 갈등을 피하고 싶을 때, 중요한 결정을 해야 할 때마다 5초의 법칙을 사용해 즉각적으로 행동했다. 매 순간 주저하던 자신의 모습을 5초의 법칙으로 통제하면서, 점차 자신감을 되찾았다. 상황을 통제할 수 있다는 느낌은 자존감을 높여 주었다. 그녀는 이제 더 이상 무기력에 빠지지 않았다.

우리가 해야 할 일을 미루는 이유는 그 짧은 주저의 순간에 뇌가 수많은 변명을 만들어 내기 때문이다. '지금은 너무 피곤해.', '조금만 더 놀고 나서 하자.' 이와 같은 생각들이 우리를 행동에서 멀어지게 만든다. 그러나 5초의 법칙은 그런 변명을 차단할 수 있게 돕는다. 그 짧은 5초가 바로 행동의 시작점이 되어 더 이상 자신을 속이거나 미루지 않게 해 준다.

멜 로빈스는 5초의 법칙을 단순한 행동 촉구 이상으로 보았다. 그녀는 우리의 뇌가 새로운 습관을 만들기 위해서는 행동이 반복적으로 이루어져야 한다는 점을 강조한다. 5초의 법칙은 우리가 알고 있지만 실행하지 못하는 사소한 것들, 가령 아침에 일찍 일어나기, 운동하기, 중요한 일에 집중하기 등을 가능케 한다. 이 작은 변화들이 쌓이면 결국 큰 변화가 생기는 것이다. 그녀의 경험에서 우리는 중요한 교훈을 얻을 수 있다.

"우리는 우리가 해야 할 일을 이미 알고 있다."

삶의 변화를 위해 필요한 것은 이미 우리에게 주어져 있다. 남은 것은 그저 그 행동을 시작하는 것이다. **머뭇거리지 말고 5초 안에 결단을 내리고 움직여라. 오늘의 당신을 바꿀 첫 번째 5초를 지금 시작해 보자. 5, 4, 3, 2, 1. 이제 당신 차례다.**

제가 하겠습니다

'내일부터는 진짜 하자.', 예전의 내가 종종 하던 생각이다. '에이 안 해, 귀찮아.'라고 말하는 것보다 훨씬 그럴싸해 보이지만, 사실 이 말에는 함정이 있다. 그건 바로 내일이 되어도 또다시 '내일부터는 진짜 하자.' 하고 미루게 된다는 것이다. 그러던 찰나 내 눈에 들어온 영상이 있다. '책그림'이라고 하는 자기계발 유튜브 채널인데, 해당 채널에서 《5초의 법칙》을 소개하는 영상을 보게 되었다. '5, 4, 3, 2, 1

카운팅을 통해서 실행력을 올린다고?' 궁금증은 더해졌고, 멜 로빈스의 강의 영상이자, 원본 영상 격인 테드 강연 '스스로 망치는 것을 멈추는 방법(How to stop screwing yourself over)'까지 보게 되었다. 이 영상을 보며 가장 감명받았던 문장은 우리의 영감, 생각을 5초 이내에 하지 않으면 브레이크가 걸린다는 것이다.

생각해 보면 내가 늘 그랬다. '잠깐만', '5분만'이라는 핑계로 늘 할 일을 내일로 미뤘다. 이 계기로 나는 생각을 바꿨다. 먼저 해야 할 일인가, 하지 않아도 되는가는 판단하고, '해야 할 일'이라고 판단되면 실행을 미루지 말자는 것이다. 판단이 섰을 때 즉각 실행에 옮기고, 그마저 주저하게 된다면 5초를 센다. 5, 4, 3, 2, 1!

언젠가 연매출 1,000억에 달하는 교육회사 '패스트캠퍼스' 신해동 대표의 강연을 듣고 있을 때였다. 그는 강의 중에 "혹시 자신에 대해서, 자신의 상품에 대해서 소개할 수 있는 분?" 하고 물었다. 강의장에 수많은 사람이 있었지만 다들 두리번거리며 눈치만 봤다. 직감이 들었다. '이건 기회다!' 약간 떨렸지만, 5초를 셌다. ……5, 4, 3, 2, 1.

"제가 하겠습니다."

손을 번쩍 들었다. 그는 나에게 다음 주 수업 때는 발표 준비를 해 달라고 했다. 그리고 나는 직업군인을 거쳐 크리에이터, 스몰비즈니스를 하게 된 스토리를 많은 사람 앞에서 발표하게 됐다. 잘 나가는 회사 대표 앞에서, 그리고 많은 사람 앞에서 발표를 한다는 게 다소 긴장이 되기도 했지만, '해야 할 일'이라고 생각하고 손을 들고 발표까지 한 나 자신이 대견하기도 했다.

쉬는 시간이 되자 누군가가 내게 명함을 내밀었다. 패스트캠퍼스의 교육, 강의 전반적인 기획을 맡고 있는 그룹장이었다.

"혹시 저희와 함께 강의를 제작해 보실 의향이 있나요?"

놀랐다. 이렇게 큰 회사에서 상대적으로 규모가 작은 나에게 먼저 강의 제안을 하다니.

집에 돌아가는 길에 문득 이런 생각이 들었다. '주저하지 않고 손을 들었던 것, 이것이 나에게 또 다른 기회를 가져다주는구나. 만약 내가 주저하고 미뤘다면 이 기회는 나에게 오지 않았겠구나.' 나는 그 순간을 되새기며 깨달음을 하나 얻었다. 기회에 있어서 중요한 것은 거창한 계획이나 완벽한 준비가 아닌 빠른 결단과 행동이라는 것을 말이다. 그리고 나는 해당 교육 회사의 강사로 데뷔했다. 기회가 찾아왔을 때 손을 뻗어 잡았고, 몇 달간의 기획과 촬영을 거쳐 내 강의를 런칭했다. 만약 내가 그때 주저하며 다른 사람들의 눈치를 봤더라면, '다음에'라는 생각으로 미뤘다면 이 기회는 나를 지나쳐 갔을 것이다. 이번 일로 다시 한번 5초의 법칙의 힘을 느꼈다.

지금도 나는 무언가를 미루고 싶을 때마다, 두려움이 밀려올 때마다 5초를 세고 즉각 행동으로 옮긴다. 그리고 이처럼 빠른 행동은 나에게 더 많은 기회를 가져다줄 것이다. 만약 실행에 브레이크가 걸린다면 지금 당장 5초를 세고 그 첫발을 내딛길 바란다.

5초의 법칙 적용하기

우리는 매일 수많은 결정을 내리고 그 과정에서 자주 주저하거나 미룬다. 이는 중요한 결정뿐만 아니라 일어나야 할 때, 운동을 시작할 때, 중요한 대화 속에서, 혹은 집중해야 할 때 등 사소한 일상에서도 나타난다. '조금만 더', '내일부터'라며 말이다. 이때 5초의 법칙을 적용하면 주저하거나 미루는 습관을 끊어 낼 수 있는데, 나는 이 글을 읽는 독자들에게 다음의 3가지 영역에서는 반드시 5초의 법칙을 적용하라고 조언하고 싶다.

첫 번째는 기상이다. 많은 사람이 아침에 알람이 울리면 "5분만 더"라며 다시 잠을 청하곤 한다. 하지만 이 5분은 10분, 30분으로 늘어나고 최악의 경우 지각을 한다거나 업무에 펑크를 초래해 신용 저하까지 이어질 수 있다. 뿐만 아니라 깨어나는 시간을 계속 미루는 습관은 결정을 미루는 습관으로 이어지기도 한다. 벌떡 일어나는 습관은 빠른 결단을 하는 습관을 불러일으키고, 기상을 반복해서 계속 미루는 습관은 우유부단으로 이어진다.

기상에 5초의 법칙을 적용해야 하는 또 하나의 이유가 있다. 바로 일어나지 못하고 기상을 미루는 습관이 오히려 더 큰 피로감을 낳기 때문이다. 우리의 수면 주기는 약 90분에서 110분 간격으로 이어지는데, 알람이 울린 후 다시 잠들면 새로운 수면 주기가 시작된다. 이때 우리의 뇌는 다시 깊은 수면으로 들어가려 하는데 또 갑작스럽게 깨면 더 큰 피로감을 느낀다. 이러한 상태가 반복되면 일어난 후에도 몸이 무겁고 머리가 맑지 않다. 하버드의 한 연구에 의하면 수면 관성에 의한 피로는 종일 집중력이 떨어지는 데에도 영향을 미친다고 한다. 그러므로 일어날 때 5초의 법칙을 꼭 적용해 보자.

두 번째는 운동에 적용하는 것이다. 운동은 건강과 직결되는 가장 중요한 요소임에도 불구하고 전 세계 성인의 23퍼센트가 신체 활동 부족으로 건강 문제를 겪고 있다. 많은 사람이 운동의 필요성을 인지하고 있지만, '내일부터', '다음 달부터'라는 말로 미룬다. 여기에 5초의 법칙을 적용하면 미루는 습관을 단번에 끊을 수 있다. 운동을 시작할 때 중요한 것은 거창한 계획이 아니라 단순한 행동이다. 5초를 세고 일단 운동복을 입거나 집 밖으로 나가 보자. 첫발을 내딛는 것만으로도 운동의 50퍼센트는 성공한 셈이다. 작은 행동이 동력을 만들어 내면, 그 동력은 이어져 결국 운동을 끝까지 마치게 된다. '시작이 반이다.'라는 말이 있다. 실제로 모든 과업은 첫 단계를 넘어서면 행동을 지속하려는 경향이 강해진다. 그러니 주저하지 말고 몸을 움직여 보자.

세 번째는 꿈과 관련된 활동에 적용하는 것이다. 많은 사람이 꿈을 가지고 있지만, 누군가는 꿈을 생각하며 설레하고 누군가는 한숨을 쉰다. 그 차이는 바로 실행에 있다. 꿈을 생각하며 실행하는 사람은 꿈과 현실의 거리가 점점 좁혀지는 것을 느끼고 설레지만, 실행

없이 떠올리기만 하는 사람은 현실과의 괴리로 인해 한숨만 쉰다. 이때 5초의 법칙을 적용하면 성과의 여부와 관계없이 '실행하는 사람'으로 들어서게 된다. 그리고 이내 설렘을 느낄 수 있다.

내가 이 3가지 영역에서 꼭 5초의 법칙을 적용하라고 조언하는 이유는 이 3가지 영역에만 잘 적용하더라도 삶이 건강하고 행복해지기 때문이다. 수면의 질 향상과 운동하는 삶은 당신의 건강을 지켜줄 것이고, 꿈을 위해 실행하는 삶은 당신을 매일 미소 짓게 할 것이다. 매일 침대에서 스트레스를 받으며 고통을 받는 삶에서 활기차게 하루를 시작하는 삶으로, 건강이 악화되는 삶에서 혈색이 도는 삶으로, 꿈을 떠올리기만 하는 삶에서 도전하는 삶으로 레버를 180도 돌려 보자.

5, 4, 3, 2, 1. 시작!

"주저하고 미루는 습관을 가지면
늘 변명에 지배당할 것이다."

29 실행에 꾸준함이 더해지면

《그릿》, 앤절라 더크워스

꾸준함은 쇠를 담금질하는 과정과 같다. 처음엔 차가운 쇠를 불에 넣으면 쉽게 변하지 않는다. 하지만 높은 열에 서서히 녹으며 형태를 조금씩 바꾸기 시작한다. 강한 망치질로 계속 두드리면 쇠는 점점 단단해지고 원하는 형태로 완성된다. 지속적인 열과 망치질, 그리고 물에 넣어 식히는 반복적인 작업을 통해 쇠는 마침내 강철이 된다. 꾸준함도 이와 같다. 처음에는 그 힘을 느끼기 어렵지만, 쇠와 같이 반복 속에서 그 진가를 발휘한다.

꾸준함의 힘에 대해 가장 잘 설명하는 책은 누가 뭐라 해도 《그릿》이다. 이 책은 성공의 비밀을 재능이나 지능이 아닌 끈기와 열정에서 찾는 심리학자 앤절라 더크워스(Angela Duckworth)의 대표작이다. 그녀는 다양한 분야에서 성공한 사람들을 연구하며 발견한 '그릿(Grit)'이라는 개념을 중심으로 전개된다. 그녀는 웨스트포인트 군사 아카데미의 훈련생, 전미 스펠링비 대회 참가자 등 다양한 사례를 통해 성공의 가장 중요한 요소는 끊임없는 노력과 목표에 대한 열정임을 강조한다. 《그릿》은 단순한 동기부여 책이 아니라 과학적 연구와 실제 사례를 기반으로 꾸준함의 진정한 힘을 탐구하는 강력한 메시지를 전달한다.

그릿 키우기

《그릿》은 성공의 핵심 요소가 단순한 재능이나 지능이 아니라, 끈기와 꾸준함이라는 사실을 강조한다. 앤절라 더크워스는 다양한 분야에서 성공한 사람들을 연구하며 이들이 공통적으로 지닌 자질인 그릿에 주목했다. 더크워스의 연구는 웨스트포인트 육군사관학교 훈련생들, 스펠링비 대회 참가자들, 운동 선수 등 다양한 사람들을 대상으로 진행되었고, 성공의 가장 큰 비결이 불굴의 의지와 끝까지 포기하지 않는 태도에 있음을 발견했다.

웨스트포인트는 입학 자체가 어렵기로 유명한 학교다. 하지만 어렵게 입학한 학생 중 상당수가 끝내 졸업에 이르지 못하고 중도에 포기한다. 그들의 성적, 지능, 체력 모두 출중하지만, 끝까지 남는 사람들은 다른 중요한 자질을 가지고 있었다. 바로 끈기와 투지, 즉 그릿이다. 그릿은 단순히 참는 것이 아니라, 목표를 향해 나아가고 실패 속에서도 다시 일어나는 힘이다.

우리도 그릿을 키울 수 있을까? 더크워스는 그릿은 타고나는 것이 아니라 계발할 수 있는 자질이라고 말한다. 그릿을 높이기 위한 4가지 방법을 살펴보자.

첫 번째는 관심사를 분명히 하는 것이다. 열정을 좇고 싶지만, 아직 열정이 없다면 그것을 찾는 것부터 시작해야 한다. 내가 가장 관심이 가는 것은 무엇인지, 무엇을 할 때 시간 가는 줄 모르는지, 무엇을 할 때 가장 즐거운지 생각하라. 관심이 있어야 끈기를 발휘할 수 있고 실패 속에서도 포기하지 않으며 지속적인 성장을 이루어 낼 수 있다.

두 번째는 '질적으로 다른 연습'을 하는 것이다. 단순히 같은 행동을 반복하는 것은 발전을 가져오지 않는다. 질적으로 다른 연습이 필요하다. 여기에서 말하는 질적으로 다른 연습이란 통상적인 노력을 넘어 숨이 차고 한계를 뛰어넘을 정도의 노력을 말한다. 이를 위해서는 다소 어려운 도전적인 목표를 설정하고, 전체 기술 중에서도 아주 일부분에 집중해야 한다.

세 번째는 높은 목적의식을 가지는 것이다. 앤절라 더크워스는 높은 그릿 점수를 가지고 있는 사람들과 대화를 나누며 그들의 특징을 찾았다. 그건 바로 그들의 목적과 목표는 자기중심적이지 않다는 것이다. 그들의 목표는 자신의 만족을 넘어 자녀, 고객, 학생 등과 같은 타인, 혹은 나라, 스포츠, 과학, 사회 등과 같은 추상적인 타인을 향한다. 마치 빌게이츠가 자신의 부를 위해서가 아니라 빌&멀린다 게이츠 재단을 세워 전염병을 예방하고 퇴치하기 위해 노력하듯이 말이다.

네 번째는 다시 일어서는 자세를 가지고 희망을 품는 것이다. 이는 역경을 낙관으로 받아들이는 자세를 말한다. 넘어져도 또다시 일어나려는 자세와 힘을 기르는 것을 통해 우리는 그릿 점수를 끌어올릴 수 있다. 누구나 크고 작은 실패를 겪는다. 중요한 것은 '그 실패에서 어떻게 다시 일어나는가.'다. 다시 일어서는 자세는 그릿의 핵심이다. 더크워스는 실패를 성장의 기회로 보고, 좌절하지 않고 계속해서 도전할 수 있는 사람이 진정한 성공을 이룬다고 강조한다. 실패를 두려워하지 말고, 그것을 통해 배운다는 마음가짐을 가져라. 그리고 이를 자신에게 적용하며 그릿 점수를 올려 보자.

재능보다 더 중요한 것

성공심리학을 탐구하던 앤절라 더크워스는 재계, 예술계, 체육계, 법조계, 의학계 등 다양한 분야의 지도자들을 면담하며 성공한 사람들의 특성을 파악하려 애썼다. 이내 그녀는 (분야에 상관없이) 성공에 다다르게 하는 요소 중 운, 재능 이외의, 아니 그보다 훨씬 중요한 요소를 발견했다. 그것은 바로 열정과 결합된 끈기인 그릿이었다.

성공한 사람들은 자신의 일에 대해 포기할 생각이 없었고, 그야말로 끈질기게 매달렸다. 열정적인 끈기를 가진 그들이 큰 성공을 거둘 수 있는 이유는 **성취=재능×노력^2**이기 때문이다.

이 공식은 앤절라 더크워스가 눈물을 흘리며 만든 공식이다. 그녀가 대학원 2년 차에 막 접어들어 지도 교수인 마틴 셀리그먼과 이야기를 나눌 때의 일이다. 교수는 팔짱을 끼고 얼굴을 찡그리며 "자네에게는 이론이 없어. 성취심리학 이론이 없단 말이야. 책과 논문은 그만 읽고 생각을 해."라고 말했다. 앤절라 더크워스는 사무실에서 한참을 울었고, 이후 성취심리학 이론을 수립하기 위해 피나는 노력했다. 무려 노트북 10대의 용량이 넘치도록 도표를 만들고 다음과 같은 등식을 만들었다.

재능×노력=기술이며, 기술×노력=성취다.

즉 성취=재능×노력^{2}이다.

그녀가 발견한 성취는 재능 곱하기 노력이라는 말에 크게 공감한다. 재능이 없지만 무언가를 해낸 사례들이 이를 입증하기 때문이다. 노력으로 적은 재능을 극복할 수 있다고 느꼈었던 내 사례를 소개한다.

이십 대 초반 대학생 때의 일이다. ROTC 동기들과 메신저를 주고받다가 한 친구가 "우리 자전거 타고 멀리 가 볼래?"라고 말했다. 어디로 갈까 고민하다가, 우리는 지금 위치에서 가장 먼 땅끝마을 해남에 가기로 했다. 거리가 약 350킬로미터 정도 되었는데 자전거를 제대로 타 본 적도 없는 이들의 그야말로 '무모한 도전'이었다. 물론 자전거를 아예 안 타 본 건 아니지만, 등하교 용도로 하루 20분 정도 타는 것이 고작이었다. 자전거를 오래 타 보거나 자전거로 여행해 본 적도 없는 남자 5명이 무턱대고 멀리 가 보자고 한 것이었다.

다음 날 우리는 아무런 준비 없이 무작정 출발했다. 나중에 알고 보니 자전거 여행을 하는 사람들은 본인들의 컨디션과 실력에 따라 하루에 얼마나 갈지, 중간 지점과 숙소는 어디로 할지 등 계획을 디테일하게 짠다고 한다. 하지만 우리에게 그런 것은 전혀 없었다. 그야말로 무계획의 끝이었다.

역시 문제는 바로 생겼다. 첫날부터 무리를 하고 만 것이다. 5명 모두 근육에 문제가 생겼다. 집에 나뒹구는 자전거를 별다른 정비도 없이 가지고 간 탓도 있었다. 한 친구는 더 이상은 못 가겠다며 전주에서 버스를 타고 집으로 돌아갔다. 나머지 넷은 전주에 있는 찜질방에서 하루를 묵었다. '이게 맞나?' 하는 생각에 "그만 돌아갈까?" 하는 이야기를 나누기도 했지만, 다음 날 또다시 페달을 밟았다.

다음 날도 무계획으로 종일 자전거만 탔다. 정읍을 거쳐 광주광역시에 도착했다. 조금 민망한 이야기지만, 전립선이 너무 아팠다. 이를 보호해 주는 자전거 전용 복장이 있다는 사실도 나중에서야 알았다. 여기서 두 친구가 도저히 안 되겠다며 포기했다.

이제 나와 한 친구만이 남았다. 이틀 만에 몸이 만신창이가 되었지만, 그래도 우리는 끝까지 가 보기로 했다. 우리의 열정과 끈기를 테스트해 보기로 한 것이다. 세 번째 날은 시작부터 다리가 움직이지 않았다. 몸에는 이미 큰 무리가 왔지만, 그저 정신력으로 페달을 밟았다. 하루만 더 버티면 목적지인 해남에 도착할 수 있다는 생각과 '이왕 시작한 거 결과를 맛보자.'라는 생각이 나를 이끌었다. 나주, 영암을 거쳐 우리는 3일 차에 땅끝마을 해남에 도착했다.

해남에서 자전거를 들고 사진을 찍는 순간, 가슴이 뜨거워졌다. 자전거에 대해 몰랐고 아무 계획 없이 무모하게 뛰어들었지만, '끈기만 있다면 못 해낼 게 없다.'라는 것을 23살의 나이에 느꼈기 때문이다. 물론 장비가 더 좋았거나 미리 연습을 했다거나 계획이 있었다면 훨씬 더 수월한 여행이 됐겠지만, 조건이 열악해도 끈기만 있다면 못 해낼 것이 없다는 메시지를 깨닫는 값진 여행이었다.

해남에서 버스를 타고 돌아가는 길에 창밖을 보며 나는 그간의 3일을 돌아보았다. 이때 느낀 것을 앞으로 내 삶 모든 시도에 적용해 보겠다고 다짐했다. 그날 이후 나는 '재능이 없어.', '조건이 좋지 않아.', '상황이 불리해.' 등의 핑계를 대지 않는다. 나에게는 뜨거운 열정과 어떠한 상황 속에서도 견뎌 내는 끈기가 있다는 생각으로 모든 일을 마주하고 있다. 이 자세만 잊지 않는다면 모든 도전에서 승리할 것이라는 사실을 나는 알고 있다.

끝까지 해내는 것

성공의 정의는 무엇일까? 사람마다 그 정의는 다르겠지만, 《그릿》의 뒤표지에는 성공을 다음과 같이 정의한다. '끝까지 해내는 것'. 살아가다 어떠한 성과로 인해 기분이 좋거나 작은 성공을 맛볼 때가 있다. 예를 들어 시험을 잘 봤다거나, 원하는 곳에 합격했다거나, 진행한 프로젝트의 결과가 좋다거나 하는 등 결괏값이 좋을 때 말이다. 하지만 이보다 더 벅차오를 때가 있다. 그것은 바로 혼신의 힘을 다하고 끝까지 전력투구했을 때, 그래서 더 이상 힘이 남아 있지 않을 때다.

군 생활을 8년 정도 하면서 행군을 많이 경험했는데, 행군이 끝나는 시점에 많은 부대원이 이 성공의 진한 감동을 느낀다. 행군의 길이는 부대의 임무와 속성에 따라 다르지만, 약 40킬로그램에 가까운 완전 군장을 메고 수십 킬로미터, 많게는 수백 킬로미터를 걷는다. 행군을 하다 보면 수많은 난관에 봉착하고 포기할까 하는 생각에 마주한다. 나 또한 그럴 때가 있었다.

가장 기억에 남는 행군을 하나 뽑자면 장교로 임관 전 ROTC 후보생 훈련을 받으며 했던 때다. 한겨울이었고, 행군 도중 눈이 예보되어 있었다. 통제관, 훈육관님들이 행군의 진행 여부를 고민해야 할 정도로 기상 예보가 좋지 않았다. 계획대로 행군을 강행하기로 했는데, 아니나 다를까 행군을 절반 정도 하자 폭설이 내리기 시작했다. 눈 내리는 풍경이 장관처럼 보이기도 하고, 무섭기도 할 정도로 상당한 양이었다. 무거운 군장을 메고 폭설이 내리는 상황에서 오르막길, 내리막길을 행군한다는 것은 쉽지 않았다. 중간에 포기하고 싶다는 생각도 들었고 실제로 포기하는 동기들도 생겨났다. 버티고 버티다 쓰러지거나 탈진해서 구급차를 타는 동기까지 생겼다. 하지만 나와 대부분의 동기는 이를 악물고 버텼고, 다음 날 동이 틀 무렵 무사히 복귀했다.

복귀해 다시 훈련소 입구로 들어서는 순간, 군악대가 우리를 기다리고 있었다. 귀를 쩌렁쩌렁 울리는 팡파르 소리와 심장까지 쿵쿵 울리는 북소리를 듣는데 가슴이 뭉클해졌다. 순간 울컥하는 감정이 올라올 정도였다. 순간 '이런 게 성공이구나!', '가슴에서 무언가가 끓어오른다는 것이 이런 느낌이구나!' 깨달았다. 발과 몸은 만신창이가 되었고 더 걸을 힘이 조금도 남아 있지 않았지만, 내 모든 것을 짜낸 그 순간 말이다. 앞서 언급했듯 어떠한 성과를 내거나 결과물을 만들었을 때도 물론 기분이 좋지만, 내 모든 것을 쏟아붓고 인내했을 때의 감격을 그 무엇과도 비교할 수 없다.

나는 지금 내 인생에도 '끝까지 해내는 것', 즉 그릿을 적용해 보고 있다. 2022년 3월, 앞으로 모든 것을 걸어 성공해 보기로 나 자신과 약속했고, 그 약속을 지키기 위해 오늘도 전력투구하고 있다. 내가 경제적 자유라는 결승점에 도착했을 때 더 이상 힘이 남아 있지 않아도 좋다. 그때가 되면 어떤 감정을 느낄지 알기 때문이다.

삶을 살며 끝까지 해낸다는 느낌으로 모든 것을 걸어 본 적이 있는가? 당신이 뭘 원하는 그것을 이루는 시점에 서서 '모든 것을 쏟아부었다.'라고 느낄 수 있도록 당신의 열정과 끈기를 끌어올려 보자. 그리고 나와 함께 그 벅차오르는 희열을 느껴 보자. 단 1그램의 후회도 남아 있지 않을 정도로!

"뜨거운 열정과 끈기만 있다면 못 해낼 게 없다."

30 삶의 진리가 담긴 교훈

《초역 니체의 말》, 프리드리히 니체 저, 시라토리 하루히코 편

나의 인생 책 30권을 이 원고에 담으며, 마지막 책으로 무엇을 선택해야 할지 정말 많은 고민을 했다. 29개의 꼭지가 완성되는 순간까지 고민했을 정도로 마지막 30번째 책은 나를 비롯한 독자들에게도 자기계발, 부, 성공의 영역을 넘어 인생의 큰 울림을 주고 싶었다. 고민을 거듭한 끝에 나는 수많은 책과 세계적인 명사들이 인용한 니체의 책을 선정했다. 명성만큼 다양한 삶의 철학을 제공한 그지만, 그중에서도 시라토리 하루히코가 엮은 《초역 니체의 말》은 니체의 최고의 글들이 담긴 집합체라고 할 수 있다.

《초역 니체의 말》에는 철학에 대한 명쾌한 해설로 정평이 난 일본 작가 시라토리 하루히코가 꼽은 232개의 니체의 글이 담겨 있다. 이 책은 크게 '자신', '기쁨', '삶', '마음', '친구', '세상', '인간', '사랑', '지

성', '아름다움'까지 총 10개 파트로 나뉘어 있다. '거를 타선이 없다.'라는 말이 이 책을 두고 하는 말일까 싶을 정도로 모든 문장이 마음에 와닿았다. 철학이라는 분야 자체가 가진 진입 장벽과 더불어, 니체가 비유적 표현을 많이 쓰는 철학자 중 하나였기에 걱정했지만, 이 책을 펼치자 '철학이 이렇게 술술 읽힐 수 있나? 그리고 이토록 재미있을 수 있나?' 하는 생각이 들었다. 이 책은 강한 흡입력과 통찰력으로 우리의 마음을 확 사로잡으며 긴 여운을 남긴다. 무엇보다 우리에게 수만 가지 생각을 하도록 질문을 던지며 삶에 대해 더 많이 생각하게 한다.

자신에 대하여

《초역 니체의 말》 중 어떤 파트를 소개해야 독자들에게 가장 큰 메시지를 줄 수 있을까 고민했다. 아무래도 이 책이 자기계발서이고, 자기계발이라면 자신을 갈고닦아 더 나은 방향으로 이끌어 가야하기에 첫 파트인 〈자신에 대하여〉가 빠질 수 없겠다고 판단했다. 〈자신에 대하여〉 파트에서는 총 24개의 글이 소개되는데, 그중 3가지를 뽑아 내 생각을 함께 전하려 한다.

첫걸음은 자신에 대한 존경심에서

니체의 저서 중 《권력에의 의지》에는 다음과 같은 문장이 나온다.

> "자신을 대단치 않은 인간이라 폄하해서는 안 된다. 그 같은 생각은 자신의 행동과 사고를 옭아매려 들기 때문이다. 오히려 맨 먼저 자신을 존경하는 것부터 시작하라. (중략) 자신의 인생을 완성시키기 위해 가장 먼저 스스로를 존경하라."
>
> 출처: 《초역 니체의 말》, 프리드리히 니체 지음, 박재현 옮김, 삼호미디어

'첫걸음은 자신에 대한 존경심에서'도 이 메시지로부터 시작된다. 나를 먼저 존경해야 나를 발전시킬 수 있는 법이다. 주변을 둘러보면 나 자신을 폄하하고, 제 살을 깎아 먹는 사람이 의외로 많다. "어휴, 난 못해.", "난 안 돼. 그건 특별한 사람들 얘기지."라고 말하는 이들의 마음의 문은 이미 닫혀 있다. 이들에게서는 스스로에 대한 존경심이라고는 찾아볼 수 없다. 이러한 생각과 태도를 가지면 무엇을 하든 성공할 가능성이 0퍼센트다. 자기계발을 시작하거나 삶을 더 나은 방향으로 이끌고 싶다면 가장 먼저 나를 존경하는 것부터 시작하라.

자신의 '왜'에 대한 답을 찾지 못하면 길은 보이지 않는다

이 문장은 《초역 니체의 말》 8번째 글귀다. 이 글에서는 '자신의 '왜'라는 의문에 명백한 대답을 제시할 수 있다면 이후 모든 것은 매우 간단해진다.'라고 말한다. '왜'는 이후 모든 것을 간단히 만들어 버릴 정도로 강력한 힘을 가졌다.

이 책을 집중해서 잘 읽은 사람이라면 내가 언제 '왜'를 강조했는

지 기억할 것이다. 바로 이 책의 첫 장 《스타트 위드 와이》를 소개하면서부터다. '왜'에 대해 생각하지 않은 사람들은 언젠가 난관에 봉착한다. 무언가를 열심히 실행하고, 좋은 결과물을 만들더라도 '왜'가 명확하지 않으면 끝에 허무함 혹은 상실감에 휩싸인다. '왜'는 모든 것의 본질이자 시작점이기 때문이다. 반면 '왜'에 대한 고찰을 충분히 한 사람들은 시련에 맞닥뜨려도 쉽게 무너지지 않는다. 내가 그것을 해야 하는 명확한 이유가 있기 때문이다.

군 생활을 하던 시절 나는 소대, 중대를 늘 좋은 성과로 이끌었다. 내가 작전교육장교라는 참모 역할을 맡았을 때도 우리 대대는 최우수부대로 선정되었다. 나의 능력이 아니라 부하들이 잘 따라줬고 그들이 성과를 내줬기 때문이다. 내가 잘한 것을 하나만 뽑자면 그것은 항상 명분을 설명해 준 것이다. "애들아, 힘들더라도 열심히 하자.", "누가 시킨 거니까 하자."가 아닌 우리가 해야 하는 이유를 설명해 줬다. 지뢰제거작전을 하며 위험을 감수할 때도 "우리가 위험한 일을 함으로써 국민들은 안전해진다. 그리고 일반인들이 하면 위험 그 자체가 되겠지만, 우리에게는 인력과 안전을 확보하는 장비가 있다. 그러니 우리가 임무를 완수해서 더 큰 사고를 예방해 보자."라고 이유를 설명했다. 왜 해야 하는가에 대한 의문이 풀린 사람과 의문을 가지고 있는 사람의 행동은 천지 차이다. 프로젝트에 있어서, 삶에 있어서 항상 '왜'에 대한 답을 찾자. 그리고 행동하자.

쉼 없이 노력하라

이 파트에는 "높은 곳을 향해서 끊임없이 노력하는 것은 결코 헛되지 않다."라는 문장이 나온다. 어딘가를 바라보고 노력하며 달려가는 일은 참으로 숭고하다. 그 순간에는 그것이 얼마나 숭고하고 의미 있는지 모르겠지만, 시간을 되돌려 본다면 그때가 참으로 행복했다는 것을 알 수 있을 것이다. 결과를 얻었을 때의 행복도 있지만, 과정 속의 행복이 더 크다. 그리고 과정에서의 행복을 즐기지 못한다면 결과에서 얻는 행복은 찰나에 지나지 않는다. 노력하는 과정에서의 행복을 느낄 줄 알아야 한다. 책을 쓰고 있는 지금의 나의 모습도 그렇고, 독서를 하는 당신의 모습도 그럴 것이다. 우리 모두 높은 곳을 향해 노력하는 중인 것이다.

우리가 진짜 우리다울 때는 우승 트로피를 들어 올릴 때가 아니라 그것을 들어 올리기 위해 땀을 흘리는 순간순간이라는 것을 기억하자. 그리고 그 순간을 소중히 여기고 감사하며 살아가자. 그러면 우리의 삶은 더욱 풍요로워질 것이다.

실행의 리스크

니체는 "모든 것의 시작은 위험하다. 그러나 무엇을 막론하고, 시작하지 않으면 아무것도 시작되지 않는다."라는 문장을 남겼다. 니체의 말대로 모든 시작은 리스크를 가지고 있다. 걸음마를 시작하는 아이는 넘어지기도 하고, 운동 선수는 예선 탈락을 맛보기도 하며, 호기롭게 시작한 사업을 실패를 겪기도 한다. 돈, 시간, 명예, 건강 모든 면에서 손해를 볼 수 있기 때문이다. 하지만 리스크가 두렵다고 아무 시도도 하지 않는다면 우리 삶은 고인물처럼 머무르게 되고 아무것도 달라지지 않는다.

내가 전역을 택했을 때도, 이 책을 계약을 했을 때도, 고정비가 직장인 월급만큼 빠져나가는 사무실을 얻을 때도 나의 모든 선택에는 리스크가 있었다. 리스크가 있는 것을 알지만 도전하는 이유는 니체의 말대로 시작하지 않으면 아무것도 시작되지 않기 때문이다.

지인들을 보면 그 리스크를 너무 경계하거나 지레 겁을 먹어 도전조차 하지 못하는 경우가 많다. 이는 '구더기 무서워 장 못 담그는 격'이다. 삶을 위협하거나 가정파탄까지 이어질 리스크라면 당연히 심사숙고하고 자중하는 것이 맞지만, 그렇지 않음에도 불구하고 대부분이 도전하지 못한다.

내게는 군 생활 동기이자 함께 전역을 고심했던 호석이라는 친구가 있다. 나와 호석이는 전역을 앞두고 함께 많은 고민을 했다. '안정적인 직업군인 생활을 계속할 것인가? 하고 싶은 일을 하기 위해 도전을 택할 것인가?' 우리는 도전을 택했다. 그리고 지금은 각자 하고 싶은 일을 하며 살아가고 있다. 나는 원하던 대로 책을 읽는 삶, 그리고 그것을 기반으로 경험을 쌓으며 사람들에게 메시지를 전하는 삶을 살고 있고, 호석이는 카페를 차리고 자신의 매력을 공간에 반영해 손님들과 행복한 시간을 보내고 있다. 그리고 현재 우리는 과거의 선택에 만족하며 행복한 삶을 살아가고 있다.

일이 잘 풀리든 안 풀리든 그건 중요하지 않다. 내가 통제할 수 있는 영역이 아닌 곳에서 결과가 좋지 않을 수도 있으니 말이다. 중요한 건 내가 선택한 삶, 그리는 삶을 살고 있다는 데 있다. 우리는 각자의 위치에서 흥해도 보고 망해도 보며 하루하루 점을 찍어 갈 것이다. 그리고 그 점을 제대로 잇지 못할지언정 후회하지 않을 것이다. 도전하지 않고 남은 평생을 후회로 채우는 것보다는 실패하더라도 경험하며 배우는 것이 훨씬 더 값질 테니 말이다.

시작은 작은 씨앗과 같다. 씨앗이 땅에 뿌려지면 영양분과 물을 먹고 싹을 틔우고, 이후 줄기를 뻗어 나중에는 열매까지 맺게 된다. 물론 모든 씨앗이 열매를 맺는 것은 아니다. 환경적인 문제로 싹조차 못 틔울 수도 있고, 중간에 가뭄으로 인해 줄기만 뻗다가 죽을 수도 있다. 하지만 씨앗이 없으면 그 이후의 것들은 존재할 수 없다. 나와 호석이가 군 생활을 하다가 '전역'이라는 선택을 하지 않았다면 지금의 우리는 없었을 것이고, 내가 SNS 게시물 하나를 올리지 않았다면 지금의 나는 없을 것이다.

지금 나는 내 성장에 대한 결과를 말하는 것이 아니다. 무언가를 했기에 지금 나의 모습, 나의 가치, 나의 경험이 형성되었다는 메시지를 전하고 싶다. **우리가 할 수 있는 최선은 그저 씨앗을 뿌리는 것이다.** 식물은 어떠한 열매를 얼마나 맺을지 예상할 수 있지만, 인간은 그렇지 않다. 무한한 잠재력을 가지고 있기 때문이다. 그렇기에 시작점에서 너무 멀리 내다보며 걱정만 하다가 시도조차 못하는 사람이 되지 말자.

결과를 정확히 내다볼 수 없더라도 일단 시작하자. 그 시작이 우리에게 엄청난 결과를 가져다줄지 그 누가 알겠는가?

인생은 한 번뿐

슬프지만 우리에게 찾아오는 것 중 막을 수 없는 것이 하나 있다. 바로 죽음이다. 니체는 《권력에의 의지에서》 다음과 같은 문장을 남겼다.

> "죽는 것은 이미 정해진 일이기에 명랑하게 살아라. 언젠가는 끝날 것이기에 온 힘을 다해 맞서자. 시간은 한정되어 있기에 기회는 늘 지금이다. 울부짖는 일 따윈 오페라 가수에게나 맡겨라."
>
> 출처: 《초역 니체의 말》, 프리드리히 니체 지음, 박재현 옮김, 삼호미디어

죽음은 언젠가 맞이한 일이기에 삶을 밝게 살아가고, 울부짖지 말라는 말이다.

'메멘토 모리(Memento Mori)'라는 말이 있다. 죽음을 기억하라는 뜻인데, 삶과 죽음에 관한 철학적인 의미를 담고 있다. 실제로 고대 로마에서는 원정에서 승리를 거두고 돌아오며 행진할 때, 노예를 시켜

행렬 뒤에서 메멘토 모리를 큰소리로 외치게 했다고 한다. 너무 우쭐대지 않게, 겸손하게 생각하기 위함이다. 이처럼 죽음을 기억하면 순간을 소중히 대할 수 있다. 겸허해지기도 하지만 그렇다고 암울해지는 것은 아니다.

죽음을 떠올리면 죽음과 반대되는 삶에 대해 더 깊게 생각해 볼 수 있다. 그 소중함도 온전히 느낄 수 있다. 나는 종종 죽음을 떠올리기도 하고, 돌아가신 아버지의 납골당에 가서 삶과 죽음에 대해 깊이 생각해 보기도 한다. 이런 나의 생각은 늘 '더 밝고 행복하며 진하게 살자.'로 귀결된다. 삶이란 절대로 두 번은 오지 않는다. 그래서 더 소중하고, 더 나답게, 더 뜨겁게 심장을 쿵쿵 울리며 살아가야 한다.

독자들과 함께 이 책을 통해 목표부터 부, 생각, 습관을 거쳐 실행 파트까지 달려왔다. 어쩌면 이 모든 것들은 한 번뿐인 인생 더 잘 살기 위해서 필요한 하나의 조각일지 모른다. 우리는 살아가며 마주하는 선택과 행동 하나하나로 작은 조각을 만든다. 이 조각들은 목표가 되기도 하고, 부가 되기도 하며, 삶의 태도가 되기도 한다. 또 이 조각의 모임은 다시 쌓여 당신이라는 작품을 만들 것이다. 삶의 끝자락에서 되돌아봤을 때 우리가 만든 조각 하나하나가 너무도 눈부시고 소중하도록 하루하루를 살아가자.

끝으로 니체의 한 문장을 인용하며 이 책을 마무리하고자 한다.

"지금 이 인생을 다시 한번 완전히 똑같이 살아도 좋다는 마음으로 살라."

출처: 《초역 니체의 말》, 프리드리히 니체 지음, 박재현 옮김, 삼호미디어

"단 한 번, 모든 것을 걸어 보자.
후회하지 않도록."

WORK BOOK

5장을 마무리하며

《부자들의 서재》를 읽으며 목표, 부, 생각, 습관, 실행에 관한 여정을 마쳤다. 이 모든 것을 머리로, 가슴으로 깨닫는다고 할지라도 '실행'이라는 움직임이 없으면 변화는 일어나지 않는다. 성공하는 사람들의 공통점은 실행하며 보완한다는 것이다. 부디 이 책을 읽는 독자들이 생각과 고민의 단계에서만 머무르지 않기를 간절히 바란다.

함께 해 봅시다

1. 실행을 위해 덜어 낼 것, 잠시 끊어 낼 것을 목록화해 보자.

- ☐ ____________________ ☐ ____________________
- ☐ ____________________ ☐ ____________________
- ☐ ____________________ ☐ ____________________

2. 실행했을 때의 모습과 하지 않았을 때의 모습을 비교하며 원동력을 얻어 보자.

- 실행했을 때 나는 어떻게 될까?:

____

____

- 실행하지 않을 때 나는 어떻게 될까?:

____

____

3. 이 책을 되돌아보며 부의 결단을 내리자.

목표	* 목적이 포함된 목표를 적어 보자.
부	* 부에 관한 목표를 적어 보자.
생각	* 앞으로 장착할 생각과 마인드를 적어 보자.
습관	* 목숨 걸고 지키겠다는 단 하나의 습관에 대해 적어 보자.
실행	* 고정값으로 실행할 행동을 약속하자. 예: 나는 책 한 권을 읽을 때마다 '성장'으로 연결되는 행동을 1가지 이상 한다.

에필로그

당신은 반드시 부자가 된다

《부자들의 서재》를 끝까지 읽어 주신 독자 여러분, 진심으로 감사합니다.

어느 날 자기계발과 부, 성공이라는 주제에 눈을 뜨고 하루하루에 최선을 다하며 살다 보니 이렇게 책 한 권으로 여러분 앞에 설 수 있는 날이 왔습니다.

이 책의 프롤로그는 '개천에서 용 날 수 있을까?'라는 질문으로 시작합니다. 이는 제 어머니와 나눈 대화의 한 부분이자 어린 시절부터 품었던 막연한 궁금증이기도 했습니다. 시간이 흘러 이 질문은 '정말 가능할까?'에서 '할 수 있다.'라는 믿음으로, 그리고 이 책을 집필하는 동안 '반드시 된다.'라는 확신으로 바뀌었습니다.

책을 쓰는 과정에서 성공한 사람들과 부를 이룬 분들을 직접, 또는 간접적으로 만나 볼 기회가 있었습니다. 특히 책이라는 매개체를 통해 나라와 시대를 초월하여 부와 성공을 이룬 사람들까지 만날 수 있었습니다. 이들과의 만남을 통해 성공한 사람들의 공통점을 발견했습니다. 이들은 하나같이 대단해 보이는 사람이지만 부족한 환경, 결핍이 있는 상황 속에서 시작했다는 겁니다. 글로 담을 수 없는 모진 시련과 고통을 견디기도 했고, 찢어지게 가난한 환경을 극복하기도 했습니다. 그럼에도 불구하고 그들은 좋지 않은 환경 속에서도 믿음과 의지를 가지고 하루를 맞이했고, 결국 자신이 원하는 삶을 만들어 갔습니다.

이제는 우리의 차례입니다. 우리 또한 반드시 해낼 수 있습니다. 개천에서 태어났더라도 용이 될 수 있고 이 책에서 만난 사람들처럼 큰 사람이 될 수 있습니다. 물론 사람마다 그 속도는 다를 수 있지만, 방향이 옳다면 반드시 변화를 마주하게 됩니다. 지금 겪는 어려움에 낙담하지 마세요. 우리가 겪는 어려움은 과거나 현재일 뿐, 우리의 미래를 결정짓는 것은 아니니까요. 여러분이 지금 힘든 시기를 겪고 있다면 그 또한 반드시 극복할 수 있다는 점을 믿어 주시길 바랍니다. 이 믿음은 제가 하루하루를 살아가는 원동력입니다.

제가 이 책을 통해 전하고자 했던 핵심 메시지는 단 하나입니다. 부와 성공은 특정한 사람들의 특권이 아니라, 누구나 노력과 실천으로 만들어 갈 수 있는 결과물이라는 점입니다. 실패와 좌절이 그 과정에서 동반될지라도, 그것 또한 여러분의 자산이 되고 흔적으로 남으니 멈추지 말고 나아가시기를 바랍니다.

이제 곧 책장은 덮이지만, 여러분의 변화와 실행은 이제 시작입니다. 자신을 믿고 큰 꿈을 꾸시기를 바랍니다. 부정적인 생각에서 탈피해 긍정과 희망의 에너지로 온몸을 감싸길 바랍니다. 그리고 주저하지 말고 부딪히기 바랍니다. '아무것도 하지 않는 자에게는 아무 일도 일어나지 않는다.'라는 말이 있습니다. 반대로 말하면 '무엇이라도 하면 어떤 결과라도 나타난다.'라는 말입니다. 고민만 하며 그 자리에 머무르기보다는 실행하며 답을 찾아가시기 바랍니다. 그 실행으로 인해 쌓인 결괏값은 여러분을 성장으로 이끌 테니까요.

멋진 실행과 도전으로 부와 성공을 이루는 여러분의 모습을 기대하겠습니다. 나아가 여러분의 가족들과 주변으로도 영향이 확대되어 모두가 풍요로운 미래를 마주하기를 바랍니다. 함께 부를 이루고 싶은 소중한 사람에게 이 책을 전해 주시기 바랍니다. 여러분이 얻은 부와 긍정의 에너지가 또 다른 사람들에게까지 이어질 수 있다면, 저에게는 큰 영광이자 보람일 것 같습니다. 많은 사람과 서로 응원하며 부와 성공으로 나아갈 수 있다면 그 길은 외로운 길이 아닌 즐겁고 사랑이 넘치는 길이 될 것 같습니다.

끝으로 저를 있게 해 주신 하늘에 계신 아버지, 헌신으로 키워 주신 어머니께 감사드립니다. 또한 제 삶의 원동력이자 인생에서 가장 소중한 존재인 사랑하는 아내에게도 감사의 인사를 전합니다. 이 글을 읽어 주신 모든 분에게 부와 행복이 깃들기를 그리고 그 크기는 나날이 커지기를 진심으로 바라며 글을 마칩니다. 감사합니다.

리치파카 강연주

전 세계 상위 1% 부자들의 인사이트 30

부자들의 서재

초판 1쇄 발행 2025년 1월 15일
초판 4쇄 발행 2025년 3월 4일

지은이 리치파카(강연주)
펴낸이 민혜영
펴낸곳 오아시스
주소 서울특별시 마포구 월드컵로14길 56, 3~5층
전화 02-303-5580 | **팩스** 02-2179-8768
홈페이지 www.cassiopeiabook.com | **전자우편** editor@cassiopeiabook.com
출판등록 2012년 12월 27일 제2014-000277호

ISBN 979-11-6827-268-2 (03190)

- 오아시스는 ㈜카시오페아 출판사의 인문교양 브랜드입니다.
- 잘못된 책은 구입하신 곳에서 바꿔 드립니다.
- 책값은 뒤표지에 있습니다.